交 易 之 门

明道·感悟交易的真谛

宗 源 著

地 震 出 版 社

图书在版编目（CIP）数据

交易之门：明道·感悟交易的真谛 / 宗源著. 北京：地震出版社，2012.1
ISBN 978-7-5028-3942-0
Ⅰ. ①交…　Ⅱ. ①宗…Ⅲ. ①金融交易－基本知识　Ⅳ. ①F830.91
中国版本图书馆 CIP 数据核字(2011)第 212663 号

地震版　XM2439

交易之门——明道·感悟交易的真谛
宗　源　著
责任编辑：朱　叶
责任校对：孔景宽

出版发行：地　震　出　版　社
北京民族学院南路 9 号　　邮编：100081
发行部：68423031　68467993　　传真：88421706
门市部：68467991　　传真：68467991
总编室：68462709　68423029　　传真：68455221
证券图书事业部：68426052　68470332
网址：http://www.dzpress.com.cn
经销：全国各地新华书店
印刷：三河市鑫利来印装有限公司

版(印)次：2012 年 1 月第一版　2012 年 1 月第一次印刷
开本：787×1092　1/16
字数：240 千字
印张：16.25
书号：ISBN 978-7-5028-3942-0/F(4611)
定价：38.00 元

目 录

前言

明道·取势·优术

从2006年开始，我陆续写了一些关于外汇和期货交易的文章，主要是写给那些想学做投机交易的朋友们看，写完以后顺便就发表在了网络上。随着时间的推移，积累的文章越来越多，对交易的思考也越来越深。与此同时，我的学生和弟子也越来越多，重复回答他们提出的问题也花费了我不少时间和精力，于是有了将这些文章汇聚成册出版的念头，同时也算是对这些年感悟交易的一个总结。

2008年2月底，我度完春节长假从海南三亚返回上海，在东航的飞机上随手翻阅随机杂志时读到一则广告，是长江商学院的EMBA招生广告。简洁的广告上有一行小字吸引了我的目光：取势、明道、优术。我不禁眼前一亮，这不正是我要表达的关于如何做投机交易的6字箴言吗？

长江商学院是香港富豪李嘉诚旗下的一所国内顶级的专门培养高级管理人才的学校，以其“取势、明道、优术”的竞争战略新思维帮助企业管理者打造世界级企业。

长江商学院的这6字方针以“取势”为核心理念，以“明道”为思想基础，以“优术”为竞争手段，为那些顶级的社会精英人士建立了一个具有中国传统思维特征的系统化思维体系。

长江商学院号称是亚洲学费最贵的MBA商学院，那些精英学员们花费数十万元的学费，所学的全部智慧依我看全都浓缩在了这6个字当中。

这六个字对于搏杀在金融资本市场上的投机交易者来说同样是行之有效的思想法则。

我把它套用在投机交易上就是：明悟交易之道，取舍行情趋势，优化交易技术。

和长江商学院以“取势”理念为先导的思路略有不同，我把这六个字的次序做了一些调整，把“明道”放在第一，“取势”次之，“优术”最后。

做这样的调整和人们普遍的思维习惯以及他们通常的做法正好相反。普通投机交易者通常都是把优术放在第一位，他们往往从学习做交易的第一天起就一头钻进了技术分析和基本面研究的沼泽泥潭，他们花费很多的时间和精力去研究所谓的市场行情变化规律和价格趋势，彻夜不眠地收集所谓的基本面信息，研究各项技术指标，分析各种技术图表、曲线……结果众所周知。我们看到，在实际的市场交易中，那些所谓精通交易技术，开口均线，闭口布林轨道的投机者中，失败的交易者占了绝大多数，成功的只占极少数。

为什么会是这样的情况？我经过仔细观察和认真研究后发现，在资本市场做投机交易的人当中普遍存在着一种“错误”的观点，就是交易者必须首先去做交易，通过做交易来学习交易，然后才能精通交易，最后才能成为一名交易大师。也就是要去实践一个从“优术”到“取势”，然后“明道”的过程。我之所以要在“错误”上面打上引号，是因为大部分投机者通常都是这样做的，大部分书上也是这样写的。他们认为只有那些在交易中爆过几回仓，在市场中死过几回的人才有可能真正领悟市场的真谛，最后成为交易大师，因而他们也就执迷不悟地浴血奋战，直到弹尽粮绝，被市场所消灭。

只有少数人能够经受住市场的考验，走通这条漫长崎岖、充满危险的投机之路，成为最终的幸存者。我曾经问过一些在市场中存活10年以上的交易者，究竟是什么原因让他们能够活下来？他们的回答几乎都包含两个字：感悟！

一个显而易见的事实是绝大部分的投机者最终都到达不了明悟交易之道这个交易大师们汇聚的圣地。许多人在半道上，甚至在优术的初级阶段就被市场彻底打败，永远被踢出了资本市场的大门，连向往一下“明道”的机会都没有，原因就在于他们一味地相信技术，相信技术分析、价值分析，相信所谓的经济学原理和市场逻辑，而不懂得用心灵去感悟市场，去领悟交易的真谛。

我发现许多投机者甚至连什么是资本市场？股市、期市的基本功能是什么？市场中有哪些人在参与交易？这些交易者究竟在交易什么？投资者凭什么能从资本市场中赚钱？等等这些最基本的问题都还没有搞清楚，就一头扎进了股市、期市、汇市……结果可想而知。

要想成为一名优秀的擅长投资机会的交易者，从优术入门看似正道，其实更容易误入歧途。从优术到取势，再到明道的过程就像是《西游记》中的唐僧到西天取经，其路途遥远，曲折坎坷，尽管唐僧最后如愿以偿取到了真经，但那是在三个妖怪徒弟和一匹真龙白马，以及在观世音菩萨和佛祖释迦牟尼的暗中相助下才得以实现的，单凭唐僧自己的那点能耐，别说取经，恐怕在半道上就成了众妖怪口中的长生不老肉了。

我们看到绝大多数投机者在优术阶段就已经被无情的市场所吞噬，因为他们的交易思想、交易技术，以及交易资金在这个阶段往往是最薄弱的，最缺乏抵御市场风险的能力。即便有少许人侥幸生存下来，接下来也很难通过取势这一关，因为取势不仅需要正确的交易思想和具备扎实的交易技术，更需要很强的综合分析能力和对市场的感悟力。至于要修成正果，成为一名交易大师，那一定是在身经百战之后，幡然觉醒开悟明道的结果。要成为这样的交易大师注定要以巨大的资金亏损和消耗无数的时间和精神为代价……这显然不是一般的交易者所能够承受的，除非他(她)有唐僧般的意志和运气，以及拥有像比尔•盖茨一样富有的资产。

能够最终明道的交易者都是一些幸运者，绝大部分交易者早就成为了市场交易的牺牲品(尽管有些聪明的交易者从来不用自己的钱来做交易，而是专门替别人输钱)。

通常情况下，那些交易技术越是精湛的操盘手，离觉悟明道越是遥远……这就好比是出家做和尚，每天撞钟念经，背下几部经书是容易的，但是要想修炼成佛却几乎是不可能的。故佛家有言：出家越久，离佛越远。做资本市场的投机交易大概也是同样道理。

据我观察，但凡成功的交易者通常都是一些悟性极深，智慧极高，具有感悟事物本质和特性禀赋的人。他们也许在一开始也曾以优术入门，但是，他们或是在高人的点拨下，或是在导师的指导下，或是在市场教训和博览群书的启发下，很快就能迷途知返，感悟到交易的真谛。于是他们改从明道出发，怀着一颗敬畏之心去做交易，感悟交易中的每一个细节，从明道走向取势和优术。他们不再需要去研究大量的历史数据，也不需要精通每一项交易技术，不需要熟练掌握每一个交易工具……他们只需要了解市场的功能，交易的原理，他们只需要用心去感受市场行情跳动的脉搏，使用一些最基本的交易工具，用最简单的交易方法来从最复杂的资本市场中获取属于自己的那一部分机会。他们知道所有盈利都是市场给的，而不是自己分析出来的。因为他们已经明了市场的本性，掌握了交易的本质，领悟了金融财富的真谛。

对于明道者来说，市场的本性就是人的本性，也就是宇宙自然的本性，取势就是顺应自然的韵律，优术就是与自然的节奏合拍。正所谓道法自然，大道至简。

老子曾经说过：大道甚夷，而民好径。

2500 多年过去了，我看到广大民众急功近利的思想依然没有任何改变。许多读过我文章的交易者显然没有注意到我一再强调的明道的重要性，他们往往开口就说：宗源老师，请教给我做交易赚钱的秘诀好吗？或者直接就问：我应该在什么价位买入？在什么价位止损？怎么看 K 线图？能把您的交易系统卖给我吗？等等问题。唯独没有人问我：为什么国家要开证券、期货市场？为什么股票指数也可以用来交易？为什么我们可以把本身没有任何价值，同时也不属于我们的金融衍生产品做空卖给别人？为什么市场中大多数人都是亏钱的？这些最最基本的问题。

我看到当今这个世界上本末倒置的聪明人实在太多，人们拥有了太高的学历和太多的科学知识，以至于以为自己无所不能，可以预测市场行情，可以建立数学模型来操作交易。其实只要稍微有点哲学常识的人都知道，凡是认为自己拥有很多知识的人往往他的智慧很少。那些真正有智慧的人恰恰是那些自认为无知因而不断探索真理的人。资本市场是一个深不可测具有绝对不确定性的玄妙事物，参与这样的事物需要智慧而不能仅仅依靠有限的知识。所以做交易不仅要优术，更要懂得取势。取势不是一门技术，而是一种智慧。

资本市场中大概没有人会认为自己愚蠢，大多数人都认为自己比别人聪明，至少在一对一的交易中，买和卖的人都认为自己的决定是正确的。有人认为市场交易是一场博傻的游戏，盈利的关键是要找到下一个接盘的傻瓜。这种理论的潜台词是：在没有找到比自己更傻的傻瓜之前，其实每一个人都是傻瓜。

有人认为市场中只有两类人能够赚钱，一类是极其聪明的高智商者，一类是傻瓜。傻瓜赚钱靠运气，高智商者赚钱靠智慧。运气不能长久，所以傻瓜最终还是傻瓜。资本市场中从来就不缺高智商的人，但也不是所有高智商的人都能赚钱，有些人大概智商太高了以至于走向了反面，也成为了傻瓜。我们经常看到市场里有许多高智商傻瓜，他们用精确的比例尺测量K线图，用牛顿定律惯性定律预测市场行情走向，用统计学原理决定进场点和出场点，一点不领会市场的不确定性。所以尽管我一直在呼吁投资者要先明道后优术，不要盲目入市交易，可是真正听得进去的人很少。

《论语》中有一句有争议的话："子曰：自行束修以上，吾未尝无诲焉。"有人解释说当年孔子招收弟子要收十条肉干作为学费，依据是"束修"在古代是十条肉干的意思。而我宁可认同另一种说法，就是孔子这段话的意思是"凡是能自我约束，又力求上进的人，我没有不教他的。"

所以我一贯秉持随缘传道，以道会友的原则，尽可能地把我对交易的感悟在网络上传播，让任何人都可以看得到。希望我的这些交易思想和理念可以引发大家对投资机会这样一种交易模式的思考，希望大家能够从中得到启发，感悟到交易的真谛，真正从市场中赚到钱，少做乃至不做无谓的牺牲。

我把以前在网上发表过的文章和帖子，以及和朋友们聊天的内容用不同话题的形式整理出来，于是形成了这样一本书。

这不是一部逻辑严谨的专业著作，主要是一些对交易，尤其是投机交易的思想和感悟，基本上属于明道的范畴。这也不是一本专门介绍交易技术和交易技巧的书，关于资本市场投机交易取势和优术的具体问题我在另一本书《时空交易》(已由地震出版社出版)中做了详细介绍。

本书是专门为那些从事金融证券和货币资本市场投机交易，希望以交易为生的特殊人群而撰写的。由于资本市场投机交易的特殊性，所以本书不适合普通的大众读者。书中的某些观点旨在揭示资本市场投机交易的本质，属于作者的探索和个人研究的成果，与一般的科学常识和道德观念可能会存在一些差异，在此提请读者注意。对作者的个人见解及建议，请读者保持独立思考，慎重采纳。我尽可能客观地进行阐述，至于如何理解和感悟，以及在实践中把握其中的分寸，则要请读者自己去掌握了。

如果书中的某些思想、观点、事例等内容和哪位高人、大师的思想，或在网上流传的文章内容有些相似，那很有可能是我借鉴或传播了大师们的思想，宗源在此深表谢意。

我相信本书对于那些处于迷茫中的交易者能够提供一些有益的启示，对提高大家的交易水平也能起到一些实质性的指导作用。而对那些执迷不悟的人来说，也许就是一派胡言乱语吧。

老子说：上士闻道，勤而行之；中士闻道，若存若亡；下士闻道，大笑之，不笑不足以为道。

接下来我就开始传授我所感悟到的交易之道，有缘之人请跟我一起进入投机交易这道玄之又玄，妙之又妙的交易之门。

第一章
交易漫谈

如果说一个人的智慧好比是一盏灯，这盏灯在没有点燃之前，他的内心和周围都是一片黑暗。当他有缘与另一盏燃烧着的智慧之灯相遇之后，主动将智慧的火种承接过来，这样他内心的智慧之灯就会被点亮，于是他的生命从此充满了光明。他既照亮了自己，也照亮了别人。

第一节 感悟交易

明道、取势、优术。

股票、证券、期货、外汇以及金融衍生产品资本市场的短线交易——也就是投机交易，看似简单，其实非常复杂。

说它简单是因为绝大部分资本交易市场提供给社会大众的交易平台操作起来非常简单，归纳起来主要就是两个交易动作：建仓(买入或卖出)和平仓(卖出或买入)。这甚至比孩子们玩的电子游戏机操作起来还要容易一些，就连家庭妇女和退休老人在家庭电脑上学做交易都不会有任何操作上的困难。

说它非常复杂是因为市场行情瞬息万变，我们发现它唯一的规律就是没有任何规律可言。任何一个偶然出现的因素都有可能影响和改变市场行情的走向。市场行情的变化是任何人都无法预测和掌控的，所以专业的交易只能建立在正确的交易思想基础上，使用科学的交易工具，控制交易风险，依靠把握交易时机，顺势投机来牟取利润。

这是一个非常明确的概念，作为交易者人人都应该明白这样一个最基本的道理：市场行情是不可预测的！

正因为市场行情具有不可预测性，所以任何希望通过所谓的技术分析和基本面研究去判断未来市场行情变化趋势的企图都是徒劳无益，注定是要失败的。

然而在现实中，我们发现无数的交易者热衷于市场行情的技术分析和基本面研究，以为可以从中找到一条发财的捷径。大家只要去书店财经柜台转转就可以发现，有许多所谓的技术分析经典著作和关于基本面研究的专业书籍根本无视资本交易市场的最基本规律——市场的不可预测性，一味地向读者推销和灌输企图通过分析市场行情来预测市场行情动向的完全错误的交易思想和交易理念。

甚至我发现即使在华尔街，那些所谓的专业交易员也未必就真正明白这样一个浅显的、最基本的道理。

我可以断言，那些一头钻进技术分析和基本面研究的交易者，最后他们终将发现那只是一条死胡同，或者是一道无底的深渊。

根据投机交易这个事物的特点，我把它分成三个层面：明道、取势、优术。

明道就是明悟交易之道，这既是交易者参与市场交易，能够从交易中长期盈利的必要前提，也是成为一名优秀交易者所必须达到的思想境界。取势就是取舍行情趋势，是交易者在明道之后，能够敏锐感受和正确领会市场行情的情绪变化，从中发现交易的机会，从而把握交易时机，在控制风险的前提下，取一段最有利的趋势行情，以最小的风险成本，博取最大的交易利润。优术就是优化交易技术，是交易者在明道和取势的同时，运用交易技术和交易工具尽可能准确和精确地进行每一单交易。这里要提醒大家的是，优术的目的不是赚钱，而是为了做好每一单交易。

这才是一个交易者应该走的正道，可实际上绝大部分交易者走的却是一条相反的道路。他们从优术做起，从一开始就掉进了所谓的技术分析和基本面研究的陷阱，然后他们又在取势的问题上陷入困境，错误地理解趋势的含义，完全不认识市场是一个什么样的怪物，他们靠不断地向市场亏钱来积累所谓的交易经验。

明道更不为交易者所重视，可以说至少99%以上的交易者甚至完全忽视了明道的作用。正是由于对明道的忽视，不知道去感悟市场，所以这99%的交易者成了市场中永远的输家。令人遗憾的是许多失败的交易者至死都不明白这个道理。

绝大部分交易者似乎对明道完全没有信心，他们宁可糊里糊涂地去做交易，糊里糊涂地赢钱，糊里糊涂地亏损，也不愿意花上一点时间和心思去静思和体悟交易的本质。

我看这或许是因为交易者们普遍存在着一个思维上的误区，人们也许以为明道就像是唐僧去西天取经，一定要经过九九八十一难才能成功取到真经，所以他们决定容忍自己在交易中的失败和持续的亏损，认为这是成为一名交易大师必须要交的学费。他们似乎已经认定只要经过市场的磨炼，就能走通从优术到明道这条艰难的取经道路。只可惜这条路不是随便什么人都能走得通的。

为什么交易者放着从明道到优术这条光明大道不走，偏偏要走从优术到明道这条崎岖坎坷充满危险的羊肠小道呢？

其实明道并没有人们所想象的那样艰难，做交易也没有人们所想象的那样简单。事实上，如果没有明悟交易之道就贸然进入资本市场进行交易，结果多数是以失败而告终。

要想成为一名优秀的交易者，明道是必由之路，越早明道，就越早了解资本市场的真相和领悟交易的本质，也就越容易对市场交易保持清醒的认识，越容易判断市场的行情趋势，越容易掌握交易的技巧。

在这本书里我愿意把我对交易的感悟毫无保留地告诉大家，和大家一起来明悟交易之道。我相信我的交易思想对所有交易者都是有益无害的，即便有人不同意我的观点，也尽可以保留你自己的看法。但我还是希望你能了解我的交易思想，或许会对你有一点点的启示。

优术

优术大致包含两个方面的内容：交易工具和交易技术。

交易工具主要是指交易系统、市场行情数据统计系统和数据处理系统、技术分析以及基本面研究的各种方法、指标、图表和曲线等等。交易技术是指各种交易知识、交易技巧以及操盘的实际经验。

优术基本上属于理性的科学知识的范畴，是整个市场交易行为中最简单、最容易理解、也是最容易学习和掌握的事情。讲的通俗一点就是相当于把一个学徒工培养成为一名熟练的技师。

优术是知识和经验的积累，从业的时间久了，交易技术自然就会有所提高。

任何智力正常的人只要认真学习关于交易的专业知识，学会使用交易工具，掌握交易技巧，经常操盘练习交易，成为一名技术熟练的交易者并不是一件很困难的事情。这是绝大部分交易者做得最多和做得最好的那一部分工作。

学做投机交易有点像学开车。我们知道开车其实并不难，从 18 岁到 88 岁，只要身体健康，视力正常都可以持有驾照。做交易其实也很简单，我看可以从 8 岁做到 108 岁……

以前工厂企业的技术工人都评有等级，我就曾经给工人上过技术等级考试的辅导课。四级以下是初级工，五级、六级是中级工，七级和八级是高级工，而驾驶员是没有高级工这一等级的，驾驶员属于熟练工种。

资本市场的投机交易者或许可以评他一个高级工，因为投机者开的不是普通的交通工具，而是比赛专用的“一级方程式赛车”。

我并不排斥交易者对市场行情进行必要的技术分析和基本面研究，事实上在做交易的过程中，技术分析和基本面研究是必不可少，它是非常重要的一个环节，是我们用来认识市场、衡量市场的有效工具。但是，在具有不确定性的市场面前，任何交易工具和交易技术都必须有条件地使用，也就是说，无论多么有效的交易工具、无论多么高超的交易技术也只能在特定的市场行情前提下才能有效地发挥作用。

我给大家讲个小故事：

在到北美工作之前，我在中国已经有十几年的驾车经验，几乎没有违章记录，自以为开车水平不错。可是由于不熟悉北美的交通法规，头 3 个月中持中国驾照一连吃了几张罚单，被罚了几百加元。我并没有要故意违反交通法规的企图，并且一直小心翼翼地开车，但还是无意中违规被罚。因为北美的交通法规在某些地方和中国的交通法规正好是相反的。我想大概是因为我在中国车开得太好了，一些只适合中国道路环境和交通法规的驾驶习惯很难一下子改变过来。之后当我一次通过了当地的路考，拿到北美的驾照后，至今为止再也没有发生过任何交通违规的事情，因为我已经调整了自己的开车习惯。

开车开得好不等于不会违反交通法规，尤其在交通法规和道路状况发生了变化的情况下，不被罚款倒也是一件不容易的事情。会做交易不等于肯定赚钱，尤其是在市场行情反复无常，千变万化的情况下，能做到不亏钱就是非常了不起的本领了。

所以，会做交易和精通交易是两回事，精通交易和能够通过交易持续赚钱也不完全是一回事。做交易从本质上讲是一种挑战变化的游戏，不仅市场行情随时在发生变化，并且游戏规则也在悄悄改变，交易者需要敏锐地感受到这些变化，不断去顺应市场的变化，不断调整自己的交易策略和交易方法，而不是一味地用主观的判断，去给市场下定论。

优术只是一个交易者希望通过做交易赚钱最基本的和必要的条件，却不是充分条件。仅仅优化交易技术还成不了一名成功的交易者，更何谈成为一位交易大师了。

取势

如果说优术是大部分交易者可以通过学习和训练去掌握的交易技能，那么取势对许多交易者来说就是一件比较头等大的事情了。

每当有交易者给我讲他们用所谓的均线指标和布林轨道分析得出的市场行情趋势的时候，我就知道其实他们根本不懂得什么是取势，他们甚至连什么是“趋势”都不知道，尽管他们每天都在谈论“趋势”。或许读者可以拿一支笔在纸上把你对趋势的理解写下来，然后去查查词典，看你对“趋势”的定义是否正确。

有些人只知道用所谓的技术分析方法去推测市场行情的未来趋势。他们的行为实际上和赌博并没有太大的差别，只是赌博的概率接近50%，而他们甚至连50%的准确率都没有。

交易者所犯的一个最常见也是最低级的错误就是他们通过技术分析或基本面分析的方法来判断市场行情的趋势，并且以为这种趋势会在以后的行情中以牛顿惯性定律的结果展现出来。他们完全无视市场不确定性这一基本规律，想当然地把动荡的市场当成是一个惯性体系，把即时撮合的交易当成是一个不受外力影响的惯性物体。我不知道这种奇怪幼稚的思维最早起源于谁，更不明白为什么这种思维逻辑明显错误的论调会在市场中广泛流传，并且为许多高学历高智商的市场分析研究人员和投资者所接受。

取势的要义不在于判断市场的趋势，因为市场行情的趋势是显而易见的，不需要有高深的学问或专门的知识。任何一个小学生都能对行情趋势做出准确的判断。取势的要义在于研究和发现趋势产生和结束的征兆，找到合适的进场和出场的时间点，取到市场的趋势。

有一年春节，我到著名的度假天堂巴厘岛休假，巴厘岛的库塔海滩是世界著名的冲浪胜地。

数公里长的沙滩上到处是出租冲浪板的摊贩，海滩边随处可见冲浪学校的广告招牌。

不远处，一波又一波的印度洋海浪连续不断地向岸边冲来，白色的浪花中到处是被浪潮冲得人仰板翻的初学者……稍远处，一些冲浪高手在耸起的浪尖上轻松滑行，做着各种惊险和漂亮的动作……

我看着那些冲浪的人们心想，如果把市场行情比作大海，那么优秀的交易者就好比是冲浪高手。冲浪高手永远不会去揣摩下一个浪潮的浪峰会有多高，波谷会有多低……冲浪高手永远都只抓住浪潮涌起的那一瞬间，跃上潮头，然后随波逐流，顺势滑行，至于能滑多久、滑多远，既取决于冲浪的技术，也取决于海浪的大小……

其实只要认识了大海的习性，掌握了冲浪的技巧，积累了一定的经验，任何人都可以抱着冲浪板自信地朝大海走去。尽管你不一定是冲浪高手，没有专业选手玩得娴熟和漂亮，但你一样可以享受到在海浪中滑行的乐趣，不一定非要滑完全程，至少可以享受其中的一段，前提是在浪潮涌起的时候，你就要站在冲浪板上。

正是由于资本市场行情具有和大海一样波浪起伏的不确定性，所以迄今为止，我还没有发现任何一种所谓的科学方法可以把握市场行情的变化规律。

凡是吹嘘自己发明了什么有效的技术分析体系，能够预测市场变化的趋势，那一定是骗人的鬼话。

市场行情之所以这样神秘莫测，不可捉摸，其根本原因在于当代的资本交易从本质上讲是一种具有信息化特征的财富交易行为，它不是一个物质化的事物，而是人类知识和思想的产物，具有精神事物不可确定的特征。现代科学技术虽然取得了巨大成就，但是科学对人类的精神活动规律的了解基本上还是处在一片空白，所以目前还没有任何一种科学方法可以对资本市场中信息化财富的交易行情变化趋势进行准确的预测。关于这个话题，我会在后面的章节中做详细解释。

深刻理解这一点对交易者来说至关重要。通过技术分析和基本面研究来取势，稍有不慎就会走火入魔，出现偏差。只有在深刻理解市场的不确定性前提下，运用技术分析和基本面研究的工具才有可能得出正确的结论，采取正确的行动，取得正确的结果。从这个意义上说，懂得取势的人要比精通交易技术的人更容易在交易中取得好成绩；而那些只懂得交易技术，不懂取势要义的交易者是注定不会在资本市场交易中取得好成绩的。

一个善于取势的交易者必定是一个明悟交易之道的人。只有明悟交易之道，并且掌握丰富的操盘经验，具备超人一等的耐心和毅力，同时又极其敏感的人才能真正感受到市场微妙的变化。他们在 10 次判断中或许会对上 7～8 次……正是这种敏锐的洞察能力，使他们能够在整体上做对交易方向，从而在市场博弈中取得微弱的系统优势。

明道

明道者未必都是一些知识丰富的人，也未必都是一些聪明绝顶，智商超过 120 的超人，但是明道者肯定是一个具有智慧的人。

我以前在研究佛学和佛教时发现，真正悟道成佛的往往都是一些顿悟的世俗之人，而很少是那些每天打坐念经的僧人。比如我所景仰的弘一法师就是这样一位由俗家悟道的大师。

明道者必须是一个拥有智慧，能够感悟事物本质的人。明道的过程就是悟道的过程，明道的关键就在于一个悟字。

我们知道，知识和经验是可以通过学习和实践不断积累的，人的知识和经验随着年龄的增长可以越来越多，越来越丰富，但是无论怎样增长，也不可能穷尽所有的知识，拥有所有的经验。所以人的知识和经验是有限的，也是有局限性的。

然而智慧却是无限的，不受任何事物约束的。智慧是一个非常玄妙的事物，它看不见摸不着，似乎并不存在于空间，但是却能被我们人类的思想所感悟出来。照理人人都应该拥有智慧，但是在现实生活中并不是每个人都能表现出智者的形象。虽然在某些时候，我们会灵感闪现，展现出我们具有智慧的一面，但在更多的时候，能够随时将自己内心所拥有的智慧激发出来的人似乎并不多。

一个人在某件具体的事情面前所体现出的行为，要么具有智慧，要么没有智慧。具有智慧的行为能够赢得人们的赞叹，没有智慧的行为只能使人摇头。

对于智慧的判断通常也是一件很困难的事情，因为没有智慧的人既看不懂别人智慧的行为，也听不懂别人智慧的话语，他无法感受到智慧的存在。一旦某人能够看懂别人的智慧，也就说明他自己已经具有了智慧。所以有智慧的人只能和有智慧的人进行交流，而无法和一个没有智慧的人去解释什么是智慧。

智慧是一种很奇妙的事物，它一方面需要自己努力向内心去挖掘和感悟，另一方面又需要外界的激发，只有当内在的智慧被外在的智慧所激发，它才能显现出来，在生活中得到体现。一个人的智慧无法通过学习获得，也无法通过实践积累，只能用自己的心灵去体悟。但是知识和经验却可以作为智慧的土壤，知识和经验丰富的人智慧更加容易被激发出来，而一旦被激发，往往所具备的能量更大。只有当一个人努力去感悟的时候，他的智慧才容易被激发出来，而一个根本不去感悟的人，即便他的知识和经验再多，也不会成为一个有智慧的人。所以一个人的智慧往往是他在刻苦学习，认真实践，努力追寻真理时被他人的智慧所激发出来的。

明道之人就是那些智慧被激发出来的人，他们不一定需要有很高的智商，也不一定需要具备很多的专业知识，但是他们却可以从容地做好许多陌生的工作。明道之人最大的特点之一就是能够自然而然地知道事物变化发展的规律，所以明道者理所当然地擅长取势。明道者另一个重要的特征是能够洞察事物的本质，所以明道者知道如何用最简单的方法处理最复杂的问题。

明道是一切成功者所共同拥有的思想境界，自然也是交易者的最高思想境界。

明道与交易

也许有人会问：我连最基本的交易都还不会做，如何去明道？

我的回答是：如果你连最基本的交易都不会，那你还去做什么交易呢？

但凡做交易都是想去赚钱的，注定要输钱的交易我想谁都不会愿意去做。可是在资本交易市场，比如股市、期市、汇市，99%以上的交易者却在那里心甘情愿地输钱，只因为他们相信了“市场是最好的老师”这样一句骗人的鬼话，以为市场会教会他们赚钱的技巧，以为他们最终会战胜市场，赚取大把的财富。

谁能战胜市场?

没有人能够战胜市场，或许只有唐吉诃德会骑着他那匹瘦马，提着长矛去挑战市场这台无形的风车。

明道者永远不会去挑战市场，更不会主动向市场交学费，因为明道者知道市场所教的唯一东西就是教训。除了血淋淋的教训，你从市场这位冷酷的老师那里学不到任何有益的东西。而这残忍的教训还需要交易者用自己的血汗钱去交换。

交易者本是为了赚钱才去做交易的，那些主动亏钱买教训的交易者无疑是这个世界上最愚蠢的傻瓜中的一类。这样的傻瓜交易者我已经看到很多、很多……如果你并不了解市场，为什么还要急着去做交易呢?

所以我一再呼吁，做交易首先要明白交易之道，如果道不明，则一切作为皆是枉然。凡是在思想上过不了明道这一关的人，说明他的思维能力和感悟力不适合从事这个精英汇聚的行业，还是趁早打消这个念头为好，不要去浪费时间、糟蹋金钱和消耗宝贵的生命。

我之所以要再三强调明道的重要性，就是因为只有明道才是交易的根本之道。

从优术到明道，其路途坎坷和遥远，通常行进在半道上交易者就已经牺牲或被淘汰了。而从明道到优术，交易者只需顺势而为，用很简单的方法就可以从市场赚钱。明道者就如同武林高手，他并不需要精通十八般武艺，只需夺命一招便可独步天下，或许金庸的武侠小说早就寓意了这一真理。

自古明道有两种途径，一种是自我修炼，另一种是师父点化指引。即便是自我修炼，通常也是由师父领进修行的大门。

明道就是激发内心智慧的过程，所谓激发就是需要外在的能量刺激，这就好比佛教禅宗修炼过程中的顿悟。

如果说一个人的智慧好比是一盏灯，这盏灯在没有点燃之前，他的内心和周围都是一片黑暗。当他有缘与另一盏燃烧着的智慧之灯相遇之后，主动将智慧的火种承接过来，这样他内心的智慧之灯就会被点亮，于是他的生命从此充满了光明。他既照亮了自己，也照亮了别人。

第二节　拜师学艺

与其盲目交易，不如拜师学艺。

在期货和外汇保证金交易市场有两个不争的事实：

一是最多只有1%的交易者赚钱，其余99%的交易者亏钱。

二是绝大多数新入市的交易者会在3个月之内爆仓，即使幸存下来，一般也存活不了 6 个月。

其他资本交易市场的情况也差不了多少，大致符合“二八法则”，即市场中通常只有 20%的人赚钱，另外 80%的人亏钱；在 20%的赚钱的人里面又只有 20%的人能持续赚钱，80%的人将赚来的钱又亏了回去；在 20%持续赚钱的人里面大概只有 20%的人能笑到最后……

关于“二八法则”我会在后面自然法则 一章中做专门的介绍，这里继续讲交易的问题。

为什么会出现这样的现象？难道仅仅是因为神秘的二八法则在起作用吗？如果说神秘的二八法则真的存在，那么我们是否应该考虑如何去做才能成为笑到最后的那个 20%的人群中的一员？我们能做到吗？

对于任何一位想从事资本市场投资交易的人来说，这是一个很现实的问题，是每一个交易者都必须面对、必须思考和必须回答的问题。

然而在实际交易中我发现绝大部分交易者从来都不去想这些问题，或者即使想过也没有找到真正的答案。那些亏钱的交易者基本上都是一些盲目的交易者，他们对市场的本性根本不了解，对交易的本质一无所知。他们甚至连市场究竟是什么？自己在交易什么？这些最基本的问题都还没有搞清楚就已经在做交易了。

我有时真的感到很无奈，在资本市场这样一个非常高端，非常专业，又非常残酷的行业，竟然有那么多没有经过专门的学习和训练，甚至对金融交易一窍不通的人盲目地往里冲……如果不是被贪婪蒙蔽了双眼，就是他们本身就缺少理性。

我记得以前很多行业都要开堂拜师父，因为每一行都有自己独特的技巧和规矩。师父能够引导徒弟尽快地熟悉和掌握这些技巧和规矩。如果弟子有悟性，师父还会传授一些独门绝技，通过点化培养出新一代的宗师，光大自己的门面。可惜现在已经很少有人做这一套了，百年老字号几乎绝迹，即使招牌还在，也早已不是世代祖传，精神不在。反倒是有不少人读了个什么硕士、博士就以为自己无所不知，无所不晓，狂妄自大，目中无人。还有些人即使想得到别人的指点，却在态度上傲慢无礼，以为自己花了点学费，别人就应该怎么的……

前不久，我在和一位做了20多年交易，应该称得上是一位投机交易高手的朋友一起喝茶聊天时谈到，现在不少大学生毕业后找不到工作，与其耗费青春，为何不拜师学艺呢？

可是说到拜师学艺，我的这位朋友直摇头，前不久他想找两位刚毕业的大学生做助手，帮他看看盘，整理资料，他也愿意将自己多年的交易心得传授给他们。可是前来洽谈的同学开口就问工资多少？少于一个月几千元人民币人家还不干。

一个缺少金融资本常识，毫无交易经验的大学生，凭什么人家要给你几千元的工资？叫我说人家没有向你收几千元一个月的学费就已经很便宜你了。

市场是最好的老师

我知道有许多人严重不同意做交易要拜师学艺的观点，他们认为市场才是最好的老师。

市场是最好的老师！——这句话听上去很美，很有道理，其实很有些问题。

“市场是老师”这话似乎不错，问题是市场究竟是怎样一位老师？在什么情况下市场才是一位称职的好老师？

我以前也曾写文章讲过“市场是最好的老师”这样的话，但是这话是有前提的，只是针对投资者风险教育而言。我的意思是，无论政府监管机构对投资者的风险教育投入的力度有多大，都比不上市场本身对投资者的风险教育来的直接和有效。

也就是说市场是一位最擅长给予交易者风险教育的老师，它的拿手本领就是教训那些盲目的交易者。交易者越是盲目，学费交得越多，得到的教训就越深刻。这种教训对交易者的成长当然是必不可少的。可是，如果以为只有不断花钱买教训才能成为一名优秀的交易者，那就大错特错了，也许等不到成为一名成熟的交易者，就已经被市场这位冷酷无情的老师一脚踢出了门外。

我在实践中发现，市场所具有的教育功能并不是教人如何赚钱，而是教人如何亏钱。想从市场交易中学会如何赚钱简直是痴心妄想，因为市场本身从来不告诉任何人赚钱的奥秘。如果有人说他从市场交易中学到了赚钱的技巧，他要么是胡说，要么只是他的猜想。市场倒是随时在向交易者传授亏钱的奥秘，你可以通过交易向市场学到无数种亏钱的方法。许多交易者的宝贵经验都是这样用大量的金钱换来的，所以他们当成宝贝，密不宣人。

这点我完全能够理解。和他们不同的是，虽然我也拜过市场为师，也向市场交过学费，不瞒大家，在学习交易开始的半年时间里，我亏掉的资金达数百万之多……我几乎把所有可能的亏钱方法都体会了不止十几遍，甚至上百遍，所以市场给我的教训是极其深刻的。现在我已经下意识地知道什么时候会亏钱。即使现在做交易，只要在交易中一放松自己，市场立刻就会给我当头一棒！市场才不管你是谁，只要你的交易出错，立刻就会给你严厉的惩罚，绝无侥幸可言。所幸的是当时我的这些交易资金都是虚拟的资金，并不是真金白银。和那些用自己的血汗钱向市场买教训的人相比，至少在心态上我对市场没有任何一点点的恐惧。通过亏钱我了解了市场，我知道市场是如何让交易者亏钱的！（请记住：模拟交易不是用来赚钱的，而是用来体会如何亏钱的。在模拟账户亏得越多，实盘就会赚得越多。反之亦然。）

书籍是最好的老师

也有人说书籍是最好的老师，我非常认同这样的说法。几年前我几乎每天看书，每年要读一二百本新书，还要重读许多旧书，涉及的内容非常广泛。我的知识大部分来源于书籍，我的思想也深受书籍的影响和启发。只是在最近几年，我开始有所选择地读书，并且有意识地减少了读书的时间，以后将会越来越少地去读书……

对于交易者来说，读书不仅是掌握专业知识最直接的方法，也是吸取前人经验提高交易技能的重要途径。尽管我在理论上把优术放到交易者素质的最后位置，但这并不等于说我反对优术。优化交易技术是任何交易者必须要经历的过程，而读书是这个过程不可缺少的重要一环。关键不是读不读书的问题，而是读什么书和如何读书。

我不谦虚地讲，在我研究交易的前两年，凡是在书店里能看到，以及图书馆能够借到的和交易有关的书我基本上都读过，在买书上也已经花掉了上千元。虽然我也读到过一些充满智慧的大师的作品，但是我看到更多的是一些误导交易者的书籍。从书中的内容就可以看出，这些书的作者本身对交易是一窍不通的，只是为了出书而在编凑一本书，因此错误百出。有不少书的内容相互抄袭，更是错上加错。这样的书充斥着市场，我想那些新入门的交易者的确是很难分辨真伪。

一本好书可以改变一个人一生的命运，一本坏书也会毁了一个人的生活。

可是如何判断一本书是好还是坏呢？这很让人为难。因为书本身无所谓好坏，全看怎么去读它。善于读书的人能够通过书籍与作者的心灵进行交流，感知作者的内心世界，了解作者真正想要表达的意思。读书人未必要赞同作者的见解，但是必须要理解作者的思想。

我前面说过有许多书是在误导读者，这是因为我读懂了这些书，一眼就能看出作者思想的错误所在。当你有能力判别一本糟糕的书的时候，这本书对你来说也许就并不那么糟糕了，至少你可以了解，原来世界还有这样糟糕的思想。但是，我不知道是不是所有的人都能和我一样识别这些错误，如果不能识别，那对他们来讲这些书真是太糟糕了。所以我很少向朋友们推荐专业书籍，如果一定要推荐，我总是说：那些书都是差不多的，只是这一本写得稍微好一些。我总是建议他们要带有批判的眼光来阅读，不仅要体会出书中的思想精华，更要读出书中的谬误。对于你现在正在阅读的这本书也是同样如此！

我认为要成为一名优秀的交易者，读书固然重要，然而更重要的还是要转变交易者自身的思维方法，使之与资本市场交易这项社会经济活动相适应，这才是问题的关键所在。而这种思想的改变，仅仅靠读几本书是很难做到的，除非你有极高的天赋和悟性。

如果你有一位优秀的导师，能够在关键的时候和关键的地方点拨你一下，我想这要比你单打独斗地和市场博弈，取得成功的机会就要大的多。

傻蛋们来了没有

我曾经读过一本书，书中描写华尔街的交易员们在每天交易开始的时候都要问上一句：傻蛋们来了没有？

所谓的傻蛋就是指那些非专业的市场投机者，他们抱着天真的发财梦想到交易市场里来碰运气，可最终的结果基本上都是在输光了老本后被一脚踢出了市场。

在你进入资本交易市场，成为一名交易者之初，你是否问过自己这样一个问题：我凭什么能从这个市场中赚到钱？

如果你不比市场里的其他人更聪明、更专业，那你一定就是市场中永远亏钱的傻蛋。

许多初次进入到商品期货、金融衍生品以及外汇交易市场的交易新手，在一阵疯狂的交易后很快就会输掉了最初的资本，成为市场中传说的傻蛋。有统计资料说大部分的交易新手会在 3 个月之内爆仓，最多熬不过 6 个月。虽然傻蛋们输了钱，但我知道此时大部分傻蛋交易者的内心并不服气，因为他们似乎已经看到了通过交易大赚一把的可能性，只是这次运气稍微差一点而已。于是一部分人重新投入资金，决定继续和市场赌一把。最后的结果不用说大家也知道。市场就是因为有无数这样傻蛋存在而运转正常，傻蛋们增加了市场的流动性，是保证市场正常运行的润滑剂。另有一小部分人则被亏损惊醒，他们发现原来做交易并不是想象中的那样简单和好玩，市场中的钱并不那么好赚。于是这些比较聪明的人跑到书店里买来所有关于市场和交易的专业书籍，开始潜心研究市场行情，钻研交易技巧，希望通过学习前辈和大师们的交易经验来提高自己的交易水平。

应该说这样的想法和做法都没有错，我也曾经做过同样的事情。但是我发现有另一条更好的途径却很少有人去走，那就是拜师学艺。

读书固然可以获得专业知识，掌握交易技巧，提高交易水平，但是理论和实践往往存在着很大差距，而市场交易又恰好是一种任何理论都无法完全解释和驾驭的具有不确定性的事物，单凭读书自学是很难纠正交易者的错误思维和错误习惯的。在投资交易这一行，如果没有经过专门的训练，具备专业的交易知识，没有得到高人的指点，一个业余起家的交易者恐怕很难有机会成长为优秀的交易者，除非你悟性极强，天分极高。

我不知道为什么现在的人都变得这样自负和自傲，难道去求教一位老师或拜一位师父就这样困难吗？我们知道优秀的学生背后都有优秀的老师；优秀的运动员背后都有优秀的教练；优秀的军人背后都有优秀的教官……唯独做投资交易这样一件事关我们自己财富得失和人生幸福的大事却不需要高手的调教，完全要靠自学成才，这不是一个很奇怪的现象吗？我以为之所以绝大部分的交易者最后都落得一个失败的下场，成为遭人耻笑的傻蛋，而优秀的成功交易者寥寥无几，恐怕与此现象有着莫大的关系。

我们都知道刘翔是一个天才运动员，但是刘翔的身体素质和先天身体条件并不如外国选手，幸运的是他遇上了一位非常优秀的教练，用非常适合的方法把刘翔的潜力发挥得特别好，使刘翔的技术水平和心理素质都达到了世界一流的水平。如果没有孙海平教练，刘翔会有今天的成就吗？

我建议所有新入门的资本市场投资者和交易者，只要有可能还是尽量去拜一位高手做老师，这是避免成为傻蛋的最好办法。

当然，如果你一定要坚持去体会一下做傻蛋的滋味，没有人会阻拦你，而经纪商们肯定会热情地拥抱你——没有傻蛋，他们可怎么活啊！

功夫

有道是：打拳不练功，到老一场空。

拳术可以自学，弄一本拳谱，依样画葫芦，也能打出一套花架子拳术。但这种拳术是不能用来实战的。用以实战的拳术必定是以功夫作为基础的，只是这功夫如果没有师父指点，一般是自学不来的。记得当年我们师兄弟想学单手劈砖的硬功夫，师父就是不肯教，于是大家私下里自己练，差点把手劈骨折了，砖就是不断。

我一直记得当年师父问过的一句话：你学这劈砖的功夫有什么用？你准备去劈什么？

是啊，除了劈砖我还能去劈什么呢？师父的这句话我一直记在心里。

后来师父还是动了恻隐之心，让我们去找他的师兄，也就是我们的师伯处学习劈砖，当时师伯在人民公园教他的徒弟们练硬气功。师伯指导有方，一周以后，我的几个师兄弟个个都成了劈砖高手。

后来听说有一位师兄在街上和别人起了冲突，对方有几个人要打他，这位师兄捡起一块红砖，当着那些人的面一掌劈成两半，对方吓得立刻撒腿就跑……

我想说的是，看似很难的功夫，其实掌握了技巧也就不难了，对于我们这些已经练过三五年拳脚，有些武功基础的人来说，在名师的指点下只用一个星期就掌握了劈砖的技法。

悟性

我记得印度当代伟大的哲学家奥修讲过一个故事：

从前有一位得道高僧，传道 80 多年，弟子有几千人。

在他 120 岁的时候，有一天，他说：还有 7 天，我就要死了。

徒弟们闻讯从各地赶来，想看望师父最后一眼，聆听师父最后的教诲。

高僧在瞑目内化之前睁开眼睛，望着面前的弟子问道：有谁想陪我一起去？如果谁想立刻涅槃成佛的话，请举手。

弟子们知道师父是一个真正的得道高人，是一个说话算数的人，他从来不开玩笑，师父不是在和大家开玩笑，他是认真的。

于是，弟子们你看我，我看你，几千人中居然没有一个人举手响应。

过了一会儿，一个弟子站了出来，他首先声明：师父，您别误会，我并不想现在就陪您一起去。随后他解释道：不是我不想陪您一起去，也不是我不想成佛，只是我觉得自己的修行还不够，离成佛还远……另外我自己还有许多事情没有做完，还有许多孽障需要消除。等我做完了这一切，我一定会追随师父您而去……只是现在您就要走了，您能否再给我们这些弟子一些教诲？告诉我们悟道成佛的关键所在好吗？

高僧无语，他低下头，闭上了眼睛，向内自化涅槃。

如果你不想成佛，你学佛干什么？

如果你想成佛，你为什么不敢立地成佛呢？

这是因为大部分的人心中都住有魔鬼。主要有两个魔鬼，一个叫贪婪，一个叫恐惧，它们就像是一对孪生兄弟。

我看到，在交易市场中，大部分交易者的心中都装着这两个魔鬼，一会儿贪婪，一会儿恐惧。

不要说是师父，即便是上帝站在他们面前，他们也会狐疑不定。他们宁可相信自己，也不肯相信任何人。他们宁可成为那虚伪的输钱的99%中的傻蛋，也不愿“冒险”成为真诚的属于那1%的优秀交易者。

诚者自成

《大学》说：诚者自成也。意思是说只有对自己真诚，才能最终成全自己。

所有交易者都应该扪心自问：我真诚吗？

如果答案是否定的，我可以告诉你，你做任何事情都不会成功，更别说做交易了。

如果答案是肯定的，我祝贺你，只要努力，你一定会取得成功。并且我也愿意做你忠实的朋友，和你一起探讨人生和交易的学问。

有人问我：真诚的标准是什么？

我回答说：真诚本身就是一个标准。

如果一定要讲白了，真诚就是你知道自己是谁；你知道自己能做什么和不能做什么；你知道自己正在做什么，并且肯定这正是你想要做的。

如果答案都是肯定的，你就是真诚的；如果答案是否定的，你就需要纠正自己的思想和行为。

又有人问：发自内心的对财富的追求是不是也是一种真诚？

我说：对财富的追求不代表真诚，那是一种贪婪，而贪婪会使人丧失真诚。

明道的过程其实就是觉悟成佛的过程。世界上和尚、居士不计其数，但是最终得道成佛的却是凤毛麟角。同样道理，在资本交易市场，成为大师的只有少数，大部分人或迟或早都将沦为市场交易的牺牲者。

如果你从来就没有想过要成为一名交易大师，那你根本不必浪费时间去做什么市场交易；如果你真想从交易中持久获益，那你一定要具有成为大师的远大志向。

许多人只是为了做交易而做交易，他们一直在做交易，却从来没有做过一笔真正成功的交易。这是因为他们根本不懂得什么是真正的交易，他们只是一群出自本能的贪婪的交易者。

知识人人都有，专业不同而已；智力人人都有，智商不同而已；财富人人都有，多点少点而已。只有智慧不是人人都有。智慧需要觉悟，需要开窍，需要被外界的能量所激发。

许多交易高手对股市、期市、汇市的领悟都是耗用了十几年的交易时间，经历了无数次亏损，甚至爆仓、倾家荡产后换来的。这种经验教训和对市场的感悟无疑是一种宝贵的财富，这些高手令人钦佩。可是现在居然没有人要向他们学习，而宁可冒着巨大亏损的风险自己再瞎撞一次。

也许是社会上骗子太多，人们才缺乏互信。但是如果因为担心上当受骗，而拒绝拜师学艺；或者盲目自信以为可以无师自通，自学成才……有着这样复杂心态的人我看他永远也成不了一名优秀的交易者。我经常说一句话：我相信任何人，如同相信我自己。只要你是真诚的，即便遇上骗子也奈何不了你，因为骗子所能骗的其实大都是一些内心虚伪和贪婪的人。

其实一名新入行的交易者真正要担心的倒是良师难觅。即便找到良师，师父肯不肯收自己这个徒弟也还是一个问题。如果不是一心一意地真诚拜师，坚持不懈地虚心求教，大师又怎么会劳心伤神地去收什么徒弟，他图个什么呢？

在金融资本证券交易这个行业中，从来就不缺聪明人。据说在美国流行一种说法，说是美国最顶尖的脑袋都在华尔街，次一点的脑袋才去给美国政府当差。

这个行业也不缺技术高超的人，无数次的操作足以把一个最愚钝的人训练成熟练的操盘手，这里唯独稀罕的是具有智慧的人。

要想做一名成功的交易者，以交易为生，仅仅拥有专业知识、交易技巧和高智商是不够的，他还必须具有运用知识和智力的能力——智慧。只有那些具有智慧的交易者或许可以在交易中生存下来，因为他们天生就是交易大师的材料。

要想拥有智慧首先必须要有悟性，悟性不是人人都有的，有的人悟了一辈子也没有悟出什么名堂。悟性能使交易者真正获得智慧，只有拥有智慧才能使得交易者真正理解交易的本质，从而将交易变成自己的行为习惯，成为像手足一样运用自如的生命技能的一部分。智慧的获得一方面要通过自己的感悟，另一方面要有外界的激发，而导师的点化是最有效的方法和途径。

我奉劝那些想急于通过交易致富的新手们不要先忙着入市交易，而是首先应该好好研究一下这个事物，搞清楚资本交易这个财富怪物的真相。其次，至少先做上 3 个月的模拟交易，确信自己有稳定的持续盈利的把握后再开户注资进入实盘操作。第三，与其把钱白白地送给市场，还不如先去拜师学艺。

第三节 交易和交易者

会做交易的动物我没有见过，不做交易的人我同样没有见过。

在这一节，我要偏离一点“投机交易”这个主题，谈一谈交易和交易者这个话题。

交易

【交易】原意是指以物易物，现泛指买卖商品。

在传统经济学中，商品特指那些为交换而生产的劳动产品，具有使用价值和商品价值的两重性。在现代经济学和现代社会学中，商品泛指市场上可买卖的一切物品和事务。

历史已经证明，在人类社会中，一切事物都有可能被拿来做交易，因此一切事物都有可能成为商品。

我发现，交易是人类社会特有的行为方式。除了在寓言和童话之中有动物参与交易的故事情节，在现实世界里我尚未发现在任何动物之间存在交易行为。

从古代人类的以物易物，到后来出现的各种贝壳、金属和纸质货币，再到现代的电子货币，人类的社会发展史同时也是一部人类社会经济活动的交易史。

也许你不承认自己是一个商人，但你必定是一个交易者，除非你不是生活在人类社会的环境里。

纵观人生，人的一生是在无数交易中度过的。从本质上讲，处于现代社会环境中的人生就是不断用自己的生命——时间去交换生存所必须的物质的过程，这种交换行为贯穿人的一生。

在现代社会的生存环境中，不做交易根本就没法生活。比如城市生活最基本的需求：衣、食、住、行、水、电、油、气……哪一样离得开交易？几乎一切社会经济活动都是交易行为，做交易是人与社会的基本交流形式，不做任何交易的人几乎是无法生存的。

你可以静下心来仔细想一想：自从在母亲肚子里进入妇婴保健医院以及在产房诞生开始，一直到被送到火葬场和墓地结束一生，人生中有哪一件重要的事情没有通过做交易而得以实现？

就连生老病死都不得不在交易中进行，如果不做交易，则必定死无葬身之地。所以交易行为也可以被看作是人类生命存在的一种基本状态。

在现代社会中不做交易的人是不存在的，至少在人类生活的社会中已无法生存。或许可以躲进深山老林，可是到哪里去找这样的地方？即使找到这样的地方，也还是要付钱的，国家资源不可能无偿被私人占有，还是要通过交易才能获得你想要的生活环境。

我们几乎可以断言，是否具有交易行为是区别人类与动物的主要特征之一。

形形色色的交易

自古以来人类就离不开交易，由此也就产生了形形色色的交易。

如果说全世界的民众对做交易存在一种带有普遍性的心理抵触情绪的话，那一定是历史上的那些卑鄙、可恶的交易给人类的心灵造成了不可磨灭的伤痕。

如果深入研究人类的交易历史，就会发现人类几乎无所不交易。

从国家、土地、森林、矿产资源，到粮食、动物，乃至奴隶、妇女、婴儿，甚至人的灵魂、肉体、器官、道德、信仰，还有良心……所有你想得起来的事物，几乎都被人交易过。

对人类来说，这个世界上似乎没有不可交易的事物——只要能找到合适的交易对象。人类是那样喜欢交易，我猜想，如果有外星人出价，地球人或许连自己居住的这个蓝色星球都会出卖。

在现实社会中，在不知不觉中，我们的许多利益甚至就连我们自己就已经被别人给出卖了。这样被交易的事情其实每时每刻都在发生，人们要么已经司空见惯，见多不怪，要么无可奈何，思想已经麻痹。

本能的交易者

人的一生中所进行的最重要的交易都是出自生存本能的需要，我把这类交易称作本能的交易。本能的交易是为了满足衣、食、住、行、性欲、情感、安全等各种人类本能欲望的需求而进行的各种交换和买卖。

本能交易在现代社会最常见的有两种形式：消费和工作。这两种交易在形式上一个买入，一个卖出；在内容上一个获取，一个付出。两者通常各自交易，似乎互不相干，但是实质上却相互牵连，密不可分。人们辛勤工作赚来的钱币通常是被消费掉的，许多人每月的工资一眨眼都变成了食品(塞进了嘴里)、衣物(穿在了身上)、化妆品(抹在了脸上)……以及支付那一张张准时躺在信箱里的账单(水、电、液化气、手机、电话、宽带、房贷、车贷、信用卡透支还款等等)……

只要走出家门，我们随时可以看到人们以消费者的身份参与交易的情景，消费交易的特征就是掏钱购买一切形式的用来消费的商品。

大型超市、购物中心、百货商场、专卖店、连锁商店、乃至街头小店、地摊排挡就是为各个层次的消费者而开设的。五花八门、形形色色、成千上万种的商品都是为消费者所准备的。还有各式各样消费服务，以及满足特殊需求的消费……不管是消费者想得到的还是想不到的，社会中、市场上已应有尽有！

在美妙的购物环境熏陶下、在诱人的商品包装吸引下，在澎湃的消费欲望和强烈的虚荣心驱使下，消费者毫不犹豫地掏钱购买他(她)所喜欢的一切东西，只要钱包里有足够的现金，或者信用卡里有足够的信用额度。

几乎人人都喜欢消费，似乎消费得越多，他(她)的人生价值就越大似的。女人一般都喜欢买衣服，有些衣服买回来一次也没有穿过，一直挂在衣橱里，但她还是不停地买，或许她真正想要的并不是那件用来穿在身上的衣服，而是在享受购物消费带来的快感。有许多男人不能理解女人的这种行为，有许多丈夫为之愤怒，以至于吵架闹到离婚。但是我觉得，这才像是一个女人的做法，只要她有这个消费能力，无论买多少衣服都无可厚非，至少商家一定会非常喜欢这样的女人。其实男人们的消费能力并不输给女人，只是男人的消费通常比较隐蔽，次数少，但金额巨大。比如探险、运动、汽车、游艇、高尔夫以及美女……当然这已经不属于本能的消费，完全是为了满足个人欲望和爱好的消费行为，在别人看来也许会认为这是一些过于奢侈的消费行为。

其实在所有的消费交易行为中，真正属于严格意义上的为了满足生存需求的消费只是占了很少的一部分，大部分消费都是为了满足每个人各自不同的生活和心理需求。也就是说，一个人要生存下去所需的消费其实是非常有限的，大部分消费在某种意义上说都是可以被取消的。因为生活的本质是很简单的。现在生活在城市里的人基本上不必为生存问题而担心，他们烦恼的是没有充裕的资金来支付各种账单，不能随心所欲地花钱消费，因为他们毕竟收入有限。

我有一位朋友曾经这样炫耀说：一个人的价值不在于他活了多久，而在于他的一生花掉了多少钱。据他自己说，到目前为止他已经花掉了2000多万人民币，这里面既有公家的钱也有自己的收入，之中还包括赌博输掉的钱，因此他感到不虚此生。

且不论他的论调是否正确，但就我所认识的大部分人来讲，能够不受限制地自由消费(包括赌博)无疑是他们人生最大的理想之一。我经常听到的一句话就是：如果我有钱了，我一定把“××东西”全部都买下来！只是很可惜，说这样话的人通常永远都不可能实现他(她)的这个美妙的梦想。因为他(她)的钱都被不断地消费掉了，他(她)永远也存不起足够的钱来实现他(她)的这个梦想。

消费是为了满足生活的需要，而生活的需求是分层次的，从最基本的生存需求开始，一直到高层次的精神领域的需求，由消费欲望构成的宝塔可以一直通向无穷无尽的天际。从本能的角度讲，人的欲望是永远无法满足的，除非你能去除欲望。没有欲望也就不会有失望，自然也就没有了消费的烦恼了。

为了能够实现自由消费的目的，绝大多数消费者不得不同时扮演着另一个角色——劳动者：靠出卖自己的时间和体力(脑力)——通过劳动(工作)获得一份收入，用劳动的收入来支付各类账单和应付消费的支出。尽管大部分打工者并没有意识到工作也是一种交易，是一种和消费相对应，为了生存而不得不去做的人生交易。如果打工者意识到这一点，那么他们或许会重新审视自己的工作，重视自己的劳动，改变自己对工作的态度。

如果说消费是一种带有主动意味的交易，能够给人带来愉悦感和心理上的满足，那么为满足消费欲望而被迫去工作在大部分情况下是一种被动的交易，通常情况下给人带来的是压力、疲惫和绝望。

我知道有许多人在内心深处深深地厌恶他们所做的工作，他们只是迫于无奈才不得已去工作，他们工作的目的只是为了获得劳动的报酬去支付无情的账单和应付没完没了的消费，他们寻找更好的工作的动机也只是为了能够获得更高的报酬，可以支付更多的账单和实现更大的消费能力。他们经常感叹自己命运不济，没有能够出生在富人家庭。他们好生羡慕那些富人，不必为生活中的账单发愁，生活似乎只是为了满足他们的兴趣和爱好。

如果你注意观察就一定可以看到这样一幅生活场景：人们为了生活和享受而消费，为了消费而不得不去工作；工作的目的是为了挣钱，挣钱为了消费；高消费可以得到更多的心理满足，为了获得这种心理上的满足必须加倍工作；加倍工作是为了得到加倍的收入，加倍的收入可以用来支付加倍的消费……

于是，人们开始逐渐脱离了最基本的本能的交易，在不知不觉中进入了一个由消费加工作构成的封闭的螺旋形怪圈。虽然他们中的一部分人由于拥有较高的技能因而获得了较高的收入，跻身于所谓的中产阶级，但是其生活的形态依然没有摆脱由被动消费所引导的怪圈，只是他们的消费能力有了比较大的提高而已。

中产阶层虽然拥有了自己的住房、汽车，能够供子女接受良好的教育，但是，他们也在无形中被套上了债务的枷锁，为了支付房贷、车贷、旅游贷款，以及水、电、气、通讯等每月按时到达的账单，他们不得不加倍工作，拼命出卖自己的生命，他们甚至比无产者生活得更为辛苦，所以中产阶层依然没有摆脱为生存而交易的困境。

如果我们将社会中的人类简单地分成富人和穷人，那么中产阶级显然属于比较富裕的穷人一类。

中国有一种传统的美德，叫做“勤俭持家”，勤俭持家就是量入为出，减少不必要的消费。不要以为勤俭持家只是针对收入不多的穷人而言，事实上真正做到勤俭持家的往往是那些富人，而穷人反而比富人具有更强烈的盲目消费欲望，穷人更难以做到勤俭持家。我猜想，如果穷人一旦做到了勤俭持家，或许很快就会成为一个富人；而富人一旦丢掉了勤俭持家的法宝，一定很快就会沦落为穷人。

在物质极大丰富，通货膨胀时常流行的现代社会，勤俭持家这样的优良传统观念受到了强烈冲击，人们不以勤俭朴素为荣，反以奢侈浪费为时尚。

合理及适度的消费是生活所必须的，这一点毫无疑问。我也并不主张大家都去过苦行僧的生活，那样做同样违背了人的本性。问题在于人们的过度消费，过度的消费不仅成为个人和社会的沉重负担，更主要的这是一种极不负责任的浪费人类生存资源的愚蠢行为。

如今日趋严重的全球资源危机无疑是在向穷奢极侈、极度消费的人类敲响了警钟。

理性的交易者

判断一个人是富人还是穷人只要看他收入来源的性质就可以做出准确的判断：富人以资产性收入为主；穷人一般没有资产性收入，只有劳动收入。

从消费方式上也可以大致判断一个人是富人还是穷人。穷人一般是一些感性的消费者，而富人通常是一些比较理性的消费者。由于富人不必为消费资金犯愁，所以他们完全可以根据自己个人的喜好和价值观念购买消费物品，一般不会盲目消费。富人更关心消费对象的品质和品味，而不在价格上斤斤计较。而穷人买东西首先关注的是价格，其次才是品质，消费的感觉对穷人很重要，而品味只是一种奢侈的梦想。

对于富人来讲，满足基本生存的本能欲望是轻而易举的事情，甚至根本就不成为一个问题，他们对此不用操任何心思。对富人来说，生活中的一切需求都可以用钱卖到，不仅是购买物品，也包括购买服务，各种各样的服务。富人之所以能够做到这一点，表面上看似乎是富人有足够多的钱可以用来支付这些消费的费用，但是深入观察和思考就会发现，绝大部分富人之所以富裕并不是靠继承遗产，或买彩票中了大奖，而是富人们都有自己的一套理性的赚钱方法和消费观念。

由于某些特殊的原因，我认识不少生活富裕的朋友，和许多富人有过直接或间接的接触，近距离观察过他们的生活和事业。我发现，绝大部分富人都拥有自己稳定的赚钱机器，他们几乎没有一个人是靠出卖自己的劳动赚钱，而是靠管理自己的资本赚钱，也就是人们通常所说的“以钱生钱”。

大部分的富人早已跳出了“工作＋消费”的生活怪圈，他们摆脱了“为钱而工作”的困境，转变成为让“钱为我工作”的投资生财模式。

仅此观念和行为上的差别，使得富人和穷人在同一片蓝天下过着完全不同的生活。

富人通常都是一些理性的交易者，理性的交易者思考问题的方式和那些为生存而交易的人们截然不同。例如在同样面对一大笔可供支配的货币时，富人和穷人对金钱的认识就充分反映了这种本质上的区别。那些为生存而交易，为钱而打工的人们通常认为钱只是用来买东西的，是用来支付各类账单和满足自己的消费欲望，当他们获得一笔意外之财时，立刻就会兴高采烈地制订了一个消费计划，比如大吃一顿、外出旅游、或去买一栋大房子……多下来的钱全部存到银行里。这样的例子我们已经在彩票中大奖者身上见识过不少。而理性的交易者认为钱主要是用来赚钱的，也就是人们常说的用来投资，当他们获得一笔资金的时候，首先想到的是制订一个新的投资计划。

我注意到，几乎所有的理性交易者——富人都是投资者，而几乎所有的为钱而打工的交易者——穷人都是消费者。

富人们意识到钱本身就具有生钱的能力，这种钱生钱的能力就是钱的资本性，富人充分利用了钱的这种特性，让钱不断地为自己生钱。富人们最常用的词汇是“投资”，他们关注市场，时刻在为资本寻找更好的投资机会。在富人们驱使下，钱这种最好的资本便被赋予了追逐利润的疯狂个性。

富人之所以成为富人，其根本原因就在于能够持续获得资本疯狂逐利带来的丰厚利润，这些利润不仅能够满足投资者的消费需要，而且使资本不断扩大，产生更多的利润。富人理性地让钱为自己工作，而自己只需要坐享其成。

交易创造财富

【财富】就是一切具有价值的东西。

由于从小接受社会主义教育的缘故，长期以来我一直以为只有劳动才能创造财富，只有劳动者最伟大，资本家和商人都是一些寄生虫。正是在这种极端思想指导和束缚下，有很长一段时间，我无法理解中国改革开放后社会经济快速发展的原因，因而错过了许多与时俱进的机会。

一个众所周知的事实是：在现实世界中，社会财富增加的幅度非常显著，现在一年创造的财富，是50年前的100倍都不止。现代经济学研究表明：世界上的财富，除了由劳动所产生的价值之外，交易所创造的价值远远大于人们的想象。可以说，世界上如果没有交易，财富就会少得可怜。正是由于社会中存在着原生的自由市场交易制度，才使得社会财富的价值不断被创造和放大，这不仅促进了社会分工的细化和完善，而且使得人们的生活更加富裕和美好。

劳动其实只是制造或生产了产品，如果产品不被用来交易，那么劳动制造的产品只有使用价值(准确地说是具有使用功能)，而不具备商品价值。只有用来交易的产品，才能成为商品，因而具备了商品价值。交易具有价值发现的作用，通常商品价值要高于它自身的使用价值。所以说劳动制造产品，交易产生价值。而一切具有价值的东西就是财富。

一般情况下，人们通过交易创造财富是一种互利行为，利人利己，在为自己创造财富的同时，也为社会创造了财富。所谓利人利己，必定要有财富被创造，否则一方得利另一方必定受损，这样的交易谁会愿意去做？要使双方都得利，没有财富的创造又怎么可能？

这也正是现代社会财富创造的奥妙所在。从劳动到交易，财富的创造从一种低级的、原始的形态上升到一种高级的、社会的形态。

在进一步观察后我发现，真正创造财富的其实既不是劳动，也不是交易，而是人类的精神，或者说是人类的思想。我发现一切财富本质上都是人类精神的产物。在现代社会，一种超级的精神的财富形态已经开始形成，并且已经进入到我们的实际生活，一个财富大爆炸的时代已经来临。经济全球化和信息化时代造就的世界经济的空前繁荣，以及中国经济改革开放得以成功就是这种财富形态最具代表性的例子。例如中国的几家国有银行，像工商银行、中国银行、建设银行等，在短短的一二年时间里，经历了从巨额亏损到巨额盈利的惊人转变。工商银行一经上市交易，转眼之间就成为世界上市值最大的银行。这种价值的骤变，绝不是通过劳动所能够实现的财富积累，而是由于市场交易产生的财富增值，其中信息化财富形态所产生的爆炸性财富效应是最主要的原因。

这就是现代经济学的基本原理，也是现代财富创造的玄机所在。

洞察交易的奥秘

交易，通常的解释就是交换，或者买卖。交换是一种直接的交易行为，以物易物。买卖是一种间接的交易行为，中间通过货币作为交易媒介。

如果我们将交易二字分开来看，就是“交”和“易”。“交”具有“进入、接触、转移、互相、结交、性交”等意思。“易”具有“容易、改变、交换”等含义。

“交”是象形字，仅从字型就可以一眼看出其本意是木棍交叉叠放在一起，从而引申为接触、相互、结交等含意。“交”指两种或两种以上的事物叠加在一起，很显然具有空间的特征。凡是高中毕业的人一定知道数学中的集合概念，集合中的交集，就是对“交”的概念最科学的注释。交集可以是平面的，也可以是立体的，但是它首先必须是一个空间的概念。交集是静止的，本身没有任何能量和物质的交换。“易”字由日月组成，“易”是一个形意字，象征阴阳变换，生生不息。“易”具有时间的特性。因而“交易”是一个具有时空概念的单词，和“时空”、“宇宙”具有相同的精神内涵。

我经过研究发现，任何和时空相关的事物都具有生命的特征，生命就是由相交而发生变化，进而诞生出新的事物。交易同样如此，两个原先毫不相干的事物通过交易就会产生新的事物，因而仅从表面上看，我们就能发现交易改变了事物原先的状态。事实上，交易并非人们所想象的那样只是单纯意义上的物物交换，交易的成果往往出乎人们的意料。

传说从前一个村庄里住着一位农夫和一位猎人。每当冬天来临时，农夫储存了足够的粮食，而猎人储存了大量的皮毛。农夫虽然能吃得饱却会很快被冻死，而猎人虽有皮毛却也熬不过饥饿。于是，猎人和农夫相互用皮毛和粮食做交易，这样一来，农夫和猎人都立刻摆脱了生存的困境。

这也许就是做交易最原始、最基本的动机。这个故事至少告诉我们两个事实，第一，任何财富只有在合适的时间，合适的地点，掌握在需要它的人手里，才具有真正的意义(产生价值)，否则农夫拥有再多的粮食也会冻死，猎人拥有无数的皮毛也会被饿死；第二，财富通过交易就可能发挥出更大的效应(发现价值)，粮食和皮毛通过交易，虽然只是换了一个主人，却产生了完全不同的价值效用。

人们做交易通常都是在有意或无意地实现了这种财富价值的重新发现和定位。

我发现，在物质交易的过程中，交易的时空和生命特性虽然有所体现，但并不十分明显和突出，以至于常常被人们疏忽和遗忘。但是在信息财富的交易中，交易的时空和生命特性却被明显放大，凸现在人们面前。这是因为物质本身直观且实在，故而物质交易的速度十分缓慢，仅仅是物质的运输就耗费了交易者大量的精力和时间。而信息化交易是以光的速度运行和交易，信息财富是以电子的形式存在于网络之中，虽然看不见、摸不着，却具有惊人的流动速度和无形的巨大能量。我们所能感知到的信息财富就是由这种信息能量所转化过来的一些符号和数据，以及各种曲线和图标。由此，信息财富和信息交易的时空特性在电子信息化的环境中显露无遗。

如果此生只准备做传统的物质交易，那么自然不必去了解信息交易背后隐含的深奥哲学问题。但是社会在飞速发展，那种传统的简单的物质化生活已经永远一去不复返了，信息化财富交易已经如洪水一般涌进了我们的家园，进入到我们生活的方方面面。既然无法回避，那就接受它，了解它，并最终适应它。

文物大盗的交易

除了合法的交易，世界上还存在许多公认的违法交易，比如贩卖毒品和人口。这些违法交易数额巨大，非常猖狂。有些违法交易甚至得到当地政府的指使和默许。比如在那些种植鸦片的地区，制毒和贩毒几乎是明目张胆地进行。在利益的驱使下，有些人什么样的事情都干得出来，他们根本不把所谓的法律和道德放在眼里。

印度有一个文物大盗，疯狂地将印度的文物走私到西方世界。

这个大盗曾经对他的西方买家说：你要什么文物我都可以给你弄来，就算你要泰姬陵，我也可以一片一片给你弄出来，你等着。

警方经过多年追捕终于将此人缉拿归案。在狱中，面对警官的审讯，文物大盗答非所问地对提审他的警官建议说：你为什么不告诉我你在瑞士银行的账号呢？此话问得警官哑口无言。

在这个文物大盗心目中，只要能够获取金钱，没有什么是不可以用来做交易的。他自己如此认为，同时以为所有的人也都是如此。

第一份工作

当一个年轻人经过十几年的艰苦学习终于大学毕业了，在他走向社会的时候忽然发现找一份好的工作是那样困难。有许多和他一样优秀的年轻人在和他争夺同一份工作，这时他才发觉自己尽管努力学习了十几年，但似乎还是缺少竞争优势。

通常情况下并非社会上没有工作岗位，而是由于这位年轻人的工作定位限制了他找工作的范围。如果这时他能够放下所谓大学生的思想包袱和对所谓专业执着，以及家长放弃对他过高的期望，他一定会很快就找到人生的第一份工作。

如果说，在大学毕业以前，所有的花费都是父母替他支出的，他所做的任何一笔交易都是买入，都是在替父母花钱，那么，这第一份工作就是他人生所做的最重要的第一笔卖出交易。在他上班一个月后领到第一笔工资的时候，他父母20多年的投资终于开始有了回报。

与此同时他也应该学到人生交易的第一条法则：**买入是投资，是不赚钱的，只有卖出才能赚到钱**。工作显然属于卖出，所以才会得到一份薪水。

正如我后面会专门分析的那样：在证券资本交易中，一般买入(做多)被视为投资行为，而卖出(做空)则被视作投机。

任何雇佣的本质就是在进行一场交易：被雇佣者付出了时间和劳动，得到了金钱作为报酬。

在人类社会中，出卖和购买劳动(包括体力和脑力劳动)是一种最普遍的交易行为。劳动者通过出卖体力或脑力，换取相应的报酬(工资)。通常劳动的价值被低估，雇佣者剥削了劳动的剩余价值。这就是马克思的剩余价值理论。

教育投资旨在提高劳动者的劳动技能，劳动技能越高，获得的报酬往往就越高，这就是教育投资的原动力。如果高额的教育投资换回的只是普通劳动就能够胜任的工作报酬，显然这样的投资是完全失败的。其中还不包括家长和孩子损失的无价的宝贵时间和童年生活的欢乐。

在一个运行良好的现代社会中，受过不同程度正常教育的人们只要通过正常的劳动就都能够获得基本的生活保障，衣食住行无忧。世界各国政府的主要责任之一就是创造并提供这种就业(劳动交易)机会。

婚姻契约

把婚姻当作是一项交易，在很多人心中是难以接受的。因为人们普遍认为爱情应该是纯洁的，婚姻应该是神圣的，如此纯洁和神圣的事物怎么可以用来做交易呢？人们的这种感情并没有错，遗憾的是婚姻是一项交易的说法也是正确的。

在现代社会，结婚证就相当于一张契约，将两个原本没有任何社会关系的男女结合到了一起，组成社会的一个基本单位。这张契约本身就包含了一项交易所具备的全部内容。比如《婚姻法》对结婚双方的责任和义务，以及对财产、子女，乃至离婚处置等都做了详尽的规定。现在有些结婚者认为《婚姻法》的规定还不够详细，所以在结婚前，到律师那里签订婚前协议，将婚姻的交易性质表达的更加直白和彻底。

虽说在婚姻中爱情需要对等，感情需要双方共同维护；但在物质生活方面，婚姻双方总会存在获得与付出的差别；在性生活方面，婚姻意味着义务和责任，而尽义务和责任本身就是在履行一项交易内容。

婚姻还是合法地快速致富的首选方法。各位读者不妨仔细想一想，如何才能在不违法的前提下快速致富？答案是除了投机，唯有找一个有钱的对象结婚。

投机是最有主动权的快速致富的途径，有可能使你从一个穷光蛋快速变成百万富翁。但是比起那些嫁给亿万富翁的美女们，最优秀的投机者恐怕也要觉得自己赚钱的速度太慢，而且承担的风险太大。

真正纯洁和神圣的婚姻是有的，那是以前吉普赛人的婚姻。如果一对吉普赛男女相爱了，他们只要到族长那里请求结婚，族长听完他们的请求，拿起一只磁盘扔到地上，然后数地上的碎片，假如是 7 片，族长就会宣布：这个女人是你的了——7 年！于是一桩神圣的婚姻产生了，两人结合 7 年。7 年以后，如果双方的爱情消失了，婚姻自然解除，不需要办任何离婚手续，也不存在任何财产纠纷。如果爱情依旧，那就请族长再摔一只盘子，这次用力大一点。

如果从人类的基本利益考虑，对婚姻的投资无论多少都是值得的，而且是永远不会亏损的。因为婚姻的主要结果是繁衍人类的后代，以保证人类的永续生存，其意义和价值是无法用金钱来衡量的。孔子曰：“不孝有三，无后为大。”讲的正是这个意思。

买卖生意

做生意是一种最古老的交易方式。既是最简单的交易，也是最复杂的交易。

如果一个人不愿意过一辈子为别人打工的生活，想自己做老板，通常他的第一个念头就是去做生意。做生意又叫做买卖，正规一点的说法叫经商。

经商就是做生意，做生意就是做买卖，做买卖就是做交易。

做生意是人类最古老也是最直接的一种交易行为。做生意赚钱的基本原则非常简单，就是低买高卖，赚取差价，故俗话说："千做万做，蚀本生意不做。"从街头小贩，到商业巨头沃尔玛，所有生意人使用的都是这个全世界通用的商业原则。

在人类社会中，做生意可谓是最简单、最容易的一种谋生方法。任何一个没有特殊劳动技能、没有手艺的人，只要有一些小本钱，就可以去做小本经营。即使在菜场门口摆个地摊儿卖葱姜，也可以做到养家糊口。在中国改革开放初期，有一句非常流行的话："造原子弹的收入还比不上一个卖茶叶蛋的。"这从一个侧面也反映了做生意既简单又容易赚钱的事实。

正因为做生意最容易赚钱，所以改革开放之初，最初兴旺起来的就是小商小贩，那些靠练摊儿起家的万元户们一个个神气活现地带头富了起来，率先过上了小康生活。如今随便你到中国任何一座城市或乡镇的居民区和商业区的街道上走一走，你会发现到处都是商店，遍地是摊贩，中国的商业极度繁荣和发达，几乎已经到了物极必反，泛滥成灾的地步。

当人人都去做生意的时候，生意自然就难做了。如果一条百米长的大街上居然开了五六家的超市，这生意显然就难以维持，遗憾的是这样的恶性竞争现在到处都是。

事实上不仅是电器、百货及食品等最常见的生意竞争越来越激烈，可以说几乎在任何行业(除了某些垄断行业)，商业竞争都愈演愈烈，生意正变得越来越难做，靠做生意赚钱正变得越来越困难。

所以，如果你也想去做生意赚钱，我劝你三思而后行。起码你要先做一份真实、客观的商务计划书，进行充分的市场调查，认真权衡一下各方面的利弊，确认你设计的盈利模式是否现实、有效、可靠，然后再做出你的最终决定。

尽管现在做生意不比以前容易，但每天还是有不少人加入生意人的行列。在人们的心目中，商人永远是这个世界上最富裕的人群，令人羡慕，所以即使存在风险，也值得冒险去尝试。

然而我要告诉你的是，世界已经发生巨大的变化，社会经济运行的模式也已经和 20 年以前完全不同，现代商业虽然依旧遵循着低买高卖的商业铁律，但是实现盈利的方法已经和过去完全不同。如果不能洞察这一切，还在以传统的思维模式盲目地投资做生意，必定会血本无归。一个不懂得现代生意经的人贸然去做生意无异于自杀。

颠倒梦想的交易者

工作本身不是目的，赚钱才是目的；消费本身不是目的，获得所需的商品才是目的；投资本身不是目的，增值财富才是目的；投机本身也不是目的，赢得利润才是目的……

所以交易本身只是一种方法和途径，其目的是为了获得生存的自由和享受生活所需要的一切财富。换句话说，做交易是为了生活，生活自在才是根本，交易只是获取过自在生活所需财富的一种手段。在人的一生中，交易虽然重要，但生活本身肯定比交易更重要。

然而在实际生活中，许多人完全颠倒了这种关系，将自己变成了“工作狂”和“消费虫”，他们会找出许多借口和理由为自己辩解，比如“生活的压力太大”、“生活需要打拼”、“男人要干一番事业”等等。久而久之，他们竟然真的以为“生活需要打拼，”“爱拼才会赢，”以及“男人要干一番事业！”

我曾经在位于东海属于嵊泗群岛的小洋山上开办过一个海岛度假村——

小洋岛度假村，主要接待来自上海的旅游度假者。

有一天，我接待了几位在上海外企工作的白领青年，大家谈的来，于是我想留他们在岛上多住几天，可以免他们的住宿费，却被他们婉言谢绝了。其中一位对我说：宗源老师，不满您说，我真想在岛上多住几天，我非常喜欢这里！我有一种真正回归大自然的感觉，感到自己和大自然完全融为了一体。可是我又害怕这里悠闲的生活气氛会消磨掉我的斗志，使我回到单位后失去打拼的能力。

我也是从职业场上经历过来的人，对职场中的竞争压力有切身的体会，能够理解那位小伙子的心情和想法。但当时的他这番话还是让我感到了不小的震动，促使我去思考：生活和工作，究竟应该把哪一个放在首位？

如果以我个人的观点去考量，那些掉入职场陷阱的年轻人无疑都是一些误入迷途的被动交易者，他们生活在一个“颠倒梦想”的世界中，完全脱离了正常的人生道路。他们已经身不由己地被逐步升级的消费欲望牵住了自己生活的牛鼻子，被各种消费支出和账单束缚住了思想，不得不为消费、为还贷款、为一份好的工作、为所谓的理想而打拼，尽管他们自以为自己所做的一切都是为了过更美好的生活。其实他们的生活只是被美好，他们并不懂得美好生活的真正含义，也从来没有去认真思考过这个问题。比如他们宁可忍受上下班高峰时段堵车的痛苦，每天在路上花费三四个小时，白白消耗自己宝贵的生命，也不愿搬到乡村田野，用别人花在上下班路上的时间睡个懒觉，喝喝下午茶，找朋友聊聊天……如果他们不去贷款上百万去买公寓，不去花几十万和别人攀比买汽车，不去用几万元买一只纯粹为了满足虚荣心的名牌皮包，其实过一种真正祥和平静的美好生活是不难实现的。

我并不是在鼓动人们抛弃自己的专业和工作，都像我一样到海岛上去过隐居生活。我只是在提醒大家，人生最重要的是生活，而不是工作，不要颠倒了两者之间的关系。尽管我们每个人在生活中都不得不做交易，不得不去工作，但是我们心里必须明白，尽管工作和交易是生活的一部分，但它们只是生活的手段和方法，而不是生活目的。

我看到，有许多人会为了工作而放弃生活中其他同样重要的事情，比如放弃和家人团聚、放弃休息、放弃个人爱好、放弃娱乐和锻炼……只有少数人会为了自己喜欢的生活而宁愿放弃待遇优厚的工作。

如果你已经失去了为内心向往的生活而抛开眼前工作的勇气，那么我现在就奉劝你不要试图成为一名交易者——你一定不会成为一名优秀的交易者。

第四节　道德、政策与法律

投机者只关注自己的交易，交易以外的任何事情都与自己无关。

凡在中国进行交易活动，除了需要知道中国的法律，还必须了解中国政府的经济政策。

有人说中国的股市是政策市，指国家政策对股市的影响非常大。中国的股市并不是完全按照资本主义市场规律运行，而是根据社会主义初级阶段的理论在发展。也就是说中国政府还在努力坚持着社会主义的道德观，希望中国股市成为社会主义经济发展的工具，而不是资本主义资本搏杀的血腥战场。

政府希望最大程度地保持社会经济运行的平稳，保护中小投资者的利益，保持可持续的发展势态。这是一项非常艰巨的任务，而实现这一目标的手段无非就是政策、法律和道德。

政府自有政府的考虑，作为交易者没有权力对政府制订的政策指手画脚。交易者就好比是运动员，只能按照竞赛委员会(在这里就是政府)制订的比赛规则参加比赛，运动员唯一的任务就是根据既定规则赛出好成绩。其他的事情交给裁判和比赛管理者去做。当然，运动员有权要求在一个公平、公正和公开的环境中进行比赛，否则有权退出比赛。在很多时候，运动员的权力仅此而已。

我在观看 2006 年 F1 汽车大奖赛上海站比赛，以及 2007 年 F1 摩纳哥站比赛时都注意到，在比赛即将开始和比赛过程中，官方(比赛组委会)还在公布一些新的规则以调节比赛，即使像舒马赫、阿隆索、汉密尔顿这样的大牌车手也只有执行的份儿。2007 年 9 月，国际车联以“间谍”事件成立，判罚麦肯利车队 1 亿美元，扣除本赛季全部积分。我看车队老板除了喊怨外也没有什么更好的办法。

作为一名交易者要摆正自己的地位，同时对任何法律、政策上的变动保持警觉，时刻注意，及时调整。任何对法律或政策的埋怨和指责都是无济于事的，非但于事无补，反而会引来不必要的麻烦。

在道德问题上，我再一次提醒中国的交易者要特别注意这道非常特殊的无形的门槛，往往就在关键的时刻，这道无形的门槛就会出现，让没有思想准备的交易者无法逾越，从而蒙受巨大的经济损失，欲哭无泪。

改革开放和经济全球化对中国社会的冲击是巨大的，人们有目共睹的往往是经济繁荣的表面现象，其实经济全球化对中国社会传统的道德观念的冲击比对经济上的影响更大，意义更深远。

中国人的道德观念已经在不知不觉中发生了很大的变化。当今社会上存在的许多道德和诚信方面的问题都和改革开放与国际经济接轨有密切的关联。但是我还是相信有些源自民族精神深处的基本的道德观念是永远也改变不了的。作为一名希望以交易为生的职业投机者对此不可不察。

君子爱财，取之有道

资本交易是各类投资交易中最主要和最重要的方法和形式，资本交易对中国人的生活正在产生越来越大的影响，在我看来，人们似乎并没有对已经到来的资本交易时代真正做好思想准备，特别是对资本交易行为道德上的重新认识，对投资和投机交易行为的正确理解。

我认为，要想在资本市场取得成功，人们首先要跨越道德这道无形的心理门槛，这是一个无法回避的问题，只要社会上残留的旧的思想意识对资本交易活动的负面认识依然存在，资本交易就不可避免地存在着巨大的道德风险——千万不要轻视了这种风险。

中国的交易者虽然都已经认识到，中国政府早已恢复开办各类证券、商品和期货交易所，投资和投机交易是各交易所主要的交易形式之一，是完全合法并受到法律的保护。通过交易所进行各类交易，包括做投机交易也已经不存在任何法律上问题。但是，交易者切莫以为没有法律上的问题就一定没有道德上的问题。法律的条款是有形的，而道德的标准是无形的，无形的东西往往比有形的更加具有杀伤力。

众所周知，在这个世界上还存在社会主义和资本主义两种完全不同的意识形态，其道德和价值观念，以及思想境界有着巨大的差异，对交易活动也有着各自不同的认识和定义。以前这两种意识形态截然对立，水火不相容，相信 20 世纪 70 年代以前出生的人对此一定记忆犹新。随着改革开放，国门打开，人们得以全面接触和了解世界经济的发展趋势，对经济和财富以及交易和投机的道德观念也在逐步调整和适应，社会发生了深刻的变化。

我们从交易的基本定义出发，对交易的本质进行分析，最终得出这样的结论：交易是人类社会最基本、最普遍和最正常，并且是唯有人类社会所独有的行为方式。至少在可以预见的未来，人类社会离不开交易。因此，我们不必忌讳交易，不必耻于谈论投机。事实上，在经济全球化的今天，这一观点正在逐步获得人们的广泛理解。

然而，对于投机和交易行为的容忍程度，不同的社会是不一样的。至少在中国要特别警惕过度交易和过度投机对国家经济发展带来的危害，尤其要防止由于过度交易和过度投机对社会安定带来的负面影响。这种负面影响不仅会引发严重的社会道德危机，而且会引起严重的社会动荡，对任何交易者来说这都等于是一场灭顶之灾。

古人云：君子爱财，取之有道。

以交易为生就是不仅要合法、正当地获取财富，而且也要符合当时当地社会的基本道德标准，这才是真正的投机交易之道。

交易的合法性

正如一个人的社会行为有合法与不合法之分，交易行为同样有合法与不合法的区别。

尽管所有国家和地区的法律都宣称自己是公开、公平、公正和唯一正确的，但是事实显然不是如此。我们知道在不同的国家，不同的地区对相同的事情，法律往往有着不同的判断，有些结论甚至是完全相反的，甚至有可能是要命的。

我们不得不承认这样一个事实：有些事情是无法从逻辑上和情理上去加以推理和讨论的，也就是说，在某些时候和有些地方，你只有绝对服从的义务，而没有任何提建议的权力。作为交易者只需记住：只要是法律，你就权当它是正确的，你没有任何必要企图责疑法律的公正性。如果你不喜欢某地的法律，最好的方法是离开它越远越好。

在不同的国家，不同的地区，即使你做了同样的一件事情，在一个国家或地区是合法的，在另一个国家或地区有可能是违法，要承担相当严重的后果。

对交易行为的合法性判断相对而言比较容易，但是也有某些特殊情况需要注意。

例如在大多数国家和城市，开妓院是被绝对禁止的，但是我在荷兰的阿姆斯特丹市旅行时却发现这里有许多妓院。每到夜晚，河边教堂十字架的阴影下，到处是明亮的橱窗，橱窗里展出的商品是一个个几乎全裸的妖艳女郎，有白皮肤的金发女郎，有黑人黑发的美女，也有黄皮肤和褐色皮肤的漂亮姑娘。几乎各色人种的女人都有。据说在这里开妓院是经过荷兰女王陛下恩准的，故而是合法的生意。所以在阿姆斯特丹的妓院里进行性交易是合法的。但是，法律同时还规定，妓女只要离开妓院门口一步拉客就是违法行为。

赌博在中国大陆是违法行为，受到警方严厉打击，但是到了澳门特别行政区却成为合法生意。任何人在大陆境内赌博一经发现就会被法办，但是如果到澳门的赌场去玩一把，则不会有任何问题，只要你不是挪用公款就行。

妓院和赌场是特殊行业，容易引起人们的警觉，对交易的合法性比较容易判断，而有些行业由于更加特殊，或者由于你对当地法律的不了解，使得你一时无法判断其合法性。这时你就必须特别小心，以避免掉入违法交易的陷阱。

有一次我在东南亚旅行，在一个古玩店中发现一个石刻佛首，造型端庄、雕刻精美、大小合适，价格也可以接受。店主介绍这是古代的文物，从森林中古代寺庙里取下来的，店主说他可以提供交易证明，并且保证出关时不会有任何问题。

我非常喜欢这个佛首，但是根据法律常识判断，如果这个佛首真是文物，出关时很有可能被当成文物走私犯给扣下来，所以欣赏了一回，还是将佛首放回了原处。

在我们的一生中，肯定会遇到许许多多的交易，其中有一些交易是绝对不可以做的，违法交易就是其中最主要的一类。

守法是一个公民基本的责任，这是毫无疑问的事情。然而现实生活中法律却往往流于形式，得不到切实执行。中国的老百姓通常在表面上都十分敬畏法律，但是在实际生活中却是最缺少法制观念的一群人，普遍性的不遵守交通规则就是最典型的例子。

在资本交易市场同样存在一些喜欢打法律的擦边球，钻法律的空子，甚至故意违反法律的交易者。我认为这是非常不明智的做法，即使这样做可以使你在一时一刻获得一些蝇头小利，但是从长远的利益看，你肯定是得不偿失。

老子说过：天网恢恢，疏而不漏。你一定会为你的违法行为付出代价。

交易者应该始终坚持在阳光下交易的原则，凭自己的本事做交易赚钱。与其将精力放在对抗法律和规则上，还不如用心研究如何应用规则来规避风险，把握机会。

道德风险

没有道德的人不一定没有责任；没有责任的人一定没有道德。

经常有人问我有关股票的问题，我的原则是不向任何人推荐任何一只股票。这其中有两方面的原因：一是推荐股票吃力不讨好，说对了别人并不把盈利分一部分给你，推荐错了别人会恨你一辈子。二是股市从根本上讲本身就是一个无法预测的事物，任何预测都是勉为其难的事情。

中国的股市与国外自由经济体系中的股票市场相比，还存在着更多的特殊情况，比如中国的上市公司在履行社会责任，以及道德诚信方面还存在着很多问题，使得中国的股票比任何国家和地区的股票更难预测。除此以外，中国的股市还受到其他的一些因素影响，比如政策、法规、社论、评论员文章、调控“组合拳”以及某些高层领导或者经济界国际著名人物的讲话等等……这些所谓的基本面信息对中国股市同样会形成巨大的冲击。网上有人评论说，政策风险对中国的股市影响要远远大于市场风险的影响。虽然这话说的有些绝对，但也不全无道理。

最近，中国银监会突然叫停国内银行开展的外汇保证金业务，这让许多外汇交易者猝不及防。虽然银行和交易者都感到事情发生得太突然，感到非常震惊，却无可奈何。由此而引起的交易损失恐怕只能由交易者自己去承担了。

银监会叫停外汇交易的理由主要有两条：一是事先没有得到批准，是银行违法(违规)操作；二是外汇保证金交易存在道德风险。

众所周知，国内银行开展外汇保证金交易业务已经不是一天两天了，也不是一家银行在做，既然违法，为什么不在一开始就叫停这项业务呢？再说，如果认定是银行违法开展业务，那么银行是否应该承担相应的法律责任？而交易者的损失又该由谁来承担呢？

至于第二个理由就是我以前一直在讲的所谓道德风险。道德风险一直存在，只不过这一次又被放到了桌面上，让大家对道德风险有了一个更加清楚的认识。

外汇保证金业务是全球资本交易市场业务量最大的交易品种之一，也是全球参与交易人数最多的交易之一。为什么一个全世界都在合法开展的金融业务，在中国就会产生道德风险呢？我想这个问题值得每一位交易者深思。

第五节 像大师那样思考和行动

如果你像大师那样思考和行动，你就会成为大师。

在我进入金融期货和外汇交易市场之初，我曾经专门花过一段时间认真地去寻找这一行的高手。我发现真正的高手其实很难找得到，即使找到了人家也不愿意过多地答理你。你想，人家凭什么花费自己宝贵的时间来教你一个刚入道的初学者？即使你愿意付他学费，可你交的这点学费对投机大师们来说又算得了什么？也许只是一次成功交易的利润而已。

真正的交易大师似乎都喜欢潜在市场的水底，躲避一切不必要的干扰，专心致志地做着自己的交易，从交易的海洋中汲取财富的养料。大师们根本没有心思去答理别人，不喜欢参与市场表面的喧闹。对大师们来说，无论市场处于牛市或者熊市，甚至是上窜下跳的猴市，都是可以从中赚取利润的市场。大师们平时隐居在城市一隅，在他们环境优美、清静安宁的工作室里分析行情、捕捉机会。互联网络将他们的工作室小世界和全球经济这个大世界紧密地联系在了一起，他们能在第一时间获得全球最新的财经资讯和重要事件新闻，以最快的速度做出他们的交易决定。

而在另外一些时间，大师们则会完全放下交易，忘掉市场，去做自己喜欢的事情。比如和家人一起去度假，去周游世界，去打一场高尔夫，去登山、去航海……

就在我对拜师学艺几乎完全失望的时候，大师却接二连三地自己出现了。我这才发现，原来高手就在自己身边。

抓机会

王先生是我以前在国内开园林公司时认识的一位客户，40 多岁。他仅在上海本地就拥有近 10 栋独立别墅。其中面积最大一栋位于西郊的一座别墅庄园里，占地将近 2000 多平方米，用于自住，他曾请我重新设计和改造这栋别墅的超大花园。虽然我业余爱好园林设计和园艺工作，帮别人设计过许多别墅花园，也认识不少有钱人，但是像王先生这样张扬夸张的富豪却不多见。别墅花园里仅直径一米以上的巨型香樟树就有十几棵，这样的大树每一棵的价钱都要在 40 万人民币以上。其他诸如名贵的黑松、罗汉松、大桂花树的价格每一棵也都不会低于 10 万元人民币。花园的造价对王先生来说显然不是主要问题，关键是东西要好。在别墅建筑的正前方，有一个隐蔽在绿荫丛中面积将近 100 平方米，形状像如意，造型非常漂亮的露天游泳池。游泳池由一个工人专门打理，游泳池的水每天 24 小时循环过滤，也就是说在任何时候，游泳池始终清澈见底。这样的私家游泳池在上海并不多见，我只在海南三亚亚龙湾的五星级酒店里，在印尼巴厘岛的度假别墅里，以及在北美见过如此奢华的游泳池。

你不妨想象一下：几个男人坐在游泳池边抽着烟斗、雪茄，品着美酒、咖啡，边聊天边欣赏着美女在池中游泳……这样的场景通常只有在电影里才有。

王先生打电话给我是因为他最近在太湖边上又投资了一座更大的别墅，别墅建在半山腰，湖边建有一座私家游艇码头，整个面向太湖的山坡都成了他的私家领地，从别墅出来还有一条专门修建可以行驶汽车的山路通向码头。他希望我在园林环境和风水方面能给他一些建议。

那时我和王先生已经不是初交，我是以朋友的身份帮他规划别墅的园林环境。我告诉他，我现在已经放弃了国内的园林景观业务了，而是全部转向金融和期货交易。他惊讶地看了我一眼，然后沉思了一会儿对我说：我就是做这一行的。

随后他握住我的手，盯着我的眼睛说了一句话：抓机会。

他边说边有力地握了一下我的手，似乎在暗示着什么。

说实话，当时我并没有完全领会王先生话中所表达的全部涵义。

“抓机会”这短暂有力的三个字初听上去似乎也并没有什么特别的地方，做交易的人谁都知道要抓机会。

直到有一天，我站在太湖的游船上眺望王先生位于湖边山坡上那栋张扬而且气派非凡的豪宅时，我才忽然领悟到富豪们的财富不是平白无故就有的，也不仅仅是因为他们的运气好，而是他们抓住了获取财富的机会。

据我所知，王先生所拥有的上海的别墅价值至少翻了两番，而太湖边上的那栋用了 5000 万人民币买下的豪宅现在至少值一个亿。

首先改变思维方法

正确的交易是正确思维的产物，而不是电脑程序的产物。正确的思维方法是产生正确行为结果的重要因素。如果你准备做一名专业交易者，首先需要改变你的思维方式。

你应该尽量去观察这个行业中最成功的交易者是如何做交易的，进而思考他们为什么要这样做。也就是说，从一开始你就要寻找一位交易大师，以他为标杆，学习大师的思维方法和交易模式，尽量模仿，深入体会。这或许是尽快成为一名优秀交易者最聪明的做法。

许多交易者在一开始就陷入了错误的思维模式之中，尽管他们也很努力地学习交易和摸索规律，但是由于他们没有找到正确的方向，因此最后的失败是不可避免的。在对待金融、证券产品、股票、期货交易市场以及投机交易行为的认识上，我发现绝大部分交易者的观念都是模糊不清的。

人们普遍对金融、证券产品的本质认识不清，对进入到信息化时代的信息财富缺少必要的知识，对信息财富的概念模糊不清。大部分人对财富的观念还停留在物质的层面上，将信息财富视为泡沫。人们一边被动地、极不情愿地接受着知识产权的教育，一边心安理得地使用着盗版的软件，却从来没有认真地去想一想为什么比尔·盖茨可以凭借知识产权成为世界的首富？

经济全球化和财富信息化时代已经到来，思想财富和电子货币正以光的速度传播和流动，整个世界瞬息万变。世界已经改变！可是大部分人的思想意识却依然停留在过去的物质世界中。

究其原因，我发现这和人们普遍所接受的教育有密切的关系，现代社会的人们普遍接受的是科学文化知识的教育。我们知道，科学是物质世界的产物，科学对物质事物的研究卓有成效，可是科学对精神世界的研究却一筹莫展。我们看到，在期货、股票、证券交易市场，无数所谓的经济学家、证券分析师、股神、大师对市场进行分析和预测，他们用尽了所谓的科学方法，最终都无功而返。究其原因，正如我所看到的市场的本质是非物质的，当代资本交易市场是人类精神的产物，科学对精神的事物至今为止没有任何认识的手段，更不必说有解决的方法。

正如一些真正的大师所言，投机交易不是一门科学，而是一门艺术。我非常赞同这样的说法，投机交易是一门艺术。既然是艺术就不能用科学的手段去处理，而只能用艺术的方法，用哲学的思维去对待其中的一切问题。

既然投机交易行为属于哲学范畴，那么仅仅用科学思维的方法来研究交易显然是不行的，还必须用哲学的思维来感悟交易。也就是说交易者必须改变自己的思维模式，从科学思维中走出来，进入到哲学思维中去。

我在读一些交易大师的文章时时常感到大师们通常不会给你讲什么技术分析和交易技巧，而是给读者讲交易哲学。这看似玄之又玄的交易哲学其实正是大师们在向读者传播交易思维中最重要的交易秘诀。交易者一心想学的大师的交易心得不正是这些吗？

如果你能像大师那样思考和行动，你自然也会成为一名大师。

个性、心理与思维

有人说，是一个人的个性和心理对他的交易起着决定性的作用。

从表面现象来看似乎如此。我们承认交易者的个性和心理状态对交易来说至关重要，我们看到许多失败的交易都是由于个性和心理的因素造成的。

但是人们并没有意识到，这本身就是一个思维和观念上的错误。因为真正影响交易的并不是交易者的个性和心理，而是交易者的思维，是思维在控制交易者的个性和心理。

人的个性千差万别，但是人的心理反应却基本相似。

个性和心理就好比是一辆汽车的品牌和性能，不同车的档次和性能确实存在着差别，跑车和家庭轿车不可放在一起比较。但是他们的基本功能是一样的，都可以带你到你想去的地方。无非就是一个开得快些，一个开得慢些；一个坐着舒服些，一个噪音大一些。但是你无论如何也不能把路上出车祸归咎于车子不好。思维就像是车子的驾驶者，驾驶者才应该对车祸负全部责任。

那些强调个性和心理因素的人就像是出了车祸而责怪车子不好的人一样，你给他再好的车子，他也一样会把车子开到河里去，或者撞到电线杆子上。就像我听到新闻中报道的有人居然在过摆渡时将奥迪轿车开进黄浦江一样。这样的人，车子越好，出车祸的可能性反而越大。

做投机交易也是同样道理。如果你想成为一名优秀的投机交易者，那么就从转变自己的思维方式开始，将观念调整到正确的方向上来。

机会是投机者唯一的希望

【机会】恰好的时候；时机。

【投机】利用时机谋取私利。

——摘自《现代汉语词典》

我之所以平时在口头一直用投机者，而不用短线交易者，或者即日交易者来称呼金融期货和外汇交易市场中的交易者就是想强化听者对“投机”二字的印象。只有牢牢记住自己是一个投机者，才能最终成为一个优秀的投机者。而短时交易者和即日交易者这种中性的称呼容易混淆交易的本质，通常只是在写文章时使用，因为“投机”二字实在比较敏感。在本书中我轮流使用的投机交易者和短线交易者这两种称呼，实际上指的是同一类人。在讲道理的时候用投机交易，在讲交易的时候用短线交易。我希望读者记住，所谓“短线交易”只是对交易表象的描述，而“投资机会——投机”才是对交易本质的认定。

在现代社会，人人都是交易者。会做交易的动物我没有见过，没有做过交易的人我也同样没有见过。当你一掏钱买东西，你就是交易者，你的行为就是买入。当你上班打卡，走进公司大门的那一刻起，你也是交易者，你的行为是卖出。你把你生命中最宝贵的时间和精力(体力或脑力)廉价出卖给了你的雇主(老板)，用来换取一点可怜的工资。

人类的大部分交易是在感性、麻木和无奈的状态下进行的。而投机交易则是少数在理性、明智和主动的状态下进行的交易。

我希望读者记住，机会是投机者唯一的希望。投机者不是普通的交易者，投机者只有在机会出现的时候才出手交易。一个真正的投机者可以失去一切，唯独不能失去把握机会的能力。把握机会的能力是投机者最大的财富，只要拥有了这个能力，就能重新拥有一切。

从生存做起

交易者从一开始就应该清楚地认识到自己所从事的这项经济活动是一场比智慧、赛智力、拼心态的财富游戏。参加这场游戏的不乏江湖中的豪杰和社会中的精英，有职业高手，也有业余杀手，更有大师级的人物，这些人为了一个共同的目的相聚在了一起。

作为一名新手，要想在这样一场高手云集的游戏中取得好成绩几乎是不可能的事情，这是一个必须接受的基本事实。只有认清这个现实，交易者才能给自己找准一个定位，知道自己是谁，能干什么，不能干什么，然后才能做出正确的选择和决定。

我建议所有的交易新手，包括那些已经做了一段时间的交易，但是在交易中不断输钱的交易者，首先为自己确定一个目标，这个目标只有两个字：生存。

如果连生存这个最基本的要求都做不到，赚钱的奢望从何谈起？

有了生存这样一个比较现实的目标，交易者的思想负担和心理压力就会减轻许多。在交易过程中，内心贪婪和恐惧的冲动也会有所减弱。制定的交易计划比较容易得到执行，交易水平也比较容易发挥。

学会在市场中生存是学做交易的第一步，也是日后赚钱的基础。生存是一个平衡点，一边是亏损，一边是盈利，求得生存的最大的技巧就是在交易中要尽量减少亏损，也就是止损。掌握止损的技巧是所有交易者的基本功，需要反复练习，仔细体会，直到成为自己本能的反应。

如果一名交易新手能够做到 3 个月里没有大的亏损，6 个月里没有爆仓，那么可以说他基本上适应了市场。既然能够生存下来，接下来自然就要考虑如何赚钱了。

第六节　为了正确的交易而战

正确的交易是正确思想的结果。

什么是正确的交易？

这是一个看似简单的问题，而实际上许多交易者对这个问题的认识是相当模糊的，他们并不清楚这个问题的重要性。

我向一些交易者提过这个问题，他们通常回答就是：只要是赚钱的交易就是正确的交易，亏钱的交易都是不正确的交易。

也许有不少人会认同这种说法，可是在我看来这种认识是完全错误的。

事实上，赚钱的交易未必是正确的交易；亏钱的交易也未必就是不正确的交易。

我觉得对于交易者来说这是一个非常重要的观念，必须得到澄清。

任何一种短线交易系统都是由赚钱的交易和亏钱的交易共同组成的，和赚钱一样，亏钱也是短线交易不可避免的组成部分。做短线交易只赚不亏的交易者是没有的，即便是最了不起的交易大师，也不能保证单单赚钱。

只有明白亏损也是交易的一部分这样一个浅显的道理，交易者才能以一种平常之心容忍交易中的亏损，不会因为亏损而感到沮丧，影响做交易的情绪。事实上，一个成熟、优秀的职业交易者非但不会为交易中亏损的单子感到沮丧，反而会为自己漂亮的止损感到庆幸和得意。

相比那些没有及时止损，造成亏损狂奔的交易，及时、漂亮的止损难道不值得赞扬吗？

也许，普通交易者和交易大师的区别之一就在于交易大师不仅把赚钱的交易做的很精准到位，而且把亏损的交易也处理得非常正确。

为什么做交易

当我提出“为什么做交易？”这样一个问题的时候，大部分人想都不想立刻就回答：“当然是为了赚钱了。”

不能说这样的回答错了。凡是做交易总是有目的的，最根本的目的就是为了获得交易者想得到的某种利益。所以说，到资本市场做交易的目的当然是为了赚钱了。

我接着问：赚钱的方法很多，为什么一定要做交易赚钱？

大家都朝我嘿嘿地傻笑。

我知道他们心里在想些什么：因为做交易可以赚大钱！

大家都已为做交易可以赚大钱，然而在实际的交易活动中真正能够赚到大钱的只是极少数人，大部分人非但没有赚到钱，甚至连老本也赔了进去。

还有人问我：我明明知道“让利润奔跑，让亏损停脚”的道理，可是一做起交易来，结果往往是“让亏损奔跑，让利润停脚。” 为什么总是这样？

我的回答是：因为你们都太想赚钱了，以至于忘了该怎么做交易。

我前面讲过，通常交易者心中都存在两个魔鬼，一个叫贪婪，另一个叫恐惧。失败的交易往往就是由于这两个魔鬼在作怪而引起的。所以交易者一定要尽量远离这两个魔鬼，既不要贪婪，也不要恐惧，要以一颗平常心来做交易。如果交易者脑子里总是想着赚钱，那么这两个魔鬼就一定会悄悄地溜出来，影响你做交易的情绪，干扰交易者对交易的判断。

大部分交易者满脑子想着赚钱，却忽视了交易本身，这就是我提出“为什么做交易?”这个问题的缘由。

赚钱和做交易是一件事情的两个方面，赚钱是目的，交易是手段。光有目的没有手段去实现它显然是不行的。在眼睛盯着赚钱这个目的的同时，心里琢磨的和手中操作的都应该是交易这个赚钱的手段。也就是说一旦你决定了去做交易，你的主要精力和心思就必须全部放在如何做好交易这个实际的目标上，而不是老想着赚大钱的愿景和去做亏钱的梦魇。

交易者应该把全部心思都集中到交易中去，悉心研究市场和交易本身的所有问题，解决交易中遇到的难题，充分了解市场，理解交易……一旦对市场和交易的了解犹如对情人的性格一样熟悉的时候，恐惧和贪婪就会离你远去，你的交易成绩自然就会有很大的提高。

所以交易者要专注于交易本身，要把做好每一笔交易当成最主要和最重要的任务来完成。以追求完美的交易为乐趣，而不是以赚钱为快乐。

我前面讲过，投机是一门艺术。真正的艺术家只在乎他的艺术作品是否出类拔萃，而不会去刻意关注自己的作品值多少钱。我听说有很多艺术大师，把花费了许多心血创作的不满意的作品亲手毁掉，只保留完美的作品。以这样的态度创作出来的艺术作品自然会在艺术品市场上卖出一个好价钱，而出色的交易自然也会给交易者带来不菲的回报。

所以我要提醒大家，一旦进入交易市场，就要全力以赴地做好交易，只关注交易本身，为正确的交易而战。

正确的交易

正确的交易只针对交易本身而言，并不针对交易的结果。在资本交易市场做短线交易，任何一单交易的结果都有两种可能：赚钱或亏钱。

所谓正确的交易，就是交易者通过一系列的交易策略和交易技巧将趋势判断正确的交易的利润尽可能放大，尽可能多地赚钱。也就是交易者通常所说的要让利润奔跑起来。如果有一单可以赚 100 点的交易只赚了 20 点就被平仓获利了结，尽管这单交易也赚到了钱，也不能把这单交易当成是一笔正确的交易。因为这笔交易的策略存在严重的问题，起码也应该赚到 80 点以上，才能算是一笔比较成功的交易。如果交易者下单后发现趋势做反，在交易系统的规则下果断平仓，事后证明如果没有及时离场将会遭受严重损失，这样的交易尽管亏损，却也是一笔值得赞扬的正确的交易。

我在这里所反复强调的其实就是这样一个理念，作为一名职业交易者，不应该把注意力放到赚钱还是亏损这样的业余问题上，而是应该把注意力集中到如何做好每一单交易这个最基本和重要的事情上。这才是赚钱的关键所在。

职业交易者追求的是每一单交易的正确性，通过累计起来的盈利概率远远大于亏损概率而获得持续和稳定的优秀交易成绩。

而非职业交易者往往十分看中每一单的盈利或者亏损，赚钱了兴高采烈，亏钱了垂头丧气。有时连赚 10 笔非常得意，却突然被一笔巨大的亏损将前面所有的利润全部吞回，心情又变得异常沮丧。这样的例子我已经看到很多很多……我认为最主要的原因就是这些普通交易者没有清楚地认识到这样一个重要的事实：将每一笔交易处理得尽量正确一些，比每一笔交易都赚一点要重要得多。

我要提醒交易者，正确的交易是正确思想的结果。因此，交易者要勤于思考，认真研究每一笔交易，盈利的交易要知道盈利的原因，亏损的交易更要弄清楚亏损的原因。只有不断学习，不断思考，不断积累，交易水平才会不断提高。我希望每一位短线交易者都要牢记：为了正确的交易而战。

第二章

市场玄机

华尔街有句古老的名言：市场永远是正确的。我们应该静下心来，去倾听市场的声音，读懂市场的情感，感受市场跳动的脉搏，使自己能够逐渐了解市场，逐渐融入市场，最终成为市场的一部分。只有这样，或许我们才可能在市场中生存下来，而不会被市场的潮流冲到海滩上，成为一条腐烂发臭的死鱼。

第一节　信息化的全球市场

在信息化的全球资本交易市场，你和谁做交易并不重要，重要的是你要知道你究竟在做什么样的交易。

在传统意义上，市场是商品交易的场所。在今天，市场依然是商品交易的场所。不过今天的资本市场和传统意义上的商品市场无论是在形式上，还是在内容上都有着很大的区别。

资本市场虽然还保留传统商品交易市场的某些特征，比如交易所通常还拥有一个交易大厅，可是绝大多数的交易已经不是在这些交易大厅里完成，而是全球各地的交易者直接在网络上使用计算机成交。现代化的资本交易市场已经是一个完全数字化的全球网络系统，无论交易者身处何地，只要能够进入网络，就能够实时进行交易。

从理论上讲，每一个交易者都应该有一个或数个交易对手，每一单交易，只要有人卖出就必定有人买入，这是资本交易市场零和游戏的基本规则。然而在实际交易中，网上交易者显然不知道对手是谁，更不知道对手长着什么模样，是在什么地方和自己做这笔交易。网上交易就彷佛是一群虚无飘渺的灵魂相聚在数字化的网络信息世界里，从事着信息交流和财富交易……这是一种全新的形态，人类从此走进了精神社会的高级阶段。

从物质化交易社会到精神化交易社会，只用了几十年时光，人们似乎一下子就适应了这种变化，习惯了和网络上被信息化了的对象(也有人称作是“虚拟对象”)做交易。在信息化的全球资本交易市场，你和谁做交易并不重要，重要的是你要知道你究竟在做什么样的交易。你至少要比这个信息化市场中 99.99%以上的灵魂都要更清楚你在做什么。

传统市场所交易的商品基本上都是有形的实物产品，也就是物质化产品。

而资本交易市场所交易的基本上都是无形的信息化产品，也就是精神化产品。所以，资本市场和实物商品市场是两种完全不同概念的市场，不仅交易的形式完全不同，而且交易的内容也完全不一样。如果不了解这一点，盲目进入资本交易市场，其结果是必输无疑，而且会输的很快、很惨！这就是信息化财富的特点。比如像股票、证券、期货、指数、期权、外汇等等，如果你不能理解这些信息化财富的真正涵义，即使被你偶尔获得，最终也会全部失去。

信息化财富和物质财富

信息化财富和物质财富具有本质上的区别，这种区别就是一个是精神，另一个是物质。物质财富可以用科学的方法去计算和计量，它看得见，摸得着，实实在在，你可以把它藏在家里，埋在地下，然后天天守着它。而信息财富只能用不确定原理去预测和界定，它看不见、摸不着，你无法把它藏在家里，你也无法真正拥有它，但它确实存在，只要你打开电脑查你的账户，你就能看到你的资金或头寸，那就是你的信息化的财富。如果，我是说如果，你的电脑坏了，正巧全世界的电脑也都坏了，那么我估计你的信息财富恐怕要暂时失踪一会儿，什么时候回来谁也说不准。

这就好比一个人死了，他的灵魂也就走了，他的思想和精神也就随着他的灵魂而去。

如果信息财富是一种精神，我是这么认为的，那么网络就是它的躯体，一旦躯体死亡，精神自然就会消亡，信息财富也就不复存在。尽管这样的事情很少发生，但确实发生过，比如美国的“9•11”事件，无数财富顿时化为灰烬，其中就包括许多人的信息财富。

真正认识到这一点的人好像并不多，至少在我认识的人中间，认真思考过这些问题的人很少，大部分是在我的灌输下才具有了少许这样的概念。或许对于大众百姓来说，是否懂得这些问题无关紧要，但是对于进入这一行业从事资本交易活动的人来说，如果也不了解这种区别那可真是把赚钱当成了儿戏。事实上我注意到大部分交易者确实不懂这些最根本的问题。从他们企图用所谓的科学方法去计算和计量虚无飘渺的信息财富我就可以做出这样的判断。

诀窍还是陷阱

如果说在物质领域，1＋1＝2或许是可以接受的；那么在精神领域，1＋1谁也不知道等于什么，这就是精神事物的不确定性。资本市场的本质是一个精神化的事物，所以资本市场是一头无法用任何公式和定律去控制的野兽，它一会儿像牛，一会儿像熊，一会儿又像猴子……

从2001年起，为了研究金融期货和外汇交易，我阅读了大量的金融、财经类书籍和文章。说实话，读这些书和文章非常累，很费脑子，特别是涉及到复杂的数学公式和大量的图表，读起来就更加吃力。难怪编辑们说：书中一有公式和图表，销量就会减少一半。说明读者是多么厌恶数据和图表，我自然也不例外。

至今为止，我已经读了至少上百本有关金融衍生产品，特别是关于股指期货和外汇交易之类的财经书籍，阅读了几百篇相关的文章。别说硕士研究生，就算是博士研究生的课程恐怕也早已经完成了。但是我居然没有读到过一本(篇)能够把信息化财富的核心问题给讲透彻的书或文章，也没有读到有哪一本书把投机股指期货和外汇交易赚钱的原理和逻辑给阐述清楚。

无论是传统的理论分析，基本面分析，还是技术分析，或者是作者介绍的自身交易经验，几乎所有的文章从本质上讲都和街头小报上彩票版的文章没有多大区别，书中介绍的所有市场行情预测技术都是经不起市场实践检验的无稽之谈，更不具备可重复证实的科学性。金融资本市场最基本的理论就是不存在一个所谓正确的理论。市场在不断变化，这种变化是不确定的，无法用一个所谓的理论来确定它，除非这个理论本身也具有不确定性。

由此我忽然领悟到为什么在交易市场上大部分的投资者会血本无归，原因大概就是因为受到了这些所谓能够指导交易的专业书籍的影响。

那些流传于资本市场之中所谓的交易大师，成功案例，赚钱秘诀，讲的好听一点不过是一些老掉牙的耸人听闻的华尔街神话故事。比如著名的索罗斯或巴菲特，他们的投资业绩其实是由特殊的历史原因造成的，从本质上讲，他们的成功是不可复制的，尤其是在中国的市场环境中，索罗斯和巴菲特的投机或投资理念对大多数投资者来讲没有任何实际的意义。可是大家到书店里去看一看，有多少介绍索罗斯和巴菲特的书籍，网上又有多少关于他们的文章。索罗斯和巴菲特恐怕都不是依靠技术分析来赚钱的，或许技术分析只是他们忽悠投资者的一种工具。老虎基金是另一个著名的神话，如果你今天再去调查一下老虎基金的现状，你就会问一个问题：老虎基金为什么会和市场中那些曾经辉煌耀眼的交易大师们一样，突然之间就陨落了呢？是他们的基金管理能力不行了，还是他们的投资交易水平下降了呢？其实都不是。就我读过的关于老虎基金的书籍和文章，我发现老虎基金的失败是必然的，因为老虎基金做投资交易的基本原理就一个字：赌。只是有一段时期它的运气相当好，赌对了方向和交易对象，所以才创造出了一个财富神话。但是只要是神话就不可能被普通投资者所学习和复制，神话是神仙们做的事情。

那么，做交易到底有没有诀窍？我的回答是：当然有。但是，交易的诀窍绝不在于价值分析，也不在技术分析，而在交易者自己的觉悟。当一位投资者是以投机者身份进行交易的时候，想用价值分析或技术分析的手段来赚钱，那无疑是痴人说梦。除非你能让时间倒流，否则钱永远跑得比你快。

孙子曰：兵者，诡道也。作为一名职业交易者本身就应该是一名带兵打仗的将军，只不过你所指挥的是你账户里的金钱。交易者是否也应该首先熟读兵书，然后运用智慧和计谋进行交易呢？

投机致富：为什么选择信息财富

我对中国的股市始终抱有疑虑，因此从来不敢把大量资金投入到股市之中。我注意到中国的股市存在许多不可解释的现象，以及存在大量不可控制的风险。其中最令人胆战心惊的是人为对市场的干预和打击，以及由于管理疏漏所造成的人为操控股票价格异常波动现象。前一种情景使得中国股市被人们戏称为“政策市”；后一种情况造成中国股市违法交易盛行，黑幕交易层出不穷，尽管普通百姓拿不出直接的证据，但是仅从盘面和已经被揭发披露出来的事实来看，不法基金经理和金融证券从业人员违法做市的行为相当严重，而受到法律惩罚的却是极少数人。

中国的股市虽然充满了投机气氛，但是中国的股市显然不适合做合法的投机交易。首先因为中国股市受到外界直接的干预和人为的干扰太多；其次中国股市的自身结构并不适合投机，由于中国的股市是单边交易，只能做多而无法做空，无法做空必然意味着无法正常投机；再者中国的股市是 T+1 交易形式，就是说当天买进的股票必须隔日才能抛出，这给投机者带来了更大的不确定风险。因此中国的股市只适合投资而不适合投机，如果勉强去做投机，要么承担被套牢的风险，要么陷入违法交易的陷阱。

即便如此，我还是看好中国股市整体的发展前景，因为中国股市毕竟是中国改革开放社会发展最重要的经济载体，也是获取改革开放经济成果的最好途径。因此如果要投资中国股市，那也是逢低吸入，长期持有。

我从不奢望从股市中获取暴利，只要能够伴随中国经济的稳定增长，分享到中国经济发展的成果也就心满意足了。遗憾的是这样的愿望在目前的形势下恐怕也是要落空的。

所以我很早就将目光锁定在股指期货和外汇交易等信息化更加充分的金融衍生产品财富之上，因为这类财富天生具有投机的功能，可投机性是信息化财富生来所具备的一种特性。如果不能被投机，信息化财富便失去了生命力。根据权威统计，在一些诸如股指期货和外汇交易这样的主流信息化财富交易中，投机交易要占到整个交易量的80%(这又是一个“二八定律”在经济领域的具体展现)。相对股票而言，由于股指期货和外汇交易的交易量巨大，市场相对稳定，交易价格不容易被个人和机构所操纵，对交易者来说更加公平和公正。所以交易者更加愿意到这样一个公平、公正和稳定的市场中从事交易活动。

与其到一个不成熟的股市里去趟混水，不如直接到股指期货和外汇交易市场去光明正大地做信息化财富投机交易。

第二节　市场的不确定性

我们几乎可以确定市场是不确定的。

研究股票、期货的人往往运用两大基本工具：基本面分析和技术分析。这两大交易工具的本质都属于科学思维的范畴。我前面说过，市场的本质不是一个物质的事物，市场具有精神的内涵，而科学并不认识精神。所以无论是从基本面着手还是用技术分析都不能从根本上解答交易者的困惑，解决交易者的实际交易问题。

让我从大家最熟悉的股票价格说起。

你认为股票交易市场巨大的电子报价屏幕上不断闪烁跳动的股价意味着什么？

有人说那代表了一家上市公司的价值。完全正确。

那么你认为这家上市公司的股票价格是由什么东西决定的呢？

有人说是由这家公司的实际价值所决定的。错！股票的价格是由买和卖这只股票的交易者的集体愿望综合决定的！只要其中任何一个人的想法有了变化，股票的价格就有可能发生变动。而成千上万的股票持有者和购买者的思想是根本无法琢磨和把握的。因此，股票的价格总是在不停地随着人们对它的预期的改变而上下波动。股票价格的产生远比你所能想象的要复杂得多。

基本面分析是企图通过社会环境的变化对股票可能产生的影响来判断股票未来的价格走势，这在有些时候的确是管用的，特别是对大势的判断能起到一定的作用，比如对大牛市或大熊市的预测。但也不是100%的管用，只要有一个突发事件就会在一夜之间将整个市场彻底改变，无论多么聪明的基本面分析大师此刻都变成了白痴。

技术分析是通过分析研究股票过去的价格轨迹，试图找出今后的发展趋势，这种近似于刻舟求剑的做法同样愚不可及。

古希腊有个哲学家说过：一个人不可能两次站在同一条河里。他的意思是当你第二次站在河里的时候，你脚下的河水已经不是你第一次站在河里时浸润你脚背的河水了。

股价的变化就像是那流动的河水，过去的永远流过去了，河面虽然看上去和往常一样，河里流淌的还是河水，但是河水已经完全不同。

技术分析作为对股价运行规律的研究具有一定的参考价值，可以帮助我们认识股价在某一段特定的时间是如何发展变化的，但是如果希望藉此预测股价变化的未来趋势无疑是刻舟求剑。

我们通过分析股价产生的原理得知：股价运行的基本规律就是毫无规律。

单个的股票价格如此，由许多股票的价格组合起来的股票价格指数更是如此。股票价格指数不仅受到单个股票价格的影响，还要受到各个组成指数股票的综合价格波动影响。因此股票价格指数更像是大江大海，汇聚着大大小小的河流。股指期货交易则是对这浩瀚的大江大海未来的波动趋势做出你的判断：涨？还是跌？难度可想而知，几乎是不可能。

认识股票和股指期货价格的这种无规律特性是做股票投资交易和做股指期货投机、套利及保值交易的基本前提，只有认识到这一特性，才有可能采用正确的方法去参与交易，取得交易的好成绩。否则就是盲目交易，即使偶尔获利，也是偶然的，其盈利模式无法复制。

无数事实证明，无论是基本面分析，还是技术分析，都不能准确预测股市或其他金融证券市场行情发展变化的未来趋势。因为任何分析都是建立在对已经发生了的事物的研究基础之上，如果这种事物是以物质的形态存在的，那么科学地研究和分析或许还管用，遗憾的是市场交易并非是以物质的形态存在，而是具有明显的不确定性。事实上，没有一种所谓科学的方法可以预测市场行情的变化轨迹，在这个问题上，任何科学工具都无能为力。

一旦我们认识到这一点，至少可以避免去犯最基本的错误和避免用错误的思维及方法去判断市场，做出错误的交易决定。

随波逐流 顺势而为

从表面上看，市场波动具有水一样的特征，波动性和不可预测性是金融和证券交易市场最基本的表面特征，实质上这是市场功能的反应，也是产生市场交易风险的根本原因之一。这是一个不可改变的既定事实，也是我们目前所能看见的最接近于精神活动规律的现象。既然我们无法判断市场波动的规律，那么我们只有一个选择，就是时时刻刻随波逐流，顺势而为。

我在操作帆船的时候得到这样一个重要的经验，就是在波浪起伏，风起云涌的水面上必须顺势操帆，见风使舵，只有这样才能稳住方向，使帆船向着既定的目标航行。帆船是没有任何机械动力的船，使船前进的唯一动力来自于大自然的风，而风力的强弱和方向是我们无法决定的。帆船的操作者既要使帆船能够在顺风的时候乘风破浪地前进，也要能够做到使帆船在侧风，甚至完全逆风的情况下航行到达既定目标。对不熟悉帆船运动的人来讲这有些不可思议，但对帆船操作者来讲这却是一件很简单的事情。管理一只对冲基金似乎也是同样道理，如果能够顺着大势制定交易方向，根据即时行情调整仓位，我们总会到达我们航行的目的地。

另一个给我类似启发的例子是冲浪运动。冲浪者永远不会去预测下一个海浪到来的准确时间和浪峰到浪谷之间的高度，冲浪者只需做好准备，准确把握住眼前到来这一波巨浪，在风口浪尖上顺势滑行……

市场到底是正确的，还是错的

我听说华尔街有一句古老的名言：市场永远是正确的。这句话的意思是说永远不要试图和市场作对，否则你会输得连裤子都没有的。

如果华尔街的这句名言是正确的，那么我们所能做的就是要克制我们“分析”和“预测”市场的欲望，彻底抛弃想要“教育”和“指导”市场应该如何发展的狂妄，永远不要试图和市场争论。我们应该静下心来，去倾听市场的声音，读懂市场的情感，感受市场跳动的脉搏，使自己能够逐渐了解市场，逐渐融入市场，最终成为市场的一部分。只有这样，或许我们才可能在市场中生存下来，而不会被市场的潮流冲到海滩上，成为一条腐烂发臭的死鱼。

我在读《金融炼金术》时却听到乔治•索罗斯说：市场总是错误的。他的意思是说市场的估值总是失真的，市场的价格并不是潜在价值的被动反应，所以市场具有反身性。我同意这一观点所蕴含的意思，实际上索罗斯的这一观点也就是我前面所说的市场不确定性的一个具体的表象。

市场中有许多人抓住了索罗斯的这句名言，认为市场的错误正是他们发财的大好机会，于是他们准备大干一场，结果却落入了华尔街谶言的陷阱。

在我看来，市场正确或不正确并不重要，重要的是要认识到市场的不确定性。由于市场存在不确定性，所以市场无所谓正确，也无所谓不正确。市场就是市场，它存在着，波动着，变化着，发展着……以什么为标准来判断市场是错误还是正确的呢？反正我是不知道的。

我想真正的交易大师一定都是一些具有高度哲学思维能力的智者，他们懂得顺应天时、地利及人和的基本道理，善于处理人与自然事物之间的关系，绝不会违背事物的发展和变化规律。他们的最高境界就是天地人合，将自己和事物融为一体。做交易或许也是如此。

不确定性风险

我写过一篇题目是《不确定性真理》的文章，阐述了我对事物不确定性的基本看法，资本交易市场自然也不会例外。

认识到市场的不确定性是任何一位交易者做交易的必要前提。交易者所做的每一笔交易都是在一个不确定的交易环境中进行的。交易者对于行情变化所做的每一个判断，在判断做出的那一刻就已经成为过去。交易者所下的每一个单子，在单子进入市场的那一刻起，交易者就失去了对单子的控制，手里的头寸就像是在大海上飘荡的一只没有任何动力的小船，只能跟随行情随波逐流。交易者唯一能够控制的是手中还拽着“平仓”这根软弱无力的缆绳，这根缆绳对小船的航行起不到任何作用，但是可以在盈利的时候将小船拉回到身边，也可以在小船失控时放掉缆绳，以减少损失。除此以外，交易者无能为力。在放下小船的时候，交易者必须知道自己将无法控制小船的命运，得冒失去小船这个风险。这就是市场不确定性给交易者造成的风险，这也是任何一笔交易都必须要承担的风险。

所以做交易有时会感到很不爽，在每一笔交易开始的时候，总是以亏损开头，以不能确定的风险作为祈求盈利的开端。这就是交易，是所有交易者必须接受和习惯的游戏规则，尽管交易者心里非常不乐意，但是无可奈何。

正是因为市场的不确定性造成了头寸的风险，所以风险控制才成为交易者最主要和最重要的任务。交易的本质就是控制风险，无论是管理一个对冲基金还是管理一个投资账户，其核心就是管理风险，只有首先把风险控制住，然后才有盈利的可能。

迷信、八卦和运气

正是由于交易活动中存在着不确定性，交易者通常都有些迷信，即使那些很优秀的交易者有时也会显得很“八卦”。

记得曾经当过中国足球队主教练的南斯拉夫人米卢临场指挥比赛的时候总喜欢穿一件红色的运动衣，因为他相信这件红色的衣服会给他带来好运，记者给这件衣服取名为“得胜衫”。

在一些交易者身上也有类似的“得胜衫”，似乎只要穿上它盈利的机会就会增加似的。据说有些股票投资者就从不穿绿衣服、戴绿帽子，害怕会因此引起自己持仓的股票下跌；还有人在期货交易中，因为自己做了卖空头寸，就用玩具枪射击K线图，希望K线像树上的鸟儿一样应声下跌；在股市中，当一些股票报出14.14卖出价位时，买盘往往无人报价，交易者宁愿用14.15多1分钱的价格买入股票，以避开“要死，要死”或“要输，要输”(上海方言中“四”和“输”同音)这个不吉利的数字……

我有个朋友，她的交易成绩一向不错，也很稳定，我认为这和她对盘面的深入研究以及她对盘面的感觉把握有密切的关系。但她也很“八卦”。交易前会去翻黄历，看吉凶，查方位，算时辰，然后不时调整座位的方向，一会儿朝东，一会儿朝南……为此她订做了一张桌腿上装有四个万向轮子的电脑工作台，她可以很方便地随意移动。

不瞒你说，我以前做交易的时候喜欢穿黄色的衣服，感觉上好像穿黄色的衣服做交易会比较顺利一些，是不是也很“八卦”？

我其实并不相信迷信，也不真相信衣服的颜色会影响到交易的成绩，但是既然做交易时穿黄颜色的衣服感觉舒服一些，就不妨经常穿穿，也没有什么不好。

这种在交易者中普遍存在的现象正好从另一个侧面说明了市场的不可预测性，无论是谁都无法完全正确地把握市场的走向和趋势。正因为对市场的这种不确定性无可奈何，才会用这些“八卦”的方法来发泄内心的郁闷。我认为交易者轻度的迷信和“八卦”可以释放由于交易造成的心理压力，对交易非但无害而且有益。

关于运气的问题和迷信、“八卦”思想有些相似，但又完全不同。运气这东西说不清，道不明，你说它不存在吧，它似乎时刻影响着你；说它存在吧，又抓不住、摸不着，只能凭感觉去体会。

我对运气有过一些研究，个人认为运气这东西是确实存在的。虽然我无法用科学的方法证实给你看，但是却可以自圆其说地解释它，并通过实践不断去证明一个人的运气确实是可以改变的。也就是说：运气可以人为地增加，也可以人为地减少。对此，科学既无法证实，也无法证伪。

对于交易者，我的忠告是：当你感觉到运气不在你这一边时，应该立刻平仓了结所有的头寸，停止一切交易活动，直到感觉运气重新回来了为止。交易者可以趁着这段时间出去旅游一番，或做一些其他的事情，恢复一下疲惫的大脑神经，直到重新找回良好的自我感觉。

第三节 一场交易风险的游戏

如果交易者不知道自己的游戏身份是一个风险吸收者，也不知道自己玩的是一个交易风险的游戏，那他几乎就是一个送钱的傻瓜。

释放风险是金融资本市场的基本功能之一。所以在某种意义上，资本市场是一个交易风险的场所。

我们知道期货市场的基本功能是用来释放现货市场的价格波动风险，因此，期货是一种用来对冲风险的金融工具，是现货企业和现货交易商用来做套期保值的场所。由于套期保值需要释放风险，所以必须要有人来承担这些风险，于是市场中的投机者就成为了这些风险的吸收者。所谓“投机者增加了市场的流动性”，“投机者是市场的润滑剂”，这些隐讳的说法其实就是在说投机者是市场风险的牺牲品。如果投机者不清楚这一点，以为金融资本市场是一个可以圈钱发财的地方，那么几乎可以肯定100%会掉入亏钱的陷阱。

这样的结果是由市场交易的游戏规则所决定的，和投机者的交易理论或交易技术无关。如果交易者不知道自己的游戏身份是一个风险吸收者，也不知道自己玩的是一个交易风险的游戏，那他几乎就是一个送钱的傻瓜(请原谅我使用这么粗鲁的语言，实际上这是标准的华尔街语言，我姑且借用了一下)。

资本市场虽然具有释放风险的本性，但是市场在释放风险的同时有时也会释放利润，并且这种利润会以杠杆原理被放大，让运气好的投机者获得暴利。这就是为什么市场能吸引众多投机者的原因。而投机者在看到暴利的时候往往忘记了一点，就是市场交易的风险也被杠杆原理所放大。

只有那些清醒意识到市场风险的投机者才有可能避开风险。他们会在市场释放利润的机会来临的时候把风险卖给别人，自己从市场中获取利润。所谓投机就是在交易风险的游戏中利用时机牟利。投机者发现机会，并交易机会。

凡是风险都具有不确定性的特性。如果投机者意识到风险，并且了解风险产生的原因，以及风险所在，那么凡是能够被确定的风险也就意味着消除了风险。

投机的魅力

如果资本交易市场丧失了投机性，资本运行的效率将会大大降低，经济发展的速度将会大大减缓，这显然与建设市场经济的初衷和市场经济的原则不相符合。

事实上国际金融体系之所以充满活力和生机，正是由于国际资本市场具有强大的投机功能所致。据说在国际金融资本市场，有80%的交易量与投机有关。

市场的投机性与市场本身的特性有关。资本市场的行情波动一般都具有可投机性，而投机行为又反过来刺激了行情的波动。我们可以直观地看到市场行情就像大海一样波浪起伏，永不停息。我们无法预测每一波海浪的高度、速度和力量，也无法知道后一波海浪何时到来，但是我们知道只要是大海就必定会波澜壮阔。

我在印度尼西亚巴厘岛度假的时候，曾经在世界著名的冲浪天堂库塔海滩长时间地仔细观察过那些技术高超的冲浪高手。我看见海面上白浪汹涌，一个巨浪接着一个巨浪向海滩涌来，冲浪手借着海浪涌起的力量，自由自在地在浪尖上滑行，一个浪接着一个浪，可以滑行很长的距离……

由于忍受不了冲浪的诱惑，我终于也顾不上恐惧，抱着冲浪板尝试着去冲浪，在三番五次地被三四米高的海浪掀翻之后，居然也能够趴在冲浪板上，从远处的海面滑到近处的沙滩，中间也要经历2～3个浪头。经过一段时间的练习，慢慢地我就可以蹲在冲浪板上，像模像样地滑上一段距离。冲浪这项看似危险的运动，一旦投身进去就会感到乐趣无穷。

巴厘岛的库塔海滩因为有巨浪所以成了冲浪者的天堂。资本市场也因为行情跌宕起伏而成为投机客的天堂。

投机客的天堂

巴厘岛的库塔海滩是冲浪者的天堂，而资本交易市场则是投机客的天堂，两者的共同之处就在于冲浪者和投机客所面对的事物都具有起伏不定的特征，冲浪和投机都是要去把握在起伏中出现的时机。

优秀的投机客和优秀的冲浪者具有相类似的素质，他们都善于判断时机，善于把握时机和善于利用时机。他们只和时机交朋友，只有当时机来临时才热情地上前拥抱。

普通交易者就像是每天都泡在浅水中消磨时光的度假游客，整天懒洋洋地飘浮着，他们对不远处汹涌澎湃的海浪感到有些恐惧，一旦巨浪拍过来就有些惊惶失措。他们尽可能远离那些可怕的浪头，他们喜欢海水有节奏的波动，喜欢在平缓温柔的起伏中戏水。

优秀的投机者就像优秀的冲浪者一样，从不盲目行动，他们经常是在等待时机，只有当适合“冲浪”的机会出现的时候，他们才会拿起“冲浪板”朝机会走去。

市场中充满了机会，市场行情总是一波接着一波，一浪高过一浪，投机高手们通常只在最有把握的时候进入，在一波行情结束的时候离开。每次看准一波行情，并且只做这一波行情。市场中机会有无数，但是属于你的机会却只有那么几次，你只要抓住这几次属于你的机会就足矣。

对于投机高手来说，每一轮高速发展的经济浪潮都是赚钱的良机，同样，每一次金融危机也都是投机客大显身手的舞台。而平淡无奇的市场对投机客没有任何吸引力，在这段时间他们宁可回房间睡觉休息，或者干脆外出度假，去巴厘岛库塔海滩这样的地方，到真正的大海中去冲浪。

而那些业余交易者，整天泡在市场里，消磨着他们的时光，损耗着他们的资金……当激烈的市场波动来临的时候，很多人已经变得麻木，来不及逃走，就被海啸一般的潮水卷进了万劫不复的深渊。

第四节　金融创新与金融骗局

在资本交易市场里，普通投资者把它当成了投资发财的圣殿，却不知这里原来是一个由专业人士设计并操控的财富屠宰场。

任何资本交易市场都具有欺骗性，就拿我们中国人最熟悉的A股市场来说，人们通常以为这是一个投资的场所。我看到在许多证券交易营业厅里，都醒目的悬挂着“股市有风险，投资须谨慎”的横幅标语；政府管理层把对股民的风险教育称之为“投资者教育”；证券从业人员把股票讲座称之为“投资讲座”等等。然而，自从证券交易所开张以来，我看到绝大多数的股民并不是到股市中投资的，而是去投机，甚至是去赌博。即便从股市自身的表现中，也不难看出，所谓的A股市场根本不是一个适合投资的地方，这里甚至连表面的公平、公正、公开的市场原则都没有，这里是造假、圈钱、操控、投机，关联交易、老鼠仓滋生繁殖的场所，再加上信息不透明的政策调控，广大股民成了被人玩弄于股掌之上的牺牲者。你随便到任何一个证券财经网站，那上面发布的股票市场信息起码有一半以上都是谎言。

我不是在指责A股市场、指责证券交易商、指责管理层、指责股民，我只是描述了一个事实，那就是市场本身具有天生的欺骗性，各方利益的博弈使得这个市场汇集了人性中一切最黑暗的东西。我们不妨回忆一下马克思在《资本论》中是如何评价证券交易所的，我记得马克思把证券交易所比作是资本主义社会的一个毒瘤，把投机者比作毒蛇猛兽。

莫非这个毒瘤现在已经变成了一个良性肿瘤？

只要我们接触市场，就不能回避这个事实。作为一名交易者更是要认清市场的本质，掌握市场的本性。市场具有欺骗性并不可怕，可怕的是进入市场的交易者不知道市场的欺骗性，把市场当成圣洁的财富殿堂加以朝拜，以为只要把钱交到市场里，就会有源源不断的利润回报。市场正是利用了这种愚蠢和贪婪的想法，聚敛大众的财富成就了少数的富人。

公平、公正、公开

我看大部分外汇保证金或期货交易投资者是被忽悠进这个市场的，他们从一开始就被这个市场所表现出来的假相所迷惑住了。

尤其是外汇交易，首先，国际汇市貌似公平、公正和公开，相对国内的股市和期市而言，国际外汇市场确实不容易受到人为操控的影响；其次，汇市T+0 的交易模式，以及可 24 小时连续交易的市场给交易者带来了极大的方便；第三，外汇交易商已经为你的加入准备好了一个非常完善的交易平台，这个交易平台的交易系统各种交易工具应有尽有，无论是新手入门，还是高手操盘，基本上都可以满足你的要求；第四，也是最重要的一点，就是外汇保证金交易为你提供了一个以小搏大，一夜暴富的机会，而且，对于那些胆大无知的交易者来说，一不小心，一天赚了 50%似乎也不是什么很难的事情……

这就是外汇交易的魅力，看起来非常简单，操作起来非常容易。无非就是选一个货币对作为交易目标；做上两个动作，决定买和卖；在三种行情里做一个选择，看涨、看跌或者平盘整理。

交易者坐在电脑屏幕前，泡上一壶香茶，再点上一支烟，一二三……只要鼠标轻轻一点，交易就开始了。

不知道你在点下鼠标之前是否想过以下问题：

(1)你买入或者卖出这个货币对究竟是个什么东西？你能简单描述一下吗？

(2)你是基于什么理由来决定买入或卖出这个货币对？哦，是根据基本面和技术分析。

(3)你想过没有，那些消息和图表曲线反映的都是已经过去的事物，而你买卖的却是未来的变化，这两者之前存在着必然的关系吗？

(4)有人说判断趋势就像扔硬币，对错的概率是 50%，要么涨，要么跌。

可是如果下单后不涨不跌的概率应该算在哪里呢？

……

我还有许多问题，这里就不一一问了。

如果你被这些问题问得头大，不知道如何回答，我劝你赶紧平仓。还是离场好好想想，等想明白了再进场交易也不迟。

大部分交易者连自己是谁？市场是什么？为什么要做交易？这样最基本的问题都没有搞清楚就盲目入市交易，糊里糊涂就成为了市场中任人宰杀的“羊”和“猪”。这其中的原因，除了要归咎于交易者自己的无知和贪婪之外，市场和经纪商们是否也应该承当一些道义上的责任呢？

我当然知道这是不可能的，因为是交易者自己没有认真读过市场和经纪公司的《风险警告》和《免责声明》所以输钱是活该！

资本主义国家的政府是从来不去操这个心思，不管这些事情，因为任何人都有交易的自由，也有不去交易的自由。而在社会主义的中国，政府的监管机构银监会为了保护广大交易者的利益，也为了保护银行的利益，就在本书即将完稿的时候，果断叫停了国内银行开展的外汇保证金交易业务，国内外汇交易者突然之间就失去合法从事外汇保证金交易的机会。

银监会中止这项银行业务的一条很重要的理由就是外汇保证金业务具有巨大的道德风险。

如果所谓的具有“道德风险”的理由成立，那么中国的股票证券市场、商品期货市场，以及金融期货交易所是否也都应该关闭？

所以我一再强调，交易者一定要注意由于所谓的“道德风险”所造成的风险，这是一种很难防范的风险，就好像你在冲浪时突然来了一场海啸……

美国次级债风波

就在我开始写这本书的时候，2007年8月，美国发生了次级债风波，全球的股市和汇市剧烈震荡，全球经济受到严重影响。

这真是一场波澜壮阔，使人惊心动魄的全球金融大风波，全球汇市、股市在几天之内大起大落，跌宕起伏。全球次级债，以及股市、汇市的投资者或投机者亏的亏死，赚的撑死。

这场风波的起因是美国的房地产出了问题，2006年以来美国二手房价格不断下跌，造成大量购房按揭贷款坏账，放贷银行面临破产威胁。然而美国人果然聪明，早就料到会有这么一天，早就将按揭贷款转化为次级贷款债券向全球发售，于是在这次危机中损失最大的就是那些美国次级债的投资者。为了稳定经济，美国政府打破一贯的不干涉市场的政策，美联储带头向相关银行及机构注资(除了美国股灾、“9•11”事件，这是美联储第三次直接注资干预市场)，欧盟政府也不得不跟着向欧洲的相关银行注资。仅风波发生后的前几天的注资就接近3千亿美元，以后几乎每天都在不断向注资银行输血，以维持经济的稳定。在这段时间，全球经济就好像是一个体质极度虚弱的病人，每天都需要靠打吊滴来维持稳定，一天不打股市立马下跌。

在这次美国次级债风波中，欧洲其实成了最大的受害者，付出的代价最大，中国和其他地区也有不小的损失。而美国，我们看到，美国将由本国房地产危机引发的金融风险的大部分亏损成功地转嫁到了其他国家的投资者身上。

2007年8月31日，美国前总统布什发表讲话，他说美国政府不会为那些在这次次级债风波中蒙受巨额损失的“愚蠢的投机者”买单，投机者必须为自己的行为负责。

谁是“愚蠢的投机者”？当然是那些购买了美国次级债的投资者。而精明的投机者，在这次美国次级债风波中赚得盆满砵满，笑也笑不动……

当天晚上的外汇市场由于受次级债余波影响，以及由于布什总统的讲话，交易环境显得异常紊乱，在一单做反被及时止损以后，我关上电脑就去睡觉了。

那天下半夜，我做了一个梦：中国的股市和楼市狂跌……猛然惊醒！

到2008年，美国次级债风波已经演变成一场影响全球的经济危机，并且更大的危机似乎还在进一步酝酿之中，人们正怀着极其复杂的心情等待着……

在全球资本交易市场，投机成风，赌博成性。那些缺少智慧和悟性的普通交易者自然就成为由世界上顶尖脑袋设计出来的噬血如命的资本交易市场的牺牲品。这里本来就不是他们应该来的地方，是对财富的渴望驱使着他们聚集到这里。他们把这里当成了投资发财的圣殿，却不知这里原来是一个由专业人士设计并操控的财富屠宰场。刽子手们客气地说他们只不过是在剪羊毛而已。就算如此，那么羊从哪里来呢？

第五节　信息化的国际资本大赌场

享受交易的快乐，远离交易的快感。

凡是做过交易的人都一定体会过交易过程中产生的那种难以抑止的紧张、兴奋和激动的情绪，这种情绪很有可能进而演变成为一种快感，如果不能控制自己，这种交易的快感很容易使人上瘾。交易者一旦对交易上瘾，就意味着他已经失去了一个专业交易者所必须坚守的底线，从交易者堕落成了赌徒。

弗洛伊德认为，赌博对所有的人都有吸引力，因为它可以代替手淫。赌博和手淫都可以不断地给人带来兴奋感，都能产生无法抗拒的冲动，无法自动停止，同时还伴随着犯罪感的刺激。

交易有时也会产生赌博一样的快感，一旦这种感觉出现，就意味着交易者已经失去控制自己交易的能力，变成了一个在下意识驱使下无法停止的神经性赌徒。

这些神经性赌徒总是忍不住地想试试自己的运气，赢了兴高采烈，输了垂头丧气。他们深陷其中不能自拔，总是想体验交易带给他们的快感，如同上瘾了一般。这种上瘾的症状和赌博、吸毒、手淫非常相似。

如果一位交易者沉湎于交易的快感而不能自拔，那就说明他已经走火入魔，出了偏差。因为专业交易者是从来不会沉湎于交易本身的快感，他只关心交易结果的长期准确性，并为每一笔成功的交易感到高兴。

上了瘾的交易者纯粹为交易而快乐，无论胜负，最大的快乐就是做交易本身，赢了想再赢，输了想翻本，直到彻底输光，被一脚踢出市场。

如果一位交易者整天沉湎于交易之中，24 小时盯着电脑屏幕，从大洋洲市场做到亚洲市场，然后接着做欧洲市场，再到美洲市场……这时他一定不是在做交易，而是在享受做交易带给他的快感。可以说，这种交易的快感和手淫自慰在本质上没有什么区别，都可以带来一时的快感，都会把自己搞得筋疲力尽，全身虚脱，都不会有任何结果。

输光老本是所有神经性赌徒唯一的共同结局。

为了健康的交易，交易者必须注意提防陷入交易快感的陷阱。

1 分钱麻将的快乐

赌博者的快乐往往连赌博者自己都说不清楚是怎么回事情。

20 世纪 90 年代末期，我经常看到一些下岗失业的中青年人，在居民小区的树荫下打 1 分钱的麻将，一打就是一整天。旁边还围着一群捧着紫砂茶壶或玻璃瓶茶杯的看客，同样是一看一整天。我当时不能理解，这些没有正常收入，已经穷到打 1 分钱麻将的壮年汉子，为什么不去找一份工作做？打这 1 分钱输赢的麻将又有什么意思？一天赢不到 1 元钱。

后来我在四川成都看到这里的市民也是如此迷恋麻将，真是麻将阵阵和满城。

现在看来只有一种解释，就是对他们来说打麻将本身带来的快感比输赢的结果更重要。

在期货行业现在有一种说法，就是有些投资者是把期货当成了娱乐，说期货交易具有娱乐的功能。也许这样的说法有一些道理，因为市场中确实有这样的人，把市场当成赌场。但是不要忘了，通常娱乐是要花钱的，如果有人想送钱给市场，我不会反对他去做交易自娱自乐。然而对一个严肃的投资者来说，我建议你不要把市场当成赌场，不要把市场当成是娱乐场。

疯狂的财富欲望

老子说：五色令人目盲，五音令人耳聋，五味令人口爽，驰骋围猎令人心发狂，难得之货令人行妨。是以圣人为腹不为目，故去彼取此。

老子在2500年前告诫我们的话在今天读来依旧发人深思，但是现在已经很少有人愿意静下心来想一想老子这番话的意义。

欲望常常使人发狂，使人的思维和生活偏离正常的轨道。在物质极为丰富的今天，人们的消费欲望受到极大的刺激，为了满足不断膨胀的消费欲望，人们比任何时候都迫切地需要金钱。于是，人们挣钱的冲动变得越来越强烈，对钱的渴望已经达到了难以自制、近乎疯狂的地步。

疯涨的股票和房地产成为最具有赚钱示范效应的两大投机对象，人们纷纷将钱从银行里取出，转而投入股市和楼市。大量资金涌入股市和房地产市场，使得2007年中国的股票指数和楼市价格像脱缰的野马一路狂升。

截至2007年8月27日，中国内地已有1.168亿个股票证券交易账户。如此众多的“投资者”蜂拥而至，使得中国的股市变得令人望而生畏。但是对于投机交易者来讲这却是一波千载难逢的赚钱机会。

或许换一个角度来看，也可以理解这种具有中国特色的全民“投资”大潮的合理性，因为人人都想分享中国改革开放的成果，从中分一块属于自己的蛋糕。

问题是这块蛋糕并不是人人都有福分消受，在众多的“投资者”中，有多少是真正的投资者？又有多少是打着投资旗号的投机者？还有多少是愚蠢的赌徒和盲目的市场追随者？

这1.168亿个股票证券交易账户户主的命运让我们拭目以待。

交易者和赌徒

能否控制风险是市场中交易者和赌徒最根本的区别。

交易者和赌徒最根本的区别是交易者是在严格控制风险的前提下，通过投机以小搏大获取高额利润，而赌徒则将自己完全暴露在随机的风险之中。

绝大多数交易者肯定不会同意将别人把他们比作赌徒，事实上优秀的交易者和赌徒的确有着本质上的区别。但是我们也无法否认，有许多交易者在交易中的表现与赌徒其实并没有什么两样，一旦赌性上来，交易随之失控，将这样的交易者比作赌徒并无不妥之处。

赌徒的结局肯定是倾家荡产，像赌徒一样做交易的交易者的结局和赌徒完全一样。

因此，从一开始，交易者就必须清醒地认识到自己是交易者，而不是赌徒，要坚决摒弃一切赌徒的心态和杜绝一切赌徒的行为。为了切实做到这一点，交易者一定要制订交易计划，遵守交易规则，严格止损，无任何侥幸心理。

失败的交易者

全球的股市、期市以及货币交易市场基本上是公平和开放的，几乎任何人都可以参与其中交易。然而也只有少数的交易者真正理解了交易的真谛，这些人可以在市场中生存并赚钱。而大部分交易者的脑子里其实并不清楚交易是怎么回事，他们想到的只有“赚钱”二字。他们既不懂得信息化经济和信息财富与传统经济和物质财富的差别，又不知道赚钱的方法和诀窍，误把市场当成了赌场，把盈亏的结果归于运气，其结果必然是输钱，而且通常输的很惨。

任何决定以交易为生的人都必须清醒地认识到参与市场交易是一件很严肃、很重大的事情，是一项及其严谨的智力游戏，需要全力以赴尽一切力量控制风险，确保成功，避免失败。任何随意的、感性的操作都有可能产生致命的结果，有可能在刹那间就断送掉你原来的正常生活，这决不是危言耸听。

那么，究竟可不可以做一名职业交易者，以交易为生呢？有没有确保成功的可能和方法？

答案是肯定的。但是，并不是所有的人都具备做一名成功交易者的条件。

成功交易者的必备素质首先是悟性和智慧，其次是逻辑和知识，最后才是感觉和经验。

失败的交易者正相反，他们通常是凭感觉和经验决定交易，特别迷信所谓的大师并热衷于分析市场，他们掌握了一些皮毛知识，就开始下结论做判断。这些人往往屈从于人性的弱点，成为一名主观交易者。他们失败的原因就在于没有一个成熟和理性的心理状态，缺乏对事物本质的了解，其悟性和智慧达不到成功交易者所需要的程度。

事实上，不仅是普通业余交易者经常犯主观交易的错误，即使那些专业交易者也会犯同样的错误。

最典型的例子要数将具有百年历史的巴林银行搞垮的外汇交易员尼克•里森。他在新加坡外汇交易市场进行期货投机交易时亏空了 14 亿美元，一举将自己的东家巴林银行掀翻在地，从而“名”扬天下。

巴林银行倒闭事件回顾

巴林银行事件告诉人们这样一个事实：越是优秀的专业交易员输的越惨！

1995 年 2 月，英国巴林银行宣布倒闭，这一消息在国际金融界引起了强烈震动。巴林银行是一家具有 230 多年历史，名声显赫的英国老牌贵族银行，世界上最富有的女人——伊丽莎白女王也信赖它的理财水准，是它的长期客户。

巴林银行的倒闭是由于该行在新加坡的期货公司交易形成巨额亏损引发的。时任巴林银行驻新加坡巴林期货公司总经理、首席交易员尼克•里森曾被人誉为国际金融界的“天才交易员”，素以稳健、大胆著称。在日经 225 期货合约市场上，他被誉为是“不可战胜的里森”。

自 1994 年下半年起，里森认为日经指数即将上涨，于是逐渐买入日经 225 指数期货，不料 1995 年 1 月 17 日日本关西大地震后，日本股市反复下跌，里森的投资损失惨重。里森认为股票市场对神户地震反映过激，股价将会回升，为弥补亏损，里森一再加大投资，在 1 月 16～26 日再次大规模建多仓，以期翻本。

里森继续买入日经225期货，其日经225期货头寸从1995年1月1日的1080张9503合约多头增加到2月26日的61039张多头(其中9503合约多头55399张，9506合约5640张)。据估计，其9503合约多头平均买入价为18130点，到2月23日，日经指数急剧下挫，9503合约收盘价跌至17473点以下，导致无法弥补损失，累计亏损达到了480亿日元。

由于里森主观地认为日本股票市场股价将会回升，而日本政府债券价格将会下跌，因此在1995年1月16～24日大规模建日经225指数期货多仓同时，又卖出大量日本政府债券期货。但1月17日关西大地震后，在日经225指数出现大跌同时，日本政府债券价格出现了普遍上升，使里森日本政府债券的空头期货合约也出现了较大亏损，在1月1日到2月27日期间就亏损1.9亿英镑。

里森在进行以上期货交易时，还同时进行日经225期货期权交易，大量卖出鞍马式选择权。鞍马式期权获利的机会是建立在日经225指数小幅波动上，因此日经225指数出现大跌，里森作为鞍马式选择权的卖方出现了严重亏损，到2月27日，期权头寸的累计账面亏损已经达到184亿日元。

2月24日，当日经指数再次加速暴跌后，里森所在的巴林期货公司的头寸损失已接近其整个巴林银行集团资本和储备之和。融资已无渠道，亏损已无法挽回，里森畏罪潜逃。

巴林银行面临覆灭之灾，银行董事长不得不求助于英格兰银行，希望挽救局面。然而这时的损失已高达14亿美元，并且随着日经225指数的继续下挫，损失还将进一步扩大。因此，各方金融机构竟无人敢伸手救助巴林这位昔日的贵宾，巴林银行从此倒闭。

截至1995年3月2日，巴林银行亏损额达9.16亿英镑，约合14亿美元。3月5日，国际荷兰集团与巴林银行达成协议，接管其全部资产与负债，更名为“巴林银行有限公司”；3月9日，此方案获英格兰银行及法院批准。至此，巴林银行230年的历史终于画上了句号。

杠杆效应——从个人失误到银行倒闭

如果有一根足够长的财务杠杆，说不定可以撬动整个华尔街。

从里森个人的判断失误到整个巴林银行的倒闭，我们看到伴随着金融衍生工具成倍放大的投资回报率的是同样成倍放大的投资风险。这是由金融衍生工具本身具有的“杠杆效应”特性所决定的。

一个职员竟能在短短的几个月时间内毁灭一家具有200多年历史的老牌银行，究其原因，其中不恰当地利用金融期货的“杠杆效应”，不严格执行风险管理制度，不设止损，盲目自信，知错不改，以赌博的方式对待交易，是造成这一“奇迹”事件的关键。

巴林事件惊动了全世界，对金融期货领域的冲击尤其巨大。金融期货及其衍生产品的高风险性再一次受到广泛重视。人们认识到，严格的风险控制和完善的管理制度对从事金融期货及其衍生产品交易是何等的重要。如何控制由于采取金融期货财务杠杆原理交易产生的高风险，以及如何约束交易机构内部成员的个人行为，避免“里森案件”重演已经成为全球金融界共同关注的课题。

尽管巴林银行倒闭事件对金融界的触动很大，但是类似的小“巴林银行事件”在全球金融及商品期货交易中还是层出不穷，其中影响较大的就有“中海油”事件。

财务杠杆效应是一柄双刃剑，既为人们创造财富传奇提供了可能，也为类似“巴林银行倒闭”这样的悲剧埋下了祸根。

巴林银行倒闭事件对所有从事信息财富投机的交易者都是一个警示，即使再专业、再伟大的交易者，如果他忘乎所以，自以为是，失去正常的理智，置风险管理和止损于不顾，一意孤行地和市场对赌，无论他拥有多少资金，以前的战绩多么辉煌，通常只需一个回合，便丢盔弃甲、一败涂地、落荒而逃。

尼克•里森就是最好的例子。事发不久，里森就在机场被捕，之后被判有罪入狱。在狱中里森写了一本书，书名叫做《我搞垮了巴林银行》。听说此书还被拍成电影，里森获释后靠演讲为生。

这个世界确实非常有意思。

第六节　资本市场的丛林法则

"弱肉强食，适者生存"是任何资本市场的基本规则。

资本具有追逐利润的本性，这就是资本的逐利性。

金融证券交易则充分满足了资本的逐利性，于是大量的资金涌入金融证券交易市场，金融证券交易市场成为今天全球资金最集中的地方。人们进行交易的目的无非就是为了赚取交易利润。为了达到这个目的，金融证券交易者几乎将人类的智慧发挥到极致。因此，优秀的金融证券交易者都是一些极其聪明的人。有这样一种说法，全美国最聪明的脑袋都在华尔街，次一等的才在美国政府当差。

由华尔街那些全美国，乃至全世界最聪明的脑袋想出来的各种赚钱点子，一般的人是很难弄明白的，正因为大家都弄不明白，所以华尔街才可以赚大钱。这是华尔街路人皆知的秘密，这也是华尔街臭名昭著的主要原因。

华尔街如今几乎成了金融行业的代名词。然而在业内，华尔街同时也是黑暗、血腥、野蛮、欺诈、巧取豪夺的代名词。随便找几本由昔日华尔街精英们撰写的书阅读一下，你就会知道我的说法是有依据的。我和华尔街素来无仇无怨，犯不着去诋毁它，我只是想说明一个事实，在现代西方文明社会公正外表掩盖下的全球金融资本交易的背后隐藏着大量不可告人的阴谋和罪恶。如果不能充分意识到这一点，任何接近华尔街的人都将被貌似公平的交易市场当成美味的羔羊而活活吞噬。

正是由于资本的逐利性，加上西方资本主义社会对资本的放纵，使得金融、证券交易者在交易心理上自然倾向于无道德主义，在以西方资本主义思想为主导的全球化金融证券交易市场上，弱肉强食、适者生存的丛林法则受到广泛推崇。

在所有资本形式中，金融资本最具有创造性和掠夺性，并且还具有洪水一般汹涌的流动性，金融资本所到之处，不是一片繁荣，便是满目苍夷……

华尔街有一句名言：生意就是生意。露骨一点讲就是做生意就是为了赚钱，为了赚钱，一切手段都可以使用，只要不被所谓的法律抓住。

资本交易的本质——文明的战争、合法的掠夺

【资本】①掌握在私人手里的生产资料和用来雇佣工人的货币。

②经营工商业的本钱。

资本市场是介于战场和赛场之间的竞技场。

无论是战场、市场还是赛场，参与者根本的目的都是为了赢得胜利，以获得财富和荣耀。

战场是野蛮的，取胜是唯一的规则；赛场是文明的，除了定有规则，有时还要区分等级；而市场则是公平的，所谓公平就是既野蛮又文明。资本市场虽有规则却不分等级，市场对任何具备资格的人开放，资本市场最基本的规则就是弱肉强食和愿赌服输，任何参与市场交易的人和机构都必须对自己的行为负一切责任，并承担一切输赢后果。

正因为资本市场提供了一个貌似公平的博弈场所，而这个市场中又充满了财富机会，所以才会吸引众多的资本进入。人们进入资本市场无非就是希望从市场中获得财富和利益。因此，无论资本市场的管理者如何提示交易风险，逐利而来的投机者依然会蜂拥而至。然而，能够真正认识到市场本质，懂得市场真谛的人永远是少数，所以优秀的交易者根本不必担心赚不到钱。资本市场中永远存在一大批美国前总统布什所嘲讽的“愚蠢的投机者”，他们会不断亏钱给你。

事实上，在任何交易市场中，和有知识、有理智的人做交易永远要比和

疯子、傻子做交易容易得多。

以前我们常说战争是政治的继续，体现了强者的意志。现在我们或许可以说经济是政治的继续，同样体现了强者的意志。

以前帝国主义倚仗军事上的优势，通过侵略战争明目张胆地掠夺弱国的财富，现在尽管战争形式不同却也依然存在着。比如美国发动的以反恐为名，意在石油资源的伊拉克战争，但是通过经济手段掠夺别国的财富已经成为更加文明和更加进步的方式，同时具有表面上的合法性，因而也更具有欺骗性。

从更深的层次上研究资本市场，我们发现资本交易的本质是一场现代社会国与国之间冠以文明面具的经济战争，是一种披上合法外衣的财富掠夺。最有代表性的例子或许就是1997年发生的亚洲金融危机。有兴趣的读者可以自己上网去查阅这方面的资料，这将有助于你充分认识经济全球化背景下的国际资本市场的残酷性。

经济全球化背景下的资本交易从表面上看似乎促进了全球经济发展，提高了发展中国家的经济发展水平，但是，一旦这种交易失去了平衡，或者在某些利益团体的操控下就会发展成一场血腥的经济战争，演变成一种疯狂的财富掠夺。如果不想在这场战争中成为任人宰杀的羔羊，唯一的机会就是拿起武器迎接挑战。

既然按照资本主义经济理论的说法，这最终将是一场零和，或者是负和的游戏，那么至少在貌似公平的全球交易市场上，我们完全可以依靠东方智慧和那些华尔街“暴徒们”放手一搏。依我看来，一旦中国人的思想觉醒，束缚手脚的理想主义绳索被解开，华尔街未必就是上海滩的对手。

既然别人可以合法地掠夺你的财富，你当然也可以合法地掏他口袋里的钱。在游戏规则没有修改之前，用好现有规则是取得胜利的不二法门。

中国有句老话，叫做：秀才遇到兵，有理讲不清。

市场从来就不是一个讲“理”的地方。从上到下，从里到外就没有一个“理”字可讲。从本质上讲，市场既没有“理性”，更没有“理智”。所以市场不是秀才们应该去的地方，秀才们应该呆在大学或研究所里研究做交易的学问，而不是直接到市场中去搏杀。秀才们所做的学问绝大多数也是经不起市场考验的，因为市场有自己的运行逻辑，这就是丛林法则，弱肉强食，适者生存。如果秀才们以为自己专业知识渊博，理论基础深厚，又是个什么博士、硕士，就自以为了不起，要管理这个市场，或者要亲自进场操盘，我看其结果不是害死市场，就是被市场害死。

市场就是战场，是全球资本交易者浴血拼杀的疆场。交易就如同决斗，每个交易者都是一名角斗士。如果你不是斯巴达克斯，那你至少应该是一名勇士。

交易者的道德观

我从来不怀疑中国人的智慧和勇气。我一直认为如果中国的金融经济政策完全放开，束缚中国公民手脚的绳索被解除，华尔街未必就是上海滩的对手。

根据我的观察，我觉得在中国，除了那些缺少公平、公正和公开原则的法律和政策会对交易者产生极大的杀伤力之外，交易者另一个最大的敌人就是道德观。

一般来讲只要是合法的交易就可以去做，而不必顾及他人的反对。但是，唯有道德因素有可能影响你的合法交易。

前面我举过阿姆斯特丹妓院的例子。尽管在阿姆斯特丹嫖妓是合法的，但是我发现并不是所有的旅游者都迫不及待地去敲那些妓院小门上的玻璃窗，绝大部分旅游者只是到这里来观光猎奇，感受一下别具特色的异国风情而已。

在世界各国，包括荷兰人在内的绝大多数的人在性交易问题上都普遍具有一种相似的道德观念，就是嫖娼是一种不道德的交易行为，不可以去做。

即使在荷兰，如果一位议员或社会名流被发现去逛妓院，尽管他并没有违法，但他的名誉一定会受到影响，对他的社会地位一定会造成严重的后果。

道德观念会阻止一个人去做任何他认为是不道德的交易，即使这笔交易很有诱惑力，而且几乎唾手可得。所以道德的力量不可忽视，有时在交易中起着决定性的作用。

以中国人传统的道德标准和马克思主义思想来衡量，做金融、证券、期货交易比嫖娼、赌博在道德上好不到哪里去。中国社会历来反对巧取豪夺、投机倒卖的行为，主张君子爱财，取之有道。因而投机之道往往为世人所不齿，群起而攻之。虽然中国人的这种道德观念往往带有自私和虚伪的成分。

据我观察，国人之所以痛恨投机取巧之人，并非与之有深仇大恨，而是怀有强烈的嫉妒之心。假如他自己有投机的机会，我敢肯定他一定会奋不顾身地加入到投机的行列，顷刻之间就会把“道德”二字抛到脑后。

据《上海证券报》报道：截至 2007 年 8 月 27 日，沪深两市股票交易账户总数已达 11683.10 万户，仅 8 月 27 日一天，新增 A 股开户数就达 22 万户。

1.168 亿的证券交易账户！说中国已经进入全民炒股的时代应该不算夸大吧。在如此庞大的正准备或已经从事股票交易的人群中，你估计其中投资者和投机者所占的比例分别是多少呢？

除了证券交易市场的股票交易者，在中国，外汇、黄金和商品期货市场的交易也正在如火如荼地进行，金融期货交易所的股指期货也正在紧锣密鼓地开张准备中。

中国人好赌举世闻名，在中国周边地区就有许多专为中国人开设的赌场。不知道有多少股民错把股市当成了赌场，在没有任何金融证券知识的情况下，一头撞进了资本交易市场。

我不知道这些人在炒股票、做外汇、进行期货投机交易的时候是否想过，你所期待的交易利润来自何方？你是否意识到，当你赚得盆满钵满的时候，必定会有人躲在世界的一角流泪伤心，因为你赢的钱也许正是他亏掉的钱。

交易市场的真相

做金融、证券、期货交易和在阿姆斯特丹嫖娼有着某些相似之处，法律上允许，但是道德上未必所有的人都认同。如果仅仅是社会上的个别人反对问题还不大，如果交易者自己的道德观也无法接受下面的事实，那么你最好远离交易市场，永远不要踏进交易所的大门。

第一节　以交易为生

谁掌握的交易规则更多一些，谁就将掌握更多的主动权，而那些对交易规则无知或一知半解的交易者，注定会以失败告终。

以前我在上海浦东陆家嘴金融贸易区上班的时候，也可以算做是一个高级白领。我在五星级的写字楼里有一个自己的办公室，透过办公室的玻璃幕墙，可以俯视陆家嘴绿地、观赏金茂大厦全景，以及眺望黄浦江。我的老板曾经对我说：我不管你什么时候来上班，什么时候下班，只要你能赚到钱，哪怕你在上班的时候去瑞士度假，到阿尔卑斯山滑雪，都没有任何问题。

当年我没能做到这一点，毕竟打工的心态和做老板的心态不一样。现在，这已经完全不成为问题，因为我们有了互联网和网上交易平台，可以在全球交易，并以交易为生。

在地球上，生活着这样一群人——他们非常自由，可以在全球任何一个地方生活和工作，可以对日常事务视而不见、充耳不闻。他们完全为自己工作，依靠资产性收入生存，做投资或投机交易，有时也替别人管理一部分资金，但是在交易问题上绝对独立，容不得任何干涉。他们厌恶被别人剥削，所以他们没有老板和领导，他们似乎也不愿意去剥削别人，因此很少雇佣员工。在别人眼里，他们就像是一些独行侠，天马行空，独来独往。如果他们不愿意，甚至可以不搭理这个社会中的任何人，而自顾自地生活和工作。

他们无论到哪里都随身带着可以接通宽带或无线上网的笔记本电脑或交易终端机。在经济全球化的今天，从周一到周五，每天 24 小时，位于全球各地的股票、证券、期货，以及金融、外汇等各类交易市场轮流开放，连续成一个 24 小时不间断的全球交易大市场。每当星期一的早晨，第一缕阳光照耀在新西兰的国土上，全球交易就拉开了新一周的序幕。从大洋洲的新西兰和澳大利亚开始，接着是亚洲的日本、中国、新加坡以及印度等地，然后是欧洲的德国、法国、英国、荷兰等地开市交易，最后以美国为代表的美洲市场将一天的交易引向高潮，紧接着大洋洲新的一天又开始了……市场交易者可以随时随地通过电话、传真和网络进行交易，他们可选择的交易产品范围极其广泛，既有传统的商品期货、股票证券、国际货币，也有完全信息化的金融期货以及各类金融衍生产品。

他们通常管理着至少几十万到数千万，乃至上亿的资本金，巨额的利润就在他们电脑键盘的跳动中不断产生。

在世界各地，无论是在纽约、伦敦、巴黎、法兰克福、上海、香港、东京、孟买、新加坡等国际金融、经济中心城市，还是在雄伟壮丽的阿尔卑斯雪山、阳光明媚的加勒比海滩，或者是在流光溢彩的拉斯维加斯赌场、纯朴自然的丽江古镇……人们都会发现他们的逍遥自在的身影。

通常人们会把他们看作是华尔街精英，是可望而不可及的一群人，也有人把他们看作是一群职业投机客。然而事实上，如今在世界各地到处都有从事着和华尔街精英们相同事业的人群，他们不必到华尔街上班，就可以实现华尔街的梦想。是经济全球化和互联网信息时代成全了他们，使得他们有可能过上以前难以想象的自由、自在和富有的生活。

这就是成功的以交易为生的投机交易者的生活写照。

阳光下的交易

以交易为生的确是一种令许多人羡慕的生活方式，然而，真正能够过上这种生活方式的人在现实社会中却是凤毛麟角。原因很多，其中最主要的原因并不是交易本身的难度，而是人们对交易这个词怀有一种具有深远历史背景的极为固执的偏见，特别是对交易中的投机交易，似乎总是与不道德行为有某种扯不清的瓜葛。在中国，说到投机，人们总是会联想到投机倒把；说到交易，总是和腐败行为中的权钱交易或者与不道德的性交易联系在一起。人们耻于公开谈论投机与交易，更很少有人敢于公开宣称自己是投机交易者。

现实生活中的投机交易者往往隐身在私募基金的圈子里，默默无闻地为自己和别人从市场中圈钱。

在这样一种社会大环境中，当然不可能出现一大批立志以交易为生的投机者，也不可能涌现出一批优秀的投机交易者。在经济全球化的今天，投机交易者就是经济领域中战斗在第一线的捍卫着国家利益的战士，拥有优秀的投机交易者对国家的经济安全和经济发展已经变得越来越至关重要。

我们首先必须面对这样一个问题：投机与交易真的是一种不道德的社会行为吗？

现实给出的答案显然是否定的。投机与交易在现代社会经济活动中不仅是完全合法的，而且还是现代人类经济活动中不可缺少的重要的组成部分。

我们知道，人类社会的发展是不以个别人的意志为转移的，改革开放后的中国在各个领域全方位地受到了经济全球化浪潮的影响。中国的证券交易所、商品期货交易所，以及金融期货交易所相继开张，中国经济正在被全球化的资本主义经济所同化，中国加入 WTO 组织，银行和金融市场的全面开放，标志着中国经济已经全面融入到全球经济的洪流之中。

无论在主观意识上人们的道德观念是否能够全盘接受投机和交易这种社会行为，在客观现实中，具有西方资本主义性质的交易市场已经开到了家门口，越来越多的中国公民在证券交易所拥有了自己的账户。此外，根据 2007 年 7 月中国政府正式颁布的《期货交易管理办法》中国公民可以在商品期货交易所和金融期货交易所合法地进行期货投机交易，中国公民目前还可以通过 QDII 等形式参与国际市场交易……在可以预见的未来，中国公民必将越来越多地参与国际市场的交易，逐步融入到全球交易的洪流之中。

中国共产党的十七大报告中明确指出：要提高人民群众的资产性收入。所谓资产性收入自然包括了各类合法的资本市场投机交易的收入。

所以，中国公民参与国际化的市场交易和投机与国家现行法律和政策并不存在任何直接的冲突，现在中国公民参加市场交易最大的障碍已经不是政策与法律上的问题，而是中国社会传统的道德观念带来的思想上的阻碍。

中国的交易者要想与时俱进，跟上时代发展的步伐，从改革开放的成果中分享属于的自己利益，首先要跨过交易道德观这一道非常现实、非常重要的心理门槛。难以想象一个心理上充满内疚，将投机交易视为不道德获利方式的交易者能够与国际上那些专业高手过招，取得优秀的交易成绩。道德观念是一道无形的门槛，首先存在于交易者的内心，其次存在于社会大众的意识深处。只有跨过投机交易道德观这道心理门槛，才有可能心安理得地投入到全球化的经济潮流中去，理直气壮地和世界上那些顶尖的交易高手在同一个市场上一比高下，成为一名全球经济浪潮的冲浪者。只有具备了坚定的道德信念，拥有符合道义的心理基础，才有可能成为一名优秀的以交易为生的投机者。

交易者的身份和权利

成功举办 2008 年北京奥运会是中国政府的一项重要任务，也是全世界体育爱好者的一次盛会。

我们知道任何一届奥运会都离不开组委会、裁判、运动员及观众这四方面人员的参与，缺少其中的任何一方参与都是不可思议的。

金融及证券交易市场和奥运会的组织构架有些相似，分别由证监会、交易所、交易商和交易者四方面人员组成。如果把交易所比作组委会，证监会比作裁判委员会，那么交易商就是参赛队，交易者就是运动员。与奥运会唯一不同的是金融、期货及证券交易市场没有现场观众摇旗呐喊，只有电子报价屏默默无声地跳动着一组组红红绿绿的数字……

交易者是交易市场中的运动员，交易者唯一的任务就是在交易比赛中战胜一切对手，获取胜利。除了赢得交易比赛的胜利，其他的一切胜利都没有任何意义。

因此，一个具有专业素质的交易者除了关心与交易有关的一切事情外，不会去关心任何与交易无关的事物。更不会对交易的组织者和监管者说三道四，对交易的规则表示出任何的不满。交易者的任务只是研究和掌握交易规则，尽可能地用好交易规格，任何对规则的不满情绪，只会影响交易的成绩，而不会有任何好的结果。如果交易者对交易规则确实不满，完全可以选择退出交易。

这本是显而易见的道理，不用说明大家也应该知道。我之所以还是要写上这一段，是因为我发现太多的中国交易者其实并不明白这个浅显的道理，许多人是带着满腹牢骚和不满的情绪进场交易。这些人当然有他们不满的理由，因为中国的金融、证券及期货交易是具有中国特色的，和世界上大多数的交易市场通行的做法有着明显的区别。现在的问题是你既不是组织者，也不是监管者，你只是一个参加交易的运动员。组织者如何制定交易规则与你无关，裁判有权根据规则对比赛进行干预，你报名参加交易比赛就必须服从组委会的交易比赛规程。这有什么可埋怨的呢？

作为交易者，我们有权要求组织者提供一个公平、公正及公开的交易比赛环境。但是你必须明白，要完全做到这一点，在任何国家、任何交易市场都是不可能的。你必须在一开始就有这样的心理准备。

交易者禁区

以交易为生是一种自由度很高的职业，选择什么品种进行交易，交易者有非常大的选择余地。无论是商品、房地产、期货，还是股票、证券、外汇，或者是新开发的金融衍生产品，只要存在投资或投机的价值，就会有大量的交易者汇集过来。随着中国经济的不断开放，中国的交易者可以合法交易的范围将越来越大，现在交易者不仅可以在国内交易，而且已经可以通过合法的渠道购买香港的股票。我相信在可以预见的未来，中国的交易者一定会遍布全球交易市场，成为真正意义上的全球交易者。

尽管中国的交易者有着美好的交易前景，但是在目前的国内经济环境中还是会受到许多约束和限制。有时一不小心就会踏上各种各样的地雷，无意中伤害到自己。为了避免发生这样的情况，我列举了以下五条交易禁忌，供大家参考。

(1)法律禁止的一切交易行为。

(2)交易者道德观念所不能允许的一切交易行为。

(3)违背交易者真实意愿的一切交易。

(4)损害国家、民族、家族、家庭及个人利益的一切交易行为。

(5)注定不会赚钱的一切交易行为。

除了以上五种情况，交易者百无禁忌，哪里能赚钱就到哪里去；什么交易能赚大钱，就去投机什么交易。

本地的交易规矩是什么

做任何交易之前首先必须了解当地的交易规矩。

就好像人们在打麻将之前首先要约定一下和牌的规则，以及定下算番的方法。中国人喜欢打麻将是举世闻名的，全国各地麻将盛行，但是游戏规则并不统一。假如你去一个不熟悉的地方出差，晚宴过后当地的朋友邀请你打几圈麻将，如果不事先搞清楚当地的麻将规则，即使你的牌技再好，你也不可能赢到钱。

当然，如果是别人故意输给你，则另当别论，我在十几年之前就曾经有过一次这样的经历。

那年我去浙江出差，晚饭后主人盛情邀请我打几圈当地麻将，我虽然从小就会玩麻将，那是在农村过暑假时和农村的孩子打麻雀牌学会的，但水平实在一般。当地的麻将规则和上海不同，我完全不懂他们的算法，只知道和牌，算钱是他们的事情。由于那天晚饭时，接受主人的敬酒多喝了几杯，脑子已是昏昏沉沉，不知道那天晚上的牌是怎么打的，也记不清楚牌局是何时结束的。第二天起床后，我发现上衣口袋里有一大把的人民币，把口袋塞得满满的。我找到那位主人问这是怎么回事？他说这全是我昨晚打麻将赢的。

那年我在某企业做领导，手中有一些小权。浙江的这家企业有求于我，于是那天晚上我的麻将水平就超常发挥。关于这种麻将有一个专用名词叫“业务麻将”，“业务麻将”说白了就是行贿和受贿的代名词。我一向对这类把戏深恶痛绝，故从此以后，我再也没有和任何业务上的伙伴打过麻将，也一直拒绝和上级领导玩类似的游戏。直到有一天我意识到如果不参与此类游戏，不遵循此类潜规则你就无法在官场或商场上混下去的时候，便坦然离开了那个圈子。

据我所知，中国各地，乃至世界各地的交易市场的交易规则都不尽相同，各有各的特色。比如中国内地的股市有10%的涨停板限制，而香港的股市则没有，因而香港股市的波动更加剧烈一些，风险程度也和内地股市不同。我们在从事交易活动之前，首先要了解清楚当地的交易规则。然后才能入场交易。现在许多交易市场和交易代理商为了吸引客户，一般都会开设模拟交易账户，供有交易意向的潜在客户模拟操盘。我认为这是一种比较好的入门学习和熟悉交易环境的方法。我自己在做任何一种交易之前，首先会做上一两个月的模拟交易，通过模拟交易熟悉即将正式交易的对象，收效很好。

在金融、证券及期货交易市场，没有人会故意输钱给你，会往你的口袋里塞钱，只有盯着你的口袋，希望从里面掏钱的和你一样贪婪、一样冷酷无情的投机交易者。谁胜谁负都将在市场交易中一见高下。其中，谁掌握的交易规则更多一些，谁就将掌握更多的主动权。而那些对交易规则无知或一知半解的交易者，注定要被赶尽杀绝。

第二节　投机是最棒的交易

投机是最有效的交易！

前面我们探讨了交易和交易者。虽然我们人人都是交易者，但是我相信很少有人会去思考这些问题，去洞察交易的真相。对于大部分黎民百姓来说，知道和不知道交易的真相无关紧要，只要有工作做，有工资拿，付得起房租、水电费，生活能够继续，消费能力在不断提高就已经足矣。消费者一如既往地去消费，投资者继续寻找他们的发财机会。然而对于那些想通过做交易来改变自己生活和命运的人来讲，了解交易的真相是非常有必要的。

人生有无数种交易可做，我可以专门为此写一本书。这里主要研究的是，究竟怎样的交易才是能够改变我们一生命运的最棒的交易？

我给出的答案是：唯有投机才是最棒的交易！

有人问：做投机交易不是风险很大吗？

回答是：投机交易其实是风险最小，利润最大的交易！

通常提问的人都会惊讶地看着我，以一种不相信的口吻反驳说：不要骗我，投机的风险是很大的，弄不好会倾家荡产。

人们一般都以为投机交易收益高，所以风险肯定也高。或者理解为：正因为投机交易具有高风险，所以才会有高收益。

其实这种说法并不准确，也不符合事实，这往往是由于人们不了解投机交易而产生的想象和夸张之词。

先让我们探索一下这种观点的来源。我认为这种说法首先是受了传统观念的影响，在解放前的旧上海滩，的确有许多人因为在投机交易中失败而倾家荡产，这种现象确实存在，而且不仅在旧中国，在全世界的交易市场，直到现在每天都有这样的失败交易者被交易所一脚踢出市场的大门。这是带有资本主义特征的资本交易市场极其现实的残酷本性，我在后面要专门讲这个问题。其次，由于投机交易普遍采用财务杠杆原理进行交易，投机者只需很少的资金就可以放大交易到资金的几十倍，甚至数百倍。在盈利的功能被放大的同时，亏损的风险也被放大，于是人们就想当然地认定投机交易的风险非常大。

由于人们通常并不了解投机交易特有的风险控制机制，所以就产生了思维上的错觉，人们错误地将投机交易的风险和利益看成是完全对等的一个交易整体。这种看法其实是将投机当成了赌博。他们认为投机就像是掷色子，会有一个固定的概率。比如赌场中的 21 点游戏，一边可以押大，另一边可以押小，无论押哪边，输或赢的概率都接近 50%，但是肯定小于 50%，因为其中有几个点是被赌场抽头的，所以不管谁赢谁输，赌场都是最终的赢家。当你把一块价值 1000 元的筹码放在大或小的位置上的时候，你要么输掉这 1000 元，要么赢回双倍的钱。当然你还有其他选择，可以押在其他位置，以期博取较高的赔率，但是你的赢钱概率将大大减小。从长远的角度看，赌博者100%是要输的。从博弈论的角度看，赌博是一个典型的负和游戏。

投机交易显然和赌博不同。这种不同首先体现在投机交易的风险是可以控制的，而赌博不能。其次投机交易之所以叫投机交易是因为投机者看到了一个机会，所以才去交易，而赌博者在任何时候都是盲目投注的。第三，投机者对交易环境有选择的权力，只有在投机者认为对自己有利的情况下才会下单交易，而赌博的环境永远不变。第四，投机者对每一次投机行为都会有一个事先的交易计划，计划包括资金的使用限制、盈利目标和允许的亏损额度。在一般情况下，总体的盈利水平总是要高于被止损的额度。

由此我们看到投机交易是在一种理性的、科学的，在风险可控制的状态下所进行的交易行为，其准确率要远远大于那些盲目的交易或赌博，而实际要承担的风险却要小得多。

至于风险问题，准确地说，任何交易都存在风险，然而只有失去了控制的交易风险才是最大的风险。不仅是投机交易，在任何交易中都是如此。

比如我们知道中国沪深两地的股市实行的都是T+1的交易模式，也就是说，当你买入一只股票后，如果该股票立刻下跌，你突然意识到自己买错了的时候，你没有办法立刻抛掉这只倒霉的股票，你没有办法止损，只好眼睁睁地看着它往下掉，你有可能在下一个交易日一开盘时立刻抛掉它，前提是它没有被封死在跌停板上。也就是说，至少有那么一段时间你对你的头寸完全失去了控制，这才是交易者所面临的最大的风险。

而大多数的投机交易都是实行T+0，以及双向交易的模式，也就是说你可以随时买入，也可以随时卖出，哪怕只相隔1秒钟，只要你的动作和电脑的速度足够快；你可以买涨，也可以卖空，当你发现自己方向买错时，可以立刻掉头反向操作；你可以事先设定止损位，一旦方向做反，你可以及时止损，将损失控制在你可以容忍的最小程度……这样的风险对交易者来说甚至已经构不成一种风险。

我在研究了各种各样的交易模式后得出的结论：投机是一种风险最小，收益最大的交易方式，只有投机才是最棒的交易！

为什么要投机

【投机】 利用时机牟取利益。

我以前做企业经理的时候，如果年利润达到30%那就是非常成功的业绩了。这种做实业的思维方式一直影响了我很长时间。所以我以前一直是企业家，而不是资本家。企业家重点关注产品和市场，而资本家追求资本效益的最大化。

2002年春节过后的某一天，一位做国际贸易和航运的朋友邀请我帮他创建一项新业务，这项业务需要从无到有，从头做起。在讨论营运模式的时候，我的新老板一再强调，他需要的不是一年30%的利润，而是每年资金翻番，甚至是翻几番的效益。当时我很难接受这种的观点，认为这几乎是不可能的事情。但是老板坚持这样认为，他要我从"怎样将1个亿变成10个亿"这个角度去思考一切问题。不言而喻，这是一个极具挑战性的任务，我喜欢挑战，于是答应试试看。当时这位朋友才30多岁，却已经拥有了上亿的身价。据说他从10万元起家，仅用5年时间就成了亿万富翁。所以在他看来，使资金翻番成长并非天方夜谭里的故事，而是现实生活中完全可以做到的事情。既然他能做到，为什么别人做不到呢？

问题的关键在于思维方式，一旦突破常规思维，凡事皆有可能。事实证明他的观点是对的。

如何获利完全在于资本的运作方式，投资和投机虽然只是一字之差，但结果却是相差巨大。

1000万的投资每年能有100～200万的稳定利润就已经相当不错，如果能达到300万的利润简直就是暴利了。然而在投机者看来，这区区两三百万的利润实在算不了什么，投机者需要的是每年100%，甚至1000%的利润。

先不要说不可能，事实上有许多人做到了这一点。

中国改革开放30多年，已经产生了多少位亿万富翁？只要粗略算一算他们的财富增长速度，就会发现其中大部分人的发家决不会是单纯的依靠投资。

尽管他们每个人运作资本的方法和手段不同，但是从本质上讲都是通过投机交易获取了资本的快速增长。

我前面已经分析过，人们从事各种交易的目的是为了获取财富。获取财富是目的，交易只是一种手段。我们早已知道，人类普遍具有贪婪的本性，在这种贪婪本性的驱使下，资本才具有疯狂的逐利性。人们都喜欢通过最简单、最快捷、最安全的交易方法去获得最大的利润。在所有的获利方法中，除了通过战争直接掠夺和靠欺骗骗取财富之外，投机是最有效的既文明又合法的途径。对投机者来讲，一夜暴富并不是天方夜谭里的故事，而是生活中的现实经历。

我们知道，在人的一生中要进行许多交易，其中有些交易非常重要，特别是对机会的把握。我们常常说某人的运气好，遇到了好的机会，从而改变了一生的命运。发现并抓住这种能够改变一个人一生命运的机会的行为本质也是一种投机，人的一生往往只要抓住一两次这样的机会，命运就将得以彻底改变。比如20世纪70年代末国家恢复高考，有人抓住了这个机会，拼命用功考上了大学，走出了插队落户的农村和顶替父母的工厂车间。如今这些“文革”后的首批大学生，其中的许多人都成为了国内各个领域中的栋梁，而那些没有去考，或者没有考上大学的同龄人后来却成了“4050”失业安抚的对象（4050人员是指在21世纪初，大约2002年左右，女性达到40岁，男性超过50岁，从国营、集体企业中集体失业的那批人员）。可见适当的投机对于人生是多么的重要(有人避讳投机这个词，说那是抓住了机遇，其实是一回事)。

投机有两大要素组成：时间和机会。投机就是在恰当的时间抓住了合适的机会。在人的一生中，机会总是在不断地产生，但是能够抓住的机会却不多。我们不妨自己回顾一下：我的一生中遇到过哪些机会？我抓住了这些机会吗？我为什么没能抓住这些机会？

对财富的追求也是如此。在我们的一生中，有许多财富机会从我们的身边溜走了，就因为我们缺乏投机的意识。也许你曾经无意中获得过一些意外之财，比如那一年你正巧头脑发热，跟着别人买了100张股票认购证，转眼变成了“×百万”。但是这并不能说明你真正具有投机意识和投机的眼光，除非你从“×百万”起步，利用天上掉下的第一桶金，不断投资或投机增值，到如今你已经成为“×亿”。

据说大部分购买认购证发财的人后来又在股市中将到手的钱还了进去。

如果过去你没有抓住财富机遇，不要后悔，机会是永远存在的。只要你从现在开始明白这样一个道理：如果投机是获取财富最有效的方法，为什么我们还要去做其他交易呢？

什么人应该投资

通常情况下，政府是最大的投资者，其次是银行和一些金融机构，最后才是那些企业集团和中小工商业者，而所谓的个人投资者往往是一些带有投机性质的交易者。

政府主要投资公共设施建设，这种投资周期长，利润低，甚至可能没有利润。但是如果有利润的话，一般来说投资收益相对稳定。在市场经济的环境下，许多银行、机构以及企业都会参与到政府牵头的投资项目中来，共同完成一个大项目，并一起分享经济建设带来的好处。比如北京 2008 奥运会工程，上海的 2010 世博会项目，都是由政府组织，社会参与，建设周期长，工程项目庞大，在有效拉动国家经济增长、社会发展的同时也造就了无数百万富翁。

一般来说，除非你拥有一些完全多余的资金，就是说至少 20 年之内你不会用到这笔资金，甚至即使这笔资金自己全部亏掉了也不会影响到你的生活质量，同时你恰好看准了一个投资项目，并且这个项目不需要你亲自去经营，否则我不认为你应该去投资。

我做职业经理人和投资者十几年了，也可以算是一名企业家。我经营过国有集体企业、个体企业、私营企业，以及合资、外资企业。我在管理国营集体企业时并不存在所谓的资金问题，银行主动上门贷款都不要，因为企业本身在银行里就存了几千万，正愁无处投资。我在管理自己的私营企业时，资金始终是最大的问题，无论你有多少钱，自己办企业永远都感到钱不够，而银行这时对你却是爱莫能助。相信许多私营企业的老板会有同样的感觉。一旦资金不足，你的企业就相当危险，经营风险陡增。尽管可以想办法筹资和融资，但是这样一来，你就不是在为自己打工，而是替别人赚钱了。

投资的收益往往被夸大，投资的风险却往往被忽视。事实上投资的风险相当大，甚至要远远大于投机。这一点许多人看不到，他们以为投资保险，投机要冒风险。后半句话没有错，投机确实要冒风险，但是可以控制的风险对投机者来说是预料之中并且可以接受的，因此也就不能算是真正的风险。而投资非但不保险，而且风险远远大于投机，投资的风险在于时间周期太长，期间不可预测的事件太多，一项投资真正能善始善终的非常难得。

你只要去了解一下那些大型建设项目的投资回报周期就会惊讶地发现，其收回投资周期之长，投资回报率之低绝对超出你的想象。

人们一般都注重眼前利益和风险，所以投资的风险容易被人们所忽视。

如果有一天我决定去投资，那一定是一个公益项目，我的投资将会无偿地贡献给社会，不会索要任何回报。

投资，投资，投出去的资金我是从不奢望它会再回来的。

什么人应该去投机

大投机家安德列•科斯托拉尼说过：有很多钱的人，能够投机；有很少钱的人，不可以投机；根本没有钱的人，必须投机。

专业的投机行为是最有主动权的快速致富的途径，有可能使你从一个穷光蛋快速变成百万富翁，也能使你从百万富翁一跃而成为亿万富豪。

当然你也可以想出其他快速致富的方法：比如找一个有钱人结婚，就像世界传媒大王默多克的中国太太邓文迪女士，在不经意间就成为了两个拥有亿万财富的继承人的母亲；或者拥有一项了不起的知识产权，就像比尔•盖茨，轻松成为世界首富；要么学习姚明到NBA淘金，做个身价上亿的体育明星……这些想法都不错，可实施起来却多少受到一些客观条件的限制，不是每个人都能做到的。

唯独投机是每一个希望拥有财富的人，特别是那些一无所有，没有任何经济基础和生活负担的年轻人可以立刻尝试的方法。

如果说投资是政府和那些超级富豪们的游戏，那么投机就是适合那些本身还没有积累起财富，却拥有激情，具有悟性的年轻人参与的财富游戏。

在全国各地，我们看到福利彩票和体育彩票的投注站一直非常火红，其主要投注者是普通百姓。人们都希望好运降临，能够中一个大奖，从而改变自己的生活。尽管买彩票中大奖的概率相当于从飞机上向上海地区扔一个硬币，这个硬币正巧砸在你的头上。

从本质上讲，福利彩票和体育彩票属于博彩性质，是一种赌博，只不过这种赌博是经过政府许可的，所得盈利主要用于社会福利事业和发展体育。彩票之所以能够盛行，就是利用了人们的投机和赌博心理。

中国的股市也有着相似的情景，中国1亿多的证券账户主人中真正的投资者有多少我没有统计过，但是我看到身边绝大多数的股民从心态上讲都是一些投机者，他们希望靠投机股市来赚得一些意外之财。可惜的是他们并不具备一个真正的投机者所必须具备的专业知识和基本素质，他们只是一群盲目的投机者，或者说他们是一群带有赌性的交易者。

其实不用讲大家也已经知道，正是广大的普通百姓最需要去投机，他们迫切需要通过投机来改变自己的命运。人们几乎是本能地知道这一点，或许人类的本性中天生就有投机的本能。但是由于他们缺少对投机的理性思考和认识，因此，绝大部分人都成了投机行为的牺牲品，成为市场中的羔羊，养肥了别人，牺牲了自己。

我赞成安德列•科斯托拉尼的话：根本没有钱的人，必须投机。但是我还要补充一句：投机不是赌博。

投机是一种高级的交易行为。投机者利用时机牟取利益，以最小的成本和风险换回最大的收益。投机者需要有丰富的知识和超人的智慧，这种知识和智慧不是哪个人天生就有的，需要通过不断的学习和实践，总结和感悟来获得。一旦达到专业投机交易者的水平，那么财富之门就会向他敞开，从而进入一个可以持续盈利的交易境界。

既然那么多的人都希望通过投机改变自己的人生，为什么不努力去做一个优秀的专业投机者呢？

投机：精英们的财富游戏

投资人人都会做，只要去买一些看上去可能会升值的东西放在那里，然后耐心地等待它们升值后再卖掉，这就是投资。不过请注意，并不是所有的投资都是赚钱的，也有亏钱的和血本无归的投资。

投机并非人人都可以去做，投机是一门高级的学问，需要有智慧、胆略以及专业的知识和交易技能。

我发现社会精英们通常都是一些喜爱投机，并精通投机之道的人，投机往往是他们事业成功的主要原因。研究那些成功人士发迹史可以发现，一个很重要的原因就是他们遇到并把握住了好的机遇。善于发现和把握机会就是投机的一种表现。

投机的前提是发现机会，精英们能在别人还没有感觉到之前首先看到这个机会，并且果断交易，付诸于实施。当别人随后纷纷进入的时候，精英们早已功成名就，坐享其利。

可以投机的对象并不局限于金融、证券及股票、期货，也包括房地产、物业、古董、字画、文物，以及一切存在高额盈利机会的商品。

如果从更广泛的意义上讲，生活中许多事物都存在被投机的可能。比如官场中的升迁机会，社会中的人脉关系，可以带来生意机会的重要信息来源等等。许多人们习以为常的事物，在有心人的眼里就会成为一个绝妙的机会。

对于机会，往往只要把握住一次就能彻底改变人生的命运。

对财富的投机永远是人类社会的重要内容。无论古今中外，对财富的投机交易一刻都没有停止过，可以说，只要有经济活动的地方，就必然有投机行为存在。

富人的财富从何而来？当今中国绝大多数富人们所拥有的财富并不是靠

继承遗产，或长期投资得来。他们靠的是机遇，各种各样的机遇。他们发现并抓住了改革开放30年中不断涌现的各种财富机遇，冒着坐牢和失去生命的风险，成就了自己的财富梦想。当然，真正获得成功的只是一小部分，更多的人沦为失败者和贪婪欲望的牺牲品。

无论何时何地，投机永远是社会精英们所热衷的财富游戏。换句话说，如果你想迅速成为社会精英中的一分子，投机是你必不可少的手段。当然，你也可以通过慢慢积累来掌握财富和经验，在你年过花甲的时候成为一名受人尊重的绅士。

第一桶金：必须投机的充分理由

我读高中时的数学老师姓张，张先生给我印象最深的一堂课是讲“充分必要条件”。他当时举了个例子：如果你晚上复习功课到半夜肚子饿了，想去弄堂口的饮食店吃一碗小馄饨当夜宵。小馄饨1角2分钱一碗，如果你只有钱还不行，还必须要有半两粮票才能吃到这碗小馄饨。钱是必要条件，但是不充分，既有钱，又有粮票，这才是吃一碗小馄饨的充分必要条件。

现在，有许多想赚钱的人准备通过做交易来实现他们的财富梦想。但是他们最烦心的问题往往不是交易本身，而是为交易的资金从何而来犯愁。他们将自己赚不到大钱的原因归咎于缺少资金，他们说：如果我能筹到一大笔钱我就可以办一个私募基金，投资赚大钱了。

在我看来资金确实重要，但却不是最重要的必要条件。只要你真的想做交易，初始交易资金的问题总是可以想办法解决的：比如可以先自己打工去挣，可以向亲朋好友借，可以向银行贷款……即使你一分钱没有，我也可以教你一些如何搞到初始交易资金的办法。

做投机交易最重要，也是必备的条件是交易者必须具备专业的投机交易的能力。有了这种能力就不愁赚不到钱，也就不必担心交易资金来源的问题。对任何一名优秀的交易者来说，资金从来不会成为问题，他所遇到的问题倒有可能是如何去婉言拒绝别人送上门来的委托资金。而那些不具备专业投机交易技能的交易者，无论你给他多少钱，最终的结局一定是将所有资金全部亏损掉。

对于缺少资金，又想通过交易致富的人来说，首先要做的事情不是筹集资金，而是拜师学艺，努力学习专业知识，掌握专业交易技术，尽量通过各种途径锻炼自己的实际交易能力。当你具备了一定的交易能力后，特别是当你在一些交易比赛中获奖，或者在一个小账户中持续盈利几个月后，你会发现原来这个世界上有很多钱找不到合适的操盘手，那时，资金会像潮水一样向你涌来……

安德列•科斯托拉尼说：根本没有钱的人，必须投机。

我说：根本没有钱的人，必须首先学会交易。

过度投机与投机倒把

任何过度的行为都是投机者的敌人，包括过度投机本身。

在人类历史上，商人作为社会经济活动中特殊受益的一群人，给人们的印象往往是不择手段和唯利是图。因此屡屡激起社会大众的不满，受到社会舆论的攻击和谴责。在很长时期内，社会大众对商人和交易者，尤其是投机者怀有极大的愤慨，在某些特别的时期，政府甚至不惜采取法律限制和严厉打击的措施。

让我们看看 1987 年商务印书馆出版的《现代汉语词典》对“投机”、“投机倒把”以及“交易所”的解释：

【投机】利用时机谋取私利：投机取巧—投机分子—投机买卖。

【投机倒把】指以买空卖空，囤积居奇，套购转卖等欺诈手段牟取暴利。

【交易所】旧时进行投机交易的市场，所买卖的可以是现货，也可以是期货。通常有证券交易所和商品交易所两种。

就在三四十年以前，中国还有一个可怕的罪名叫做“投机倒把罪”。对“投机倒把”最严厉的处罚是判处死刑。

就在去年——2010 年我应邀去青岛参加一个期货论坛，在接待方安排的四星级酒店的客房服务手册里明确写着：禁止进行投机倒把活动！

这简直令我喷饭！我们来青岛就是开“投机倒把”大会的！都什么年代了，酒店居然还有这样的条款。

所以，交易、投机、交易所这些词汇在很长一段时间里都是作为贬义词存在的，人们对此避之而不及。长期存在的社会意识已经在许多人心中形成了一道难以完全消退的心理阴影。这是一个无法回避的社会现实，在我们的现实社会中，在许多人的思想深处，依然对证券、期货交易和投机行为怀有传统的偏见。比如认为买股票是想不劳而获，做期货是投机取巧，都不如找一份工作谋生来的堂堂正正。民众宁可打工被剥削，也不愿意投身到合法、正当的投机交易中去。正是这种愚昧的偏见导致了他们在如今的社会经济活动中，或者直接地讲就是在个人与社会的交易中自然地处于弱势。如果一个交易者天生底气不足，做交易好像是在做什么见不得人的事情，这样的心态如何能够交易出好成绩？只有抛弃传统的偏见，把做交易看成是人生的必修课，才能在社会实践中取得交易的好成绩，也只有具备了这样思想的人才有可能真正做到以交易为生。

尽管现在投机已经是合法公开的交易行为，但是我们还是经常看到和听到舆论对投机行为的严厉谴责，政府也时常会采取一些措施来打击过度的投机行为。所以作为交易者，尤其是投机交易者要特别注意投机的分寸和尺度，千万不要过了那个度。

凡事一旦过度总是要受到谴责和惩罚，包括投机和投资交易。

做交易一定要懂得适可而止，见好就收。要保护自己，绝不拿生命和血本去赌。要始终牢记自己是投机者，不是赌徒。投机者靠智慧而不是靠运气赚钱。所以，适可而止是每一个投机交易者必须牢记的交易准则。

全球交易者

真正的投机交易者必定是世界公民，在全球经济趋于一体化的今天，投机者的目光注视着整个地球。只要发现有投机的机会，他可以立刻到全世界任何合法的市场去做投机交易。只要是他喜欢，他可以自由选择居住在世界任何一个地方。人类社会互联网时代的到来使得投机交易者在全球任何地方都可以随时关注着全球经济的变化和发展，可以随时随地上网做交易。所以投机交易者通常是全球交易者，他们是这个世界上最自由的人群。

由于受到法律和政策的限制，目前内地投资者能够购买的股票只有沪深两地证券交易所中的A股和B股。内地投资者如果想投资海外市场，只有借助合格境内机构投资者，也就是QDII参与投资。QDII名目繁多，一般人很难搞清楚其中的奥妙。我就始终没有搞清楚这些机构究竟是靠什么方法，通过什么渠道去赚钱？凭什么能赚到钱？我们为什么要把钱交给这样一些完全不了解的人去做所谓的投资？所以我从来不去买QDII产品。

据说内地投资者将有机会投资香港股市，就是媒体所谓的“港股直通车”。作为开始阶段，真正能够参与此项投资的人并不会很多，因为会有各种各样的限制。就在媒体起劲鼓噪、内地投资者激动了一阵之后，忽然风声又变了，“港股直通车”的开通又变成了“势在必行，时间未定”。可是直到现在我们还没有看到“势在必行”的任何迹象。

目前内地的投资者可交易的产品和品种还是非常有限，而且常常带有一些与国际惯例不符合的限制条件。内地投资者目前基本上无法完全自主、合法地参与国际市场的交易，通常需要通过某种中介媒体才能参与境外交易，于是形成一种灰色交易地带，给投资者和交易者带来了很大的资金风险和交易隐患。

所以我们希望政府能够早日开放货币自由兑换，早日实现资本项目的全球开放，让中国公民也能够合法地直接到国际市场上去和全世界的投资者共同竞争。

我们理解政府逐步开放的意图是为了国家的金融安全和保护国内投资者，我们也确实看到了中国的金融证券投资的大门正越开越大。就在2007年8月底，证监会宣布内地的投资者即将可以通过“港股直通车”购买香港交易市场的股票；而几乎同一时期，央行行长周小川表示将取消不必要的货币兑换限制。所有这些举措使我们相信中国的金融和经济会越来越开放，中国的投资者一定会从一个“内地投资者”转变成一个真正的全球交易者。

第三节　投机是一门艺术

投机不是科学，而是一门艺术。

投机交易是一种行走在连接理性和悟性的绳索之上的舞蹈，既需要掌握科学理性的交易方法和交易工具，更需要具有玄妙的悟性去体会市场行情微妙的变化。有人说，市场就像是一位情绪反复无常的情人，需要耐性侍候。如果请一位科学理性的医生去分析，这位情人无疑就是一个精神病人。

现代人通常接受的都是理性的科学文化知识，对悟性的玄学思维知之甚少，缺少必要的认识。资本交易市场虽然是资本主义科学思想的产物，但是市场交易从根本上讲却是一个非理性的事物。市场行情的本质是由人们的情绪和期望所构成的，任何想用理性、科学的方法去预测市场注定是要失败的。

一个成功的投机交易者从来不去预测市场未来长期的发展，他关注的只是眼前的机会。借用一句佛教禅宗的话，叫做“活在当下”。只有活在当下才是最有意义的，只有眼下展现出来的交易机会才是最现实的，也是最美好的。所以一个真正的投机者不会用任何所谓的科学方法去预测市场，更不会去和市场赌一把，不会像一首流行歌曲中所唱的那样“我用青春赌明天”。一个用青春去赌明天的人是没有明天的。

任何企图预测市场变化，或者把市场当成赌场，想和市场赌一把的人注定是要失败的。只有那些对市场抱有敬畏之情，细心感受市场跳动的脉搏，把自己和市场的情绪融为一体的人才能从市场中赚取属于他自己的那一份财富。

如果你真爱一个女人，尽管她情绪反复无常，但是她能给你带来你最想要的快乐，你就忍着点、顺者点又有什么关系呢？投机交易者和市场的关系似乎也是如此，投机交易者应该把市场当成朋友和情人，真诚相待，认真倾听，悉心呵护。

而那些既缺乏爱心又缺乏耐性，脑子里充满了发财的幻想，内心躲藏着贪婪和恐惧的交易者，都将成为市场交易的牺牲者。

1加1等于什么

我经常问那些前来讨教如何做交易的人这样一个问题：1加1等于什么？

凡是回答：1+1=2的人我只好请他们另请高明了。

正确的答案只有三个字：不知道。

如果回答：1加1等于什么要看具体情况而定。

马马虎虎也能算及格。

唯独1+1=2完全不能接受！因为我不是幼儿园的老师，我也不是在问幼儿园的小朋友，1+1等于几？如果你只有幼儿园小朋友的智力，那还是趁早离开这个世界上顶尖脑袋聚集的地方，你的存在只是给高手们又多准备了一道点心。

1个资本市场加1位投机交易者等于什么？

1个贪婪的脑袋加1颗恐惧的心等于什么？

1欧元加1元人民币等于什么？

……

说实话，我自己都感到很难回答这些混乱的问题，所以我只能回答：不知道。

“不知道”也许就是这些问题唯一正确的答案。

所以当有人问我：“市场是什么？”这类问题的时候，我的回答也只能是：“不知道。”

虽然我知道我可以去简单描述一番市场，比如说：市场是由一些绝顶聪明和别有用心的家伙设计出来，用来让大家“公平”交易某种经过特殊设计的商品，比如次级债债券，而他们自己稳赚不亏的场所。

我也可以这样描述：资本市场是一个完全信息化的资本买卖场所，无数个灵魂在这里交易，他们的意念通过电子的形式在网络上传播和交流，亿万资本以光的速度在世界各地流动。

……

这样的回答都不错，可是这样的回答又都没有涉及到问题的关键所在。我怎么能确定像资本市场这样一个无边无际，时刻变幻莫测的事物呢？我既无法全部了解市场的过去，也无办法确定市场的未来，我最多只能感受到市场当下所表现出来的某种情绪，除此以外，我的确一无所知。

假如1个玻璃杯在欧洲卖1欧元，相同的玻璃杯在中国卖1元人民币，请问你会用1欧元去换1元人民币吗？

我想大多数人都不会这么做。但是我看到市场中那些相信平价理论的人也许会得出1欧元等于1元人民币的结论，然后他们计算出1欧元加1元人民币等于两个玻璃杯这样的科学答案。

1＋1＝2这个算术等式只有在纯数学的范围内才有效，在其他领域未必就能成立。

科学文化知识是一种理性化的思维体系，具有一定的前提和自身的逻辑。所以科学思想可以作为一种工具来使用，但是科学思想也有其局限性，一旦超出了科学认识的范围，1加1就不等于2了，等于什么呢？等于科学逻辑无法推断出的事物。

资本交易市场就是这样一种超出了科学理性思维范畴，具有感性思维特征的事物。仅仅依靠理性的思维根本无法理解这个事物，也无法解决市场带给我们的所有难题。

投机是一门艺术

如果有人把做交易当成一项科学课题来研究，那他注定要误入歧途。

据我观察，在投机交易这个行业中有一个特殊现象，那就是成功的投机交易操盘手大多数人的学历并不高，很多人只是中专或大专毕业，最多是本科生，研究生和博士生非常少。究其原因，我发现凡是对理性的科学专业知识接受的程度越高，做投机交易失败的可能性也就越大。高学历的人不适合做投机交易者，只适合做市场研究者或评论家，因而我们看到那些所谓的市场评论员从来就没有准确地预测过市场行情变化的趋势，甚至连50%的准确率都达不到。

一个人很难自己改变自己固有的思维模式和思维习惯，尤其是那些从小接受西方科学文化知识教育的大学生们。

为什么在资本交易市场有那么多的输家？

我以为和交易者普遍所接受的这种科学思维的教育有密切的关系。做投机交易虽然不能完全脱离理性的科学思维，但从交易的本质上讲，投机更像是一种艺术行为。我已经不止一次在一些世界著名的交易大师的书中读到这样的观点。如果你去问沃伦•巴菲特，问乔治•索罗斯，或者问安德列•科斯托尼拉，他们一定会肯定地告诉你：投机是一门艺术！

投机既然是一门艺术，也就是说投机行为不能简单重复，不能批量复制，不能千篇一律……投机是一件充满个性的事情，需要灵感、悟性和激情。

所以投机交易不能用机械和逻辑的方法来完成，虽然专业的交易者都使用交易系统进行系统化交易，但是在实战中，还是需要交易者凭着自己对市场的感悟和经验在交易中即时发挥。我听说西方金融界有从体育运动员中招操盘手的传统，我想他们所看中的绝对不会是运动员的逻辑思维能力。

交易者可以做一个理性的计划，使用一些科学的方法，比如风险控制，资金管理，以及制定操盘纪律等等。但是一旦进入到交易状态，起决定作用的却还是交易者对市场的感性认识。

市场就像是一本乐谱，理性思维和科学工具就好比是乐器，而决定音乐会成败的不是乐谱，也不是乐器，而是演奏乐器的人。是音乐大师成就了优秀的音乐作品，而不是乐器。当然，大师离不开一把好乐器。

其实在资本交易市场，关于交易的知识已经非常普及，几乎不存在什么秘诀，交易工具也已经非常容易获得，几乎没有什么独门兵器；交易系统也大同小异，几乎没有什么秘密。大家都在使用相同的交易平台，使用相似的交易系统，使用一样的交易工具，为什么有人赚钱，有人亏钱呢？主要原因当然不在市场，也不在交易系统，而在于交易者本身。

如果你没有艺术天赋，尽管你也可以在地铁、酒吧或舞厅里熟练地演奏乐曲，但是你永远不会成为一名艺术家；如果你有艺术天赋，但是你没有遇上大师的指点，恐怕你也不会成为一名青出于蓝而胜于蓝的艺术大师。

如果从一开始就注定成不了大师，那又何必要用毕生的精力去修炼一个不成正果的东西呢？

这当然只是我个人的观点，并不一定正确，否则庙里的和尚早跑光了。有人说，我不需要成为大师，我只要能够以交易为生，过上舒服的好日子就可以了，所谓做一天和尚撞一天钟罢了。不过，和尚有人供养，交易者可是要靠自己去拼命才能生存下来的。

我以为做投机交易，你必须是一个天才，仅仅聪明是不够的，还要有悟性，有智慧。交易的知识是必须具备的，但绝不是主要的。重要的是要有交易的激情，有赚钱的强烈欲望，有追求完美交易的艺术家气质。没有激情和欲望就没有一切，我难以想象一个死气沉沉的人会不断从市场中赚钱。

据说艺术大师丰子恺在谈到绘画艺术的时候说过：艺术不是技巧的事业，而是心灵的事业。

我想：做交易同样不是技巧的事业，也是心灵的事业，投机是一门艺术。

第四节　投机者心理与心态

人类有一个共同的弱点，就是难以战胜自己。

心理是人的头脑反映客观现实的过程，心理也泛指人的内心思想活动。

在我读过的许多关于投机交易的书中，交易者的心理因素永远被当成是一个最重要的问题加以剖析。交易大师们也普遍认为心理问题是影响交易成绩的最重要的因素之一，另外两个同样重要的因素分别是风险管理和交易系统。

如果把投机交易者比作是古代战场上的将军，风险管理和交易系统是将军战车上的两个轮子，那么心理因素就是那匹拉车的战马。

投机交易者的心理因素在交易过程中起着绝对的主导作用，交易者心理状态的稳定和正常发挥是一切交易最重要的保证。

心理是人的头脑反映客观现实的过程，心理也泛指人的内心思想活动。

投机交易是一种极其复杂、刺激和强烈的客观现实活动，面对这样的客观现实活动，交易者要承受巨大的心理压力。如何在强大的心理压力下保持冷静、客观、理智、果断的交易心态是每一个投机交易者都必须要解决的现实问题。可以说，一旦交易者克服了心理压力，具备了优良的投机交易的心理素质，他也就成为了一名真正意义上的专业投机交易者。

影响投机交易者交易成绩的心理因素很多，其中最普遍、最主要的只两种：恐惧和贪婪。

想成为一名专业的投机交易者，首先要战胜的就是隐藏在自己内心深处的这两个时隐时现的死敌。

人类有一个共同的弱点，就是难以战胜自己。

中国有句俗话：江山易改，本性难移。足见人的本性是如何的顽固。

但是，作为一名专业投机交易者必须要战胜自己，要能够控制自己的情绪，防止一切情况下的冲动和盲目行为，既不要被贪婪引诱，也不要被恐惧吓倒。

我知道这说起来简单，做起来很难。但是我相信只要具有宗教般的虔诚，修道者的勇气，追求成功的决心，在正确的思想指引下，成为一名成功的投机交易者也并不是遥远而不可及的事情。

交易者的内心结构

人们通常认为决定交易成败的关键因素是交易者的技术水平和运气，这种说法没有错，但是并不完全如此。据我看来，决定交易成败的根本原因还在于交易者的内心结构。.

一个人的内心结构决定了他的思维方式和行为个性。对于市场交易，正是人的思维方式决定了其投资理念和分析模式，正是人的行为个性决定了其交易方法和操作特点。而投资理念、分析模式、交易方法和操作特点等诸多因素综合在一起共同决定了其交易结果的好坏。

所以我以为做交易如同修道，在学习专业知识，提高交易技能的同时，必须重视自我身心的修炼。

但凡优秀的投机交易者必定明白这样一些道理：交易只是生活中的一部分，而不是全部；人生的意义在于生活本身，而不在交易成绩的好坏；生活中有顺境也有逆境，做交易同样会有亏损的时候；虽然生活中永远存在新的机会，但是交易中不会时刻有机会出现；生命需要激情也需要平静，做交易也需要有等待机会的耐心；生活中，宽容常能缓解仇恨，交易中，知足可以化解贪婪和恐惧；交易的境界其实就是我们心灵的境界，故而平和、乐观的心态会带来稳定的回报……

摆脱一切心灵的枷锁

在我的人生越过 36 岁本命年，快进入到不惑之年的时候，我发现生命发生了本质的变化。彷佛在忽然之间，我感到一种前所未有的觉悟。比如在那段时间的某一天我拿起已经读了十几年的《金刚经》随便翻阅，忽然觉得《金刚经》其实一点也不难懂，我完全能够理解这部佛经中佛祖所想表达的思想。而在这之前，尽管已经翻阅了十几年，我从来就没有真正读懂过这部佛教中最重要的经典著作。随后我又发现自己已经完全领悟了《般若波罗蜜多心经》的全部奥义，并且还能自然地背诵出来，在此之前，我从来没有刻意地背诵过《心经》。至此，经过了十几年的学习和修行，我对佛的精神领悟豁然开窍，我终于看破了佛学和佛教的本质与真相。在其他领域，我对《周易》的研究也进入到一个新的层次，那些神秘的卦爻符号，奥妙无穷的卦象，古老神秘的卦辞，以及阴阳五行的深刻寓意在我眼中开始具有明确的意义，并且越来越变得清晰有序起来。与此同时，我对《老子》思想的感悟也已经进入到一个新的阶段，我觉得自己正在和老子的思想融为一体，老子的精神正在成为我生命的一部分……以前我从来不能盘腿而坐，打坐对我来说那是很别扭、很费劲的姿势。而现在我已经习惯于盘腿而坐，可以长时间地打坐并且入定，享受诸法空相的奇妙境界……

以上是我个人的体验，我之所以写出来并非是在故弄玄虚，而是想给读者做一个参考。有朋友问我：为什么在交易过程中我总是不能拒绝贪婪和远离恐惧？有什么好的办法和窍门来克服这种缺点吗？

说实话，我也不知道有什么更好的办法可以远离贪婪和恐惧。我本人之所以能够做到《般若波罗蜜多心经》中所说的“心无挂碍”和“无有恐怖，远离颠倒梦想”，最主要的原因就是上面所介绍的我有 20 多年的学习和研究中国传统儒释道思想文化的经历，从某种意义上说，我一直在修行。这是我独有的经历，任何人都无法复制。也就是说，我能够摆脱一切心灵上的枷锁，这全归功于我的悟道修行和哲学素养。如果你没有这样的经历和素养，我也就不能保证你能像我一样在交易中远离贪婪和恐惧。或许你可以通过其他的途径同样做到这一点。

我是在无意之中进入到投机交易这个对我来说曾经是完全陌生的领域。也许这是命运的安排，在我需要转换一种新的生活状态的时候，虚拟经济和信息化财富进入了我的视线范围。通过对虚拟经济和信息化财富的研究，我了解了股指期货和外汇交易这两个最重要的投机交易产品，从而很自然地就进入到了全球投机交易的核心领域之中。

所以说，我既是一个股指期货和外汇交易的研究者，也是一个投机交易的实践者。两者的结合使我很快地就领悟到股指期货和外汇交易所隐含的种种玄机，使得我作为一个投机交易者能够以很小的代价就获得了宝贵实战经验和交易技能。我几乎是直接跳过了投机交易心理这道难关，直接进入到稳定的交易状态，因为在我内心早就不存在任何贪婪和恐惧，我可以以一种平常的心态进行任何交易活动，哪怕涉及到上千万的资金。同时，我几乎立刻就建立起了自己独特的时空交易系统，并对自己的这套交易系统充满信心。事实证明我的信心是有道理的，这套时空交易系统是我所知的最好的交易系统，具有原理简单、兼容有效和操作方便的优点。

就我目前走过的人生道路，我自己觉得我已经是一个非常幸运的人了。因为我一直在做自己喜欢的事情，并且在无意中走上了一条从明道到优术的人生道路。但是我也看到并不是所有的人都像我这样幸运，绝大多数的人还拼命挣扎在优术的独木桥上，被内心的贪婪和恐惧所折磨。人们在交易中(或事业中)遇到的第一个问题其实就是无法彻底摆脱贪婪和恐惧这副心灵上的枷锁。

我看到许多人其实是背负着巨大的压力，带着沉重的思想负担进入到交易市场，他们非常想赢，抱着一夜暴富，大发横财的梦想参加到投机交易中。我看到他们的眼神里流露出贪婪和恐惧目光，他们不断用自己的血汗本钱向市场付学费，直到他们被市场榨干最后一滴血，然后被一脚踢出门外。

还有一些投机者由于种种原因急需用钱，他们拿全部家当，甚至借下高利贷到市场中赌一把，这种刀口舔血的赌徒在期货和外汇市场中并不少见，其结果往往很惨。

我现在一眼就能看出哪些人不可能成为投机交易的胜利者，他们命中注定只是一些可怜无知的牺牲品。我肯定他们会死在自己的贪婪和恐惧之中，临死都不知道自己是怎么死的。

在为这些人感到惋惜的同时，我郑重劝告那些已经被我的文章所诱惑，正准备开户去做投机交易的人们：当贪婪和恐怖这两个魔头还在你的内心游荡的时候，你绝对不可以去做任何交易！远离市场！

只有当你彻底摆脱了心灵上的枷锁，能够以平常心入市交易的时候，你才能够像交易大师一样从容不迫地下单，享受投机交易带给你的乐趣，轻松地赚取一份属于你的利润。

我能够给你的忠告是：在你准备做投机交易之前，首先要做好心理上的一切准备。你要明白，投机交易只是你人生中的一场财富游戏，就像是去参加一场运动会，或者打一场桥牌比赛，需要充分准备，但不要太看重结果。生活本身并不需要投机，不投机也能生活得很好、很幸福。投机只是一种方法，千万不要因为投机的失败而伤害到自己。因此，绝对不可以用赌徒的心态去赌交易。

当然，说起来很简单，真正做起来就不那么容易了。我已经把该说的说了，至于如何去做应该由每一个交易者自己去决定。

西谚说：条条大道通罗马。心灵的枷锁则是通向交易王国大道上横在交易者面前必须去跨越的一道堑壕。

投机者：在贪婪与恐惧之间徘徊的灵魂

人们之所以会迷失正确的方向，在关键的时刻做出错误的决定和行动，很重要的原因之一就是因为人们屈从于内心的贪婪和恐惧。

贪婪和恐惧就像是一副架在人们脖子上的枷锁，牢牢地把人的思想和行为控制起来。

在投机交易中，投机者往往会因为贪婪而看不见风险，盲目地追求利润，结果落入万劫不复的深渊，永远失去了赢回胜利的机会。投机者还会因为恐惧而失去盈利的机会，不断地亏掉本该盈利的头寸。

我就听到和看到过许多这样的故事。就在两年前的某一周，一位我认识的贪婪的期货交易者，在一周之内不仅输掉了在几个月内累计赢下来的上亿元的资金，而且把原先发家的工厂企业也一并搭了进去。仅仅一周之内，这个曾经有着亿万身价，满身名牌，开着“大奔”的农民企业家，就被打回到20年前的原形。这就是典型的贪婪的结果，有着类似下场的大大小小的贪婪的交易者数不胜数。

这样的故事有很多，既给人们以警示，又无意中将投机交易的风险夸大，并传播到社会上，使人们误以为是投机交易害了这些贪婪者，岂不知道真正的罪魁祸首其实是躲藏在这些人内心深处的超乎寻常的贪婪的欲望。

除了贪婪，恐惧是影响人们正确思维和行动的大敌。大部分人在正常的情况下往往可以做出正确的决定，可是一旦处在压力之下，特别是处在恐惧之中，要他理智地处理问题就勉为其难了。这样的人在变化无常的复杂交易中往往会惊惶失措，一个错误的决定接着一个错误决定，等到交易结束，回过头来看，连他们自己都说不清楚为什么要这样下单和了结手里的头寸。其实，他们是受到了内心恐惧情绪的影响。

在投机交易市场中经常会有一些这样的交易者，他们怀着一颗贪婪的心前来投机，他们以为投机可以使他们一夜暴富，可以不劳而获地发大财。虽然他们对投机交易的理念和知识知之甚少，但是他们拥有贪婪支撑的无所畏惧的大胆。

他们一开始也小心翼翼，在撞上几次大运之后，于是变得忘乎所以起来，头寸越建越大，最后，市场只用了一次反击，就给予这些贪婪的投机者以重创。看着巨额的资金一瞬间就化为乌有，这些贪婪的投机者彷佛一下子被打懵了，他们的内心充满了恐惧，于是下单变得犹犹豫豫，结果是输多赢少，资金像流沙一样从指缝里滑走。

我可以断言，市场中大部分的投机者都是那些游走在贪婪和恐惧之间的业余交易者，正是因为他们的存在，市场中才有赚钱的机会，专业的投机交易者才有可能不断地赚到利润。我这样说并不是要你轻视你的交易对手，只有当你具备专业投机交易者的素质，完全脱离了贪婪和恐惧，你才有可能成为市场交易中的胜者。

个性与心理素质

个性决定心理，心理决定命运。

任何人都有个性，个性是一个人比较固定的特性。个性可能和遗传有关，比如相同血型的人通常有比较相似的个性。个性还和一个人的生活环境和经历有关，生活环境和人生经历会影响一个人的个性发展，比如一个活泼开朗的人在突然遭遇了一场重大的生活变故后，会变得少言寡语，好像完全变了一个人。除此以外，我认为知识和修养也能改变一个人的个性，特别是当一个人的知识和修养达到一定的层次时，他的个性会变得温和、慈悲、豁达和宽容。

一个人的心理素质和他的个性密切相关，在某种程度上可以说是个性决定了心理素质。有什么样的个性就会有什么样的心理素质，而心理素质有可能会决定一个人一生的命运。

我从小学开始，一直到大学毕业，甚至在工作后的两三年中，一直是一名业余航海模型运动员，我参加的竞赛项目是F-10型帆船模型比赛。这是一项需要耐心、技术、动手能力以及具有竞争能力的综合性军事体育项目。我每年都要自己设计、并亲手制造出一艘长约1.2米，从船底平衡板到桅杆顶部高度大约3米，使用四通道无线电比例遥控操作的全新帆船。通常是半年在军事体育学校的车间里造船，半年在公园的湖面上训练，然后参加一年一度的比赛。我设计的帆船每年都参考了国际比赛中最新、最先进的船型，并且制造得相当有水准，船的性能不输给任何对手。和制作船模相比，操帆使舵的水上训练更让我感到愉悦和快乐，我喜欢这种亲近大自然的游戏，但是我却始终没有一种竞赛的紧张感，这大概和人的个性有关。虽然教练从来没有当面对我评价过什么，但是我知道教练始终认为我只是一个稳定性有余，竞争性不足的选手。我每次参加锦标赛成绩都是第四名，所有的奖牌都是那种颜色很难看的紫色牌子。我心里清楚地知道，之所以一直有机会代表区里参加上海市锦标赛和上海市运动会，并不是因为自己特别出色，而只是由于每年都能拿到一块奖牌，可以为区里争取到一大笔由政府提供的运动项目经费。也正是因为我的这种个性，大学毕业后我成为了一名合格的工程师，而没有成为一名运动健将。而运动队里我最要好的伙伴，被教练称作是兴奋性选手的两位队员虽然当时都没有考上大学，但后来都成为了世界冠军，最后在上海交通大学冠军班里完成了他们的高等教育。

对体育运动员来讲，心理素质是非常重要的竞技因素，会直接影响到比赛的成绩，所以在选拔运动员时教练会充分考虑到这一因素。不同的运动对心理素质有不同的要求，有的要求兴奋，有的要求稳定，所以参加何种竞赛项目要因人而异，有合适与不合适之分。

做投机交易和参加体育竞赛非常相似，交易者就是交易市场中的运动员，许多交易者聚在一起，目的都是希望获得交易比赛的胜利。

交易者的个性对交易的结果起着决定性的作用。所以在开始交易之前，交易者就应该弄明白自己是属于哪一种类型的选手。

交易者与心理医生

如果你决定去看心理医生，那就已经证明你不具备做一个交易者的条件。

交易有投资和投机之分；投机有中线和短线之区别。你的个性究竟适合其中的哪一类交易？

我个人认为：人的个性并没有好坏之分，心理素质同样也没有优劣的区别，只有合适与不合适的问题。人的个性和心理素质通过训练可以改变，或者得到强化，但是人的本性是无法改变的。所以交易者应该根据自己的基本个性去选择交易方法，而不是强迫自己去适应任何交易。

我读过的许多关于交易的书在谈到交易者心理时都企图指出所谓的交易者心理问题。我个人认为所谓的交易者心理问题只是一个伪问题，交易者在面临交易压力的情况下做出各种各样的反应是很正常的现象，如果大家反应完全一致到有可能是出问题了。

只有那些思想古怪的心理医生，才会看任何人都有心理问题。我读过一篇由所谓的权威心理医生撰写的文章，文章中说中国有一亿人患心理疾病。依我看，有心理疾病的肯定首先是这位心理医生。

交易者在交易过程中的一切反应都是正常的心理反应，虽然每个人的反应不一定相同，但是交易者心理本身绝对没有什么问题，交易者没有必要就交易中遇到的问题去请教任何心理医生。如果你决定去看心理医生，那就已经证明你不具备做一个交易者的条件。

交易者的生活方式

作为一名专业交易者，拥有健康的生活方式非常重要。

投机交易是一项需要长时间保持头脑清醒、思维敏捷、精神集中的工作，对一个人的体力和脑力有着超乎寻常的要求。投机交易者除了做交易时必须排除一切杂念全力以赴外，在交易之前还必须做好充分的交易准备工作，做好交易计划，了解行情变化以及一切和交易环境有关的信息；交易结束后还必须及时总结，写交易日记。

虽然投机交易者一般不需要到公司上班，他们在自己的家里设有工作室。但是一天交易下来，交易者付出的体力和脑力还是非常惊人，其劳累程度远远超出一般人的想象。尤其是那些做全球外汇交易的投机者，需要和欧美市场同步，他们往往整夜不能睡觉，几乎成为晚上工作，白天休息的长夜班一族。

为了保持充沛的体力和清醒的头脑，投机交易者一般都非常重视自己的生活方式和生活质量。

首先，尽量拥有一个舒适的生活环境。许多交易者在经济条件一旦许可的情况下会立刻购买别墅，他们购买别墅的目的除了居住舒适外，主要是想拥有一个安静、优美的工作和生活环境。我所认识的那些做投机交易的朋友几乎每人都拥有自己的别墅，他们不是将别墅的顶层当作工作室，就是将大型的地下车库改造成相对独立的工作空间。对于那些投机交易的新手，尽管没有条件买别墅，至少也应该选择一处环境比较好的住所。其实，投机交易者只要上手做起来，如果顺利的话，几千元的房屋租金应该不会成为太大的负担。

其次，专业投机交易者一般经常参加体育运动，主动积极地锻炼身体。通常比较适合交易者的项目有网球、羽毛球、乒乓球、保龄球等球类运动，既可以完全放松大脑，又有足够的运动量。我经常参加的是羽毛球和壁球运动，通常每周 1～2 次，就在离家很近的会所里。除了这些球类运动，我特别推荐投机交易者学习太极拳和中国的传统气功《六字诀》和《八段锦》我个人认为《六字诀》和《八段锦》是投机交易者最佳的锻炼方法，其中的奥妙只有在你亲身体验以后才会领悟。这两种气功简单易学，一旦学会，受益终生。如果你有兴趣，可以和我联系，我非常愿意为推广《六字诀》和《八段锦》这两种优秀的中华民族传统健身气功尽一点绵薄之力。

第三，投机交易者要始终保持一种淡泊宁静的心态。诸葛亮说过：淡泊明志，宁静致远。优秀的投机交易者明白，做交易不是一朝一夕的事情，而是一项长远的事业。成功交易者所追求的并不是每天赚多少钱，而是每天自己的交易技术都不断在提高，他所关注的是交易本身的正确性和完美程度，他所享受的是完美交易带来的愉悦。一旦交易者达到这样的境界，即使短时间内亏掉一些钱，也会很快赚回来。只要失误越来越少，随着做交易的时间越久，钱自然就会赚得越多。而失败的投机者看不到这一点，他们的脑子里只有钱，他们做交易的唯一动机是尽快地赚钱，赚钱就高兴，亏钱就沮丧。越是这样，就越是赚不到钱。古人云：欲速则不达。这句话用在交易者身上同样很恰当。

第四，把握好工作和生活的节奏。专业的投机交易者一旦感到身心疲惫，或者感觉到自己运气欠佳，投机不顺的时候，往往会立刻停止交易，出去度假或去做其他事情，将投机交易放开一段时间。专业投机者懂得生活比工作重要这样一个简单的道理。全球金融、证券及期货市场一年四季开市营业，国际外汇市场 24 小时连续运行，一个思维正常的人不可能蠢到把自己有限的生命奉献给无限的投机交易事业。优秀的投机交易者都是一些真正懂得生活的人，他们懂得如何处理工作与生活之间的关系，他们懂得享受生活。投机交易为他们在经济上和时间上都创造了充分的条件。

第五节 首先控制一切风险

控制风险是成功交易的基石。

投机者毫无疑问是世界上最聪明的人。我下此结论是因为我看到无论是投机者的创造性思维，还是投机者的操作策略都是一般人无法想象的。通过做交易和感悟交易，我不得不佩服那些绝顶聪明的投机大师所创造出来的伟大的投机理论，其中最重要的一条就是：首先控制一切风险！

我们知道投机是一项风险很大的事业，通常人们都是这样认为的。可是在投机大师们的眼里，投机的风险是可以被控制的，一旦投机的风险被控制住了，实际上风险也就被消除了。

在我感悟到这一点的时候，我曾经想到过动物园里关着的老虎。老虎是一种大型猫科动物，是一种非常危险会吃人的野兽。可是当老虎被人类关在笼子里成为观赏动物以后，非但没有了危险，反而成了动物园赚钱的工具。

投机的风险或许就像是一只老虎，不受控制的风险也像老虎一样要咬人，而受到控制的风险就好像把老虎关进了铁笼子。

对于交易者来说，控制风险自然就成了交易活动中最重要的一环。

止损：控制一切风险

投机交易与赌博根本的区别在于投机交易是一种以控制风险为核心内容的财富游戏。而赌博的风险是开放的。

投机交易的风险控制通常包括两部分内容：交易风险控制和资金管理。

投机交易通常是基于这样一种理念：发现了一个机会，同时也看到了风险。如何冒尽可能小的风险，去获得这个大的机会？

风险控制是一切投机交易的基本前提，只有在风险得到控制的前提下，投机交易才得以成立，否则交易只能取消。

交易风险是投机交易过程中需要严格控制的主要风险对象，包括交易者自身的交易技能和心理反应带来的交易风险；交易中没有及时止损造成的风险；市场本身存在的系统风险，以及一切不可预测的、可能使交易失控的风险。

在所有控制交易风险的方法中最重要的原则就是止损。

止损就是在交易过程中，交易者只接受预先设定好的，可接受的损失，一旦损失到达预定目标，必须立刻平仓离场。

止损通常有两层含义：一是防止交易失控，使损失扩大；二是防止到手的盈利丢失，保护利润。

我们通过以下两个寓言来说明止损的含义。

鳄鱼原则

这是一个流传很广的关于止损的寓言：

据说当鳄鱼咬住猎物的时候，猎物越是试图挣扎，鳄鱼就会咬得越紧，并且咬得越多。假如一只鳄鱼咬住了一个人的脚，如果这个人试图用手臂帮助脚挣脱，那么鳄鱼的嘴巴就会同时咬住他的脚与手臂。猎物越挣扎，就陷得越深，直至丧命。

所以，万一有人被鳄鱼咬住脚，请务必记住：这时唯一的生存机会便是牺牲一只脚！

用在交易中这项原则就是：当交易者知道自己犯了错误时，应立即了结出场！不可再找任何的借口和理由，或者有所期待而继续留在场内。这时唯一正确的做法就是赶紧平仓离场！

以上这个寓言生动地说明了止损的重要性和必要性。止损是投机交易最最重要的核心概念。

永恒的波动性和不可预测性是金融和证券交易市场最基本的特征，也是投机交易风险产生的根源，这是一个任何人都不可改变的既定事实。正因为如此，在投机交易中永远没有确定性可言，所有的分析和预测得到的仅仅是一种可能性，而根据这种可能性进行的投机交易自然也是不确定的。不确定的行为必然存在风险，因此有必要采取有效的措施来控制风险，以避免风险扩大，从而达到防范风险的作用。止损原则就是最有效的风险控制措施。

在专业投机交易者眼里，止损远比盈利重要，因为任何时候保本都是第一位的，盈利是第二位的。止损的核心思想在于不让亏损持续扩大，以避免资金风险的放大。

然而尽管止损如此重要，在实际交易过程中，还是有许多短线交易者在设置了止损的情况下却不去执行它。在交易市场中，由于交易者没有止损，或者不执行止损而被扫地出门的悲剧几乎每天都在上演。

止损为何如此艰难？究其原因，无非就是由于交易者的贪婪或恐惧。对没有完全摆脱贪婪和恐惧这两个心魔的交易者来说，要他们执行止损是一件非常痛苦的事情，每次止损都是对他们人性弱点的极大挑战和考验。一个人要战胜自己确实太困难了。

为了避免出现这种现象，专业投机交易者一般采用机械交易的方法强制止损，因为大家知道，要克服人性的弱点有时是很困难的，与其自己受煎熬还不如将决定交给机械交易系统去做。

难怪老子说：胜人者有力，自胜者强。战胜别人是因为有力量，而能够克服自己的弱点才是真正的坚强。

捉火鸡的故事

从前有个人布置了一个捉火鸡的陷阱，他在一个大箱子的里面和外面撒了些玉米，大箱子有一道门，门上系了一根绳子，他抓着绳子的另一端躲在远处，只要等到火鸡进入箱子，他就拉扯绳子，把门关上。

一天，有 12 只火鸡进入箱子里，他刚想拉扯绳子，不巧 1 只火鸡溜了出来，他想等箱子里有 12 只火鸡后，就立刻关上门；然而就在他等那只跑出来的火鸡再进去的时候，又有 2 只火鸡跑出来了；于是他想，等箱子里再有 11 只火鸡的时候就拉绳子；可是在他等待的时候，又有 3 只火鸡溜出来了……最后，箱子里 1 只火鸡也没剩下。

每当我把这个寓言讲给朋友们听的时候，大家都“嘿、嘿”地不好意思地傻笑。于是我知道这种情况几乎所有做交易的人都曾经遇到过，包括一些职业操盘手。

这个寓言生动地告诉我们及时止损、保护盈利的重要性。现实中的许多交易者往往既不知道止损，也不懂得止盈。当交易环境已经发生了变化，情况开始恶化的时候，依然紧抱着虚无飘渺的幻想，不做客观的分析和判断，以赌徒的心态，盲目坚守，以至于持续深陷，直到无法挽回的地步。这种情况在股市中非常普遍。记得中石油回归A股，国内无数投资者高位被套，当时网络上流传着一首歌，歌名叫做“死都不卖”。股票被套可能还会有反弹解套的机会，可是在商品期货以及金融、外汇市场，入场后一旦趋势走反，就不是“死都不卖”的问题了，而是“不卖就死”。

除非是做股票的长期投资，投资者可以对市场行情置之不理。如果是做短线交易，交易者必须要有止损的观念和手段，否则必输无疑。是否严格止损，这是职业交易者和业余交易者最大的区别之一。

风险警告

对于有经验和具备一定外汇知识的人而言，交易外汇能带来盈利机会，同时也具备挑战。尽管如此，在决定投资外汇市场之前，您应该谨慎考虑您的投资目标、经验等级及风险承受能力。最重要的是，如无法承担损失，请不要贸然投资。在每笔外汇交易中都存在一定程度的风险。导致风险的因素包括(不限于)各种政治或经济局势的变化，从而可能很大程度影响货币价格的波动或流通。此外，外汇交易的杠杆功能意味着无论市场向哪个方向发展，您的投资资本都将受到相应的同等程度的影响，盈亏均有可能。您有可能损失掉所有的初始投资，必须追加资金才能维持持仓头寸。如果未能及时给账户补款，持仓头寸将被强制平仓。由此产生的损失必须由您自己承担。您可以通过提前设置“止损”、“止盈”定单来降低风险。

——摘自FOREM.COM中文网站

以上是世界著名的外汇交易商美国嘉盛集团FOREM.COM中文网站上显示的《风险警告》。我相信上面所说的每一句话都经过了律师的仔细斟酌和严格审核，既交代了外汇交易的风险，又规避了做市商的责任和风险。仔细阅读这篇《风险警告》，我发现对于普通交易者来说通常很难正确理解这篇《风险警告》所表达的真正涵义，而这篇警告又恰恰是每一个交易者都必须去充分了解和深刻体会，下面我尝试着分析一下这篇充满玄机的《风险警告》。

第一句：对于有经验和具备一定外汇知识的人而言，交易外汇能带来盈利机会，同时也具备挑战。

我请问社会上那些业余外汇交易者：您知道交易外汇需要具备什么样知识？以及具有何种程度的经验？您知道自己面临的挑战是什么吗？

第二句：尽管如此，在决定投资外汇市场之前，您应该谨慎考虑您的投资目标、经验等级及风险承受能力。

我不知道有多少外汇交易者在决定投资外汇市场之前谨慎考虑过自己的投资目标、知道自己经验等级，以及所能承受风险的能力。根据我所了解的实际情况，大部分业余交易者显然忽略了这些问题。

第三句：最重要的是，如无法承担损失，请不要贸然投资。

还没有开始赚钱就要交易者先做好亏钱的心理准备，这对许多渴望在外汇交易市场赚大钱的人来说显然是不能接受的。于是我看到那些盲目自信的交易者对于这条警告嗤之以鼻，不去理睬。

第四句：在每笔外汇交易中都存在一定程度的风险。

对中国的股民、期民及汇民投资者来说这似乎也是一句废话，谁不知道交易有风险？中国的每一个证券、期货交易场所都醒目地挂着“股市（期市）有风险，投资须谨慎。”的大幅标语。然而，中国一亿多个证券账户充分说明中国的投资者是无畏于风险的。

第五句：导致风险的因素包括（不限于）各种政治或经济局势的变化，从而可能很大程度影响货币价格的波动或流通。

影响货币价格波动或流通最大的两类风险因素，一是政治局势，二是经济形势。所以基本面信息对外汇交易者来说至关重要。

第六句：此外，外汇交易的杠杆功能意味着无论市场向哪个方向发展，您的投资资本将受到相应的同等程度的影响，盈亏均有可能。

外汇交易是一种保证金交易，具有较高的财务杠杆功能，在盈利能力扩大的同时，风险也被同等放大。如果不具备专业的风险控制能力，是不可能通过外汇交易赚钱的。

第七句：您有可能损失掉所有的初始投资，必须追加资金才能维持持仓头寸。

即便是专业的外汇交易者也有可能损失掉所有的初始投资，如果发生这样的情况，必须追加资金才能维持持仓头寸(99.99%的业余交易者是肯定会失掉所有的初始资金)。

第八句：如果未能及时给账户补款，持仓头寸将被强制平仓。

如果交易方向做反，出现账面亏损，账户中的保证金已不足以维持头寸，而您又未能及时给账户补款，这时，您的经纪商会毫不犹豫地将您所持有的头寸强制平仓，以避免做市商的损失。

第九句：由此产生的损失必须由您自己承担。

由此产生的损失当然必须由您自己承担。这里要重点提醒您一下，外汇、期货交易和股票交易有一个很大的区别，您所持有的外汇或期货交易的头寸会被您的经纪公司强制平仓，这会让您血本无归，永世不得翻身；而股票头寸即便股价再跌，只要市场没有关门，股票没有被踢出市场，您就有可能东山再起。

第十句：您可以通过提前设置“止损”、“止盈”定单来降低风险。

降低风险的唯一方法就是提前设置“止损”或“止盈”。请注意，这里说的是降低风险，而不是避免风险。市场风险是无法避免的，只能通过某些手段去降低可能出现的风险。

第六节　投机秘诀

抛开希望，消除愿景。

在现实生活中，希望是一道美丽的愿景。我们很难想象一个没有希望的世界会是什么样子。许多人一辈子生活在希望之中，为了美好的希望而勤奋工作，努力奋斗。在商业计划书中，愿景是吸引投资的魔法棒，一个商业项目如果没有丰厚的利润作为愿景，又有谁会愿意掏钱投资？但是在短线交易中，希望和愿景却是一对谋财害命的妖魔。

希望和愿景就像是《西游记》里的妖女和鬼怪，善于变化和伪装，目的只是为了吃人。《西游记》里的妖怪常常迷惑善良的唐僧和贪婪的猪八戒，它们屡屡得手，把唐僧和猪八戒掳回洞府。我们看到美好的愿望和贪婪的嘴巴常常会蒙蔽住人们的双眼，分不清好坏，辩不出妖怪，只有无私无欲的孙悟空才能用火眼金睛看穿妖怪的原形。

我们不去讨论生活中的希望，也不去研究商业计划书中的愿景，我们只来关注投机交易中希望和愿景对交易的影响。我前面讲过，交易者心中通常都躲藏着两个心魔，一个叫贪婪，一个叫恐惧。希望和愿景其实就是贪婪的化身，只要它们一出现，交易者就会乱了自己的方寸，输掉自己的交易。所以希望和愿景是所有交易者的大敌，必须谨慎小心地加以防范，时刻不能掉以轻心。

堡垒最容易从内部被攻破

投机交易是一种具有很大潜在风险的金钱游戏，玩的就是智慧、心态和风险控制。其中风险控制是整个游戏的关键所在，如果失去对风险的控制，交易必将失败，后果不堪设想。所以，交易者必定要采取一系列的措施来限制风险，其中最重要也是最常用的手段就是止损。

通常一套事先经过周密思考和严格计算得出的止损方案会像一座牢固的堡垒帮助交易者有效地抵御各种风险的进攻，即便一单交易做反了，损失也是有限的，并不会影响交易者的整体实力。只有在一种情况下这座堡垒会被风险攻破，那就是交易者自己亲手打开了堡垒的大门，把风险放进来。发生这样的事情似乎有些不可思议，但是在市场交易中类似的情况层出不穷，每天都在大量发生。

我仔细观察过这种现象，并找到了原因，这又是交易者心中贪婪的魔鬼在作怪，它化作赚钱的希望和发财的愿景，引诱交易者打开了防范风险的止损大门。一旦抵御风险的止损大门被打开，恐惧的魔鬼就会跟着进来，于是交易者就会丧失了一切抵抗的能力，被市场风险杀得尸横遍野，血流成河。

我相信很多人在读本书之前就已经听说过交易中的鳄鱼原则，然而大部分人在被鳄鱼咬住一条腿时还是想拼命保住这条腿，也许这是一种本能的反应，可是在投机交易中这却是一种致命的反应。

如果你没有控制自己理智的能力，你就不适合做一名交易者。如果你没有壮士断腕的勇气，我劝你还是不要加入到交易者的行列。

有人跑来问我：你不是说过投机是最好的交易，投机的风险很小吗？可是我一败涂地，血本无归了。

天哪！我是说过“投机是最棒的交易”，我也说过“投机的风险其实很小”。可是你不能只听进去半句话，没有把话听全。我是说：在风险得到控制的前提下，投机的风险确实很小。

有些人看了我的文章，只听到我说投机可以发财，却没有听到我说投机也有可能送命，如果你只有拥有希望和愿景，而不去控制风险的话，投机会让你死的很快。

期货与现货

通常情况下，期货交易希望，现货交易现实。

期货交易是一种远期合约，是买卖双方对未来某一天预期的商品价格的锁定。只有当买卖双方内心希望的价位达成一致时，期货才能成交。现货交易通常是即时交易，一手交钱，一手交货。

现货一般不存在短线交易的问题，只有期货(还有股票、证券、外汇、金融衍生产品等)才有所谓的长线交易和短线交易之分。

短线交易通常是指那些持有头寸时间短暂，短的只有几分钟，长的也不过一两个星期的交易行为。虽然短线交易的对象可能是未来的远期合约，但是真正成交的却是这个合约当下的价格。也就是说，短线交易其实是把期货当成现货来进行交易。

即时交易者

我前面说过，作为一名交易者一定要消除一切希望和愿景，否则很容易陷入贪婪和恐惧的陷阱。然而在实际交易中，有些短线交易者还是会把期货交易远期合约含有个人希望成分的价格因素带到交易中来，这种对未来价格的预期会直接影响交易者对眼前交易的判断。

我发现许多短线交易者在交易过程中，思想状态极为混乱，既有现货交易的心情，又有期货交易的心态。问题在于他们根本就不清楚到自己到底是在交易期货还是在交易现货。

如果是交易期货，交易者必须重点关注合约到期日的价格预期，根据自己所掌握的商品和市场信息做出买卖的判断。如果是交易现货，交易者只需重点关注眼下的价格，根据目前的价格做出自己的决定。两者不能混淆，更不能同时作为交易的依据。

作为一名短线交易者，你必须牢牢控制你的交易时间框架，你的交易只在这个时间框架之内是有效的。只要超出了你的时间框架，一切希望和愿景都与你无关。请记住你的交易是JIT(JUST IN TIME)，即时交易！

短线交易的一个基本原则是只做一定时间框架内的即时交易，因此短线交易者必须把期货(希望)当成现货(现实)来进行交易，要么立刻兑现(希望)，要么彻底放弃(希望)。要彻底去除不可确定的希望和愿景，永远活在当下，活在现实中。而不是活在未来，活在希望里。

第四章 财富奥秘

巴菲特说过一句话：耐心是一种美德。的确，巴菲特的耐心无人能比，正是这种耐心，使得巴菲特持有的股票在几十年的时间里不断地翻番，最后膨胀成为令人瞠目结舌的天文数字。巴菲特还说过另外一句更加重要的话：一生中，只要做对 12 次交易就足够了。每次交易的收益 100%，则 1 万元在 12 次后会变为 4096 万。

第一节　财富玄机

虽然财富可以支配一切，但是道德可以决定一切。

中国有句古话：人为财死，鸟为食亡。可见自古以来财富对于人类的诱惑力有多大。中国人过春节举国庆贺的一句话是：恭喜发财！可见财富在中国人心目中的地位。

经济学家经常把人区分为穷人和富人两大类，这种区分是将财富直接归于人类的最基本属性。在以财富划分人群的社会中，一个人拥有的财富之多寡决定着其社会地位、道德水准、政治态度以及思想精神。在这样一个由穷人和富人组成的社会里，所有的人都被简单地还原成一种经济和财富动物。

然而在任何社会，穷人总是占绝大多数，富人只是少数。一般来说，80%的穷人掌握了 20%的社会财富，而 20%的富人却拥有 80%的社会财富。这是著名的“二八法则”在社会财富问题中的具体体现。总体上说，富人拥有财富，穷人拥有道德。我们看到，财富资本总是在剥削穷人，道德之剑总是指向富人。一切社会矛盾的基本矛盾就是穷人的道德和富人的财富之间的矛盾。

所以我在这里顺便提醒你一句：虽然财富可以支配一切，而道德却可以决定一切。

一般来说，各种宗教都对财富持一种怀疑态度。但是宗教通常又不认为富人就是坏人。宗教之所以贬低财富，主要是为了突出信仰和精神生活对于人生的决定性意义。假如富人用自己的财富从事这方面的事业，那就会受到欢迎。所以宗教起到了调和社会矛盾的作用，这也是宗教存在的现实意义之一。

传统意义上的财富通常只是指物质财富，然而现代意义上的财富既包括物质财富，也包括精神财富。随着科学生产力的迅猛发展和思想解放，人类创造物质财富的能力大大增强，社会中的物质财富迅速增加，人类的物质生活已经发生根本性的变化。与此同时精神财富也正在以大爆炸的速度增长。

我们这里谈论的现代社会意义上的穷人并不是那种衣不遮体、食不果腹的赤贫人群，这样的人群在发达国家和发展中国家除了少数地区外已经不多见了。我们所谓的这些现代社会的穷人过着比30年前的富人还要富裕、奢侈的生活。他们衣食无忧，寒暑不愁。非但不缺营养，反而由于营养过剩而过于肥胖，影响健康。他们中的大部分人拥有自己的房子、空调、冰箱、电视、手机和电脑，有些人甚至拥有自己的汽车。如果放在30年以前，甚至20年以前，你会认为他们是一些穷人吗？

我发现，社会的财富形态和财富观念正在发生根本的变化，物质财富正越来越显得微不足道，而精神财富正在以光的速度流动和增长，。越来越多的富人已经将目光投向精神财富，积极地去拥有精神财富，而越来越多的穷人开始欣喜地拥有越来越多物质财富。

在这一讲里，我要详细分析财富的玄机，揭示穷人和富人的奥秘，以及穷人和富人对待财富的不同观念。

既然财富与我们每一个人的生活密切相关，那么窥破财富的奥秘，必将有助于我们真正地认识生活的本质，从而更好地选择和把握自己的生活。

经济全球化和社会信息化为人类展现了一个前所未有的广阔前景，芝麻开门的咒语已经发出，财富宝藏的大门已经开启，人类即将梦想成真。我们有幸正处在这样一个新世纪的开端，只要先跨出一步，就将领先于众人进入精神财富的圣殿，我们将成为真正的富人。

接下来我要为大家分析一下传统意义上穷人和富人，以及他们之间完全不同的财富观念和行为差异。

误入歧途的消费者

任何人都是交易者，即便他不是一个以交易为生的投机者或投资者，那他也一定是一个以消费为生的消费者。在现代人类社会，人人都是消费者。

交易的形式是多种多样的，比如交换、买卖、投资、投机、消费等等。其中消费是最普通、最常见、也是最基本的交易形式。人们一生中绝大部分的交易行为都是属于消费性质，比如购买食品、衣物、住房、汽车、娱乐、旅游等等，虽然也有一些带有投资性质的交易，比如教育和艺术的培训，可是人们往往并没有意识到这是在做投资，只是为了教育而教育，或者为了艺术而艺术。如果这些投资没有得到应有的回报，那么这些带有投资性质的交易又都变成了消费交易。所以我们每个人经常是以消费者的身份在社会中参与各种交易活动，只是我们平时并没有特别留意而已。

消费是生活的需要，是我们每个人每天几乎都在做的事情。于是乎，人们慢慢地就养成了消费的习惯，并形成了这样一种消费思维的定式：以为消费是生活天经地义的组成部分，以为不消费就无法在这个现代社会中生存，以为工作挣钱就是用来消费的。

大部分消费者就是从这里开始误入歧途的。他们把消费当成了生活的目标，而忘了消费原来只是为了满足生存的需要。于是除了购买生活必需品，消费的范围不断被扩大，甚至演变成了纯粹为了消费而消费。

随着消费欲望的不断扩张，这些消费者慢慢地陷入到一个个难以自拔的消费陷阱。

消费需要有经济基础来支撑，也就是要有足够的钱来支付消费的开支。所以消费者在消费之前首先必须去赚钱，只有赚了钱才可以满足消费。为此，绝大部分消费者不得不去找一份工作，靠打工挣钱来支付每个月按时到达的账单，并支付其他消费支出。

在现代社会，银行和金融机构联合商家为了更好地满足人们的消费欲望，纷纷推出信用卡服务，于是消费者有了一种更方便、更快捷的花钱消费的方法，用信用卡刷卡消费，这样消费者不必立刻付现金就可以先消费后付钱。

对于买房、购车这样的大宗消费，银行和金融机构又推出按揭贷款业务，使消费者可以先住上大房子，开上好车子，钱可以分期付款，拖上几年、甚至几十年的时间慢慢地偿还。

对喜欢消费的人来讲，这真是天上掉下的馅饼，不吃白不吃。

可是，不知道这些消费者是否想过：银行、金融机构和商家难道都是慈善机构，都是专门为人民服务的活雷锋？都是毫不利己，专门利人的白求恩？难道天上真的会掉下馅饼？

事实上，我看到大部分的消费者都在毫无思想准备中陷入了这样一个困境：为了支付每月的账单以及购买生活物品、满足个人和家庭的消费需要，他们不得不早出晚归地去为老板打工，替老板赚钱，而自己却只获得一些可怜的工资。他们挣了钱是为支付账单和满足消费，账单越多，消费越大，需要挣的钱就越多，钱挣的越多，消费就会越多……消费无止境，挣钱也无止境。于是他(她)们在不知不觉中就成了金钱的奴隶，每天为了金钱而忙忙碌碌，为的只是支付每月的账单和满足个人和家庭不断增长的消费需求。

我曾经读到过这样一则寓言：农夫为了驱使驴子自动地拉磨，常常在驴子的眼前吊一根胡萝卜，驴子为了得到这根胡萝卜不断地向前走，于是农夫达到了目的，可是驴子的胡萝卜却永远可望而不可及。

人们的消费欲望就像那根永远悬挂在眼前可望而不可及的胡萝卜，驱使着他们不断拼命工作以获得可供持续消费的金钱。年复一年，日复一日，他们为了生活(消费)而不断奋斗。

你一定看出来了，我所描述的这些误入歧途的消费者并不一定是指穷人，包括相当大的一部分工薪、白领、中产阶层人士。他们一般都受过良好的教育，有一份收入不菲的工作，有房有车，每年外出度假……我认识许多这样的人，包括我的许多朋友。在夫妻俩的收入基本能够满足家庭消费支出的同时，我听到的从他们嘴里吐出的最多的一个字就是“累”!

消费者或许根本就没有想过在消费欲望这根巨大的胡萝卜的影子里面站着一些专门提供胡萝卜的农夫，他们可不是什么慈善家，而是精明的银行和贪婪的商家。正是在这些银行家和商人的策划和经营下，社会中构筑了一层又一层的消费陷阱，引导着不同消费层次的人群分别进入各自的陷阱。银行家和商人们深知人类的欲望很难有满足的时候，而去满足那些永不满足的欲望就成了他们永不枯竭的利润之源。

以消费为导向的交易者注定要像农夫的毛驴那样忙忙碌碌一辈子，为别人创造财富，而自己却在“打工+消费”的磨坊困境中打转。

所以我说他们是一群误入歧途的消费者。

穷人的交易理念

属于真正贫困、连饭都吃不饱的穷人我就不说了，他们一般生活在农村和贫困地区，在大城市里已经很少见了。我们所讨论的穷人是相对于富人阶层而言，也就是所谓的工薪、白领和中产阶层。

穷人为钱而工作，赚钱是为了支付账单和满足消费欲望。穷人已经习惯了这样一种生活方式：出卖自己的劳动以换取金钱，再用钱支付账单，以及购买生活所需的物品和其他消费品。

所以我们看到穷人们通常都是一些靠打工来维持消费的交易者，他们的整个生活的交易公式为：打工+消费≈零。

如果我们假定打工挣钱为正数，那么消费花钱为负数，加在一起基本上等于零。

穷人之所以是穷人，主要原因在于他们没有意识到自己用宝贵的生命——时间和劳动换来的金钱的真正价值。他们以为钱只是用来买东西的，所以一旦钱到手立刻就会毫不犹豫地花出去，换回一大堆并不是生活所必须的物品。

我相信每一个家庭都可以翻出一大堆没用的东西，如果当初不买这些东西，生活质量也丝毫不会受到影响。可以说，这些消费近似于浪费，全部都是在为商家的利润做了贡献。

如果你为大部分穷人的家庭列一张“收支平衡表”，就会发现他们的支出和收入几乎持平，其中收入的很大一部分很可能是用来偿还银行的贷款；如果你为他们列一张“资产负债表”，你会发现负债可能远远大于资产。

我遇到不少属于白领、中产阶层的人士自豪地宣称他们是有房族和有车族，已经不属于无产阶级，是有产阶级，属于中产阶级，至少是属于小资产阶级。我在这里要泼他们一些冷水。其实他们根本没有搞清楚资产和负债的关系。他们确实是有房、有车，但是对他们来讲，这房子和车子很有可能都不属于资产，而是负债。

如果你买房或买车时向银行贷过款，毫无疑问，这房子或车子的产权并不属于你，你只有使用权，或者说得好听一点叫“有限产权”。你每个月都要按时向银行支付一笔可观的还贷，再加上你可能从来没有仔细算过的一笔比你想象的要多得多的利息。

即使你已经付清了全部款项，获得了全部产权，由于房子是你自住，车子是你自用，你依然需要不停地为房子支付物业管理费、维修费等费用，车子就更不必说了，停着不动也要付停车费，一动就要付汽油费，过路费，以及保养、验车、保险等等费用。所以，你的车子和房子都还不是资产，即便不是负债，也是大笔的消费。

那么，什么才是资产？什么是负债？什么是消费？

我告诉你一个最简单的判别方法：凡是能够为你持续创造收益的就是资产，凡是持续消耗你的金钱的就是负债，一次性消耗你的金钱的就是消费。

如果你把房子和车子都租出去，收回的租金大于你的银行还贷，这时它们才成为你的资产。

穷人之所以不能跳出“打工为了赚钱，赚钱为了消费”的困境怪圈，根本原因就在于没有正确认识到资产的真正作用，却把负债和消费误当作资产。

其次，穷人们并没有意识到工作其实就是出卖自己的生命。人的生命是有限的，生命的有限主要体现在时间上，工作失去的时间就是你失去的生命。

穷人是以生命的代价来换取金钱，却将这宝贵的金钱毫不诊惜地消费掉了，甚至浪费掉了，真让人感到非常可惜。

穷人很少投资，即使投资，他们也弄不明白投资的原理，分不清投资和投机的区别。他们的所谓投资，比如去买股票，却往往成为市场的猎物，他们很容易地就成为了市场交易的牺牲品，因为他们缺少正确的投资理念和专业知识。

富人的交易理念

在封建社会中，地主是社会中最富有的人群，地主拥有土地，而土地能够为地主带来源源不断的财富。地主只需将土地出租出去收取租金，或者雇佣长工、农民替自己种地收获粮食。土地就是为地主创造利润的资产。

在资本主义社会中，资本家和企业主是社会中最富有的人群，资本家拥有银行和资金，企业主拥有工厂和机器。银行家的资金和企业主的工厂、机器和工人就是他们的资产，这些资产会为他们源源不断地创造出利润。

在现代社会中，除了土地、工厂和资金，所谓的知本家是社会中最富有的人群，知本家是指那些拥有知识产权和信息财富的人，像曾经的世界首富——比尔·盖茨。知识产权和信息财富是一些能够产生爆炸性财富效应的信息化资产。

我们看到，这些所谓的富人都是依靠各种资产来获取利润，并依靠这些利润过上富裕的生活，并将多余利润用于扩大投资，以获取更多的利润。所以富人们都是一些懂得享受投资受益的精明的理性交易者。

富人将金钱主要用于投资，他们花钱购买别人的时间为他工作，同时卖出商品给消费者。富人们认为钱主要是用来赚钱的，也就是人们常说的用来投资。我注意到，几乎所有精明的理性交易者——富人都是投资者。

穷人和富人的八大行为差异

(1)穷人靠打工换取收入；富人靠投资扩大财富。

(2)穷人出卖自己的劳动，富人购买别人的劳动。

(3)穷人替富人赚钱，富人让穷人为自己挣钱。

(4)穷人打工挣钱支付账单；富人用资本利润支付账单。

(5)穷人花钱消费消磨时光，富人购买服务节省时间。

(6)穷人有钱存入银行，富人有钱用于投资。

(7)穷人喜欢购买负债，富人喜欢购买资产。

(8)穷人为钱而工作，富人让钱为他工作。

致富法门

当你知道了穷人和富人行为差异后，想必你一定明白了这样一个道理：要想成为富人就必须像富人一样思考和行动。

如果你想成为一个富人，现在我就把成为富人的秘诀告诉你，如果你坚信下面这三句话，并坚持去做，我保证你很快就会摆脱“工作＋消费”的生活困境，最终一定会成为一名真正的富人。

致富法门：买入资产，卖出负债，控制消费。

除了投机，这是唯一的致富法门。

具体的做法是：

(1)列出家庭所有财产的清单。

(2)分别标出是资产还是负债。

(3)尽可能将负债卖出，减少负债，并收回资金。

(4)将家庭中所有资金尽可能多地买入资产。

(5)管理你的资产，及时调整投资方向。

(6)控制消费，减少一切不必要的开支，将节约的资金用于投资。

(7)学习财务及投资理财的知识，养成记账习惯。

(8)当你的投资收益足以应付你的日常消费开支的时候，恭喜你！你已经成功加入富人俱乐部了。

一生只要做对12次交易

巴菲特和索罗斯是当代最成功的两位投资大师，但是他们的投资风格迥异。巴菲特非常善于发现那些具有巨大潜在价值的企业，靠长期持有这些企业的股票来获取高额回报。而索罗斯则善于利用财务杠杆原理，靠投机交易牟取暴利。两者的行为差别如此之大，却都获得了巨大的成功。

这至少说明了一点，无论是投资还是投机，都有可能成为一名成功的交易者。巴菲特和索罗斯的成功背后一定还有比交易本身更重要的因素。

据说巴菲特说过一句话：耐心是一种美德。的确，巴菲特的耐心无人能比，正是这种耐心，使得巴菲特持有的股票在几十年的时间里不断地翻番，最后膨胀成为令人瞠目结舌的天文数字。持有，并耐心等待。这对所有投资者来说几乎就是圣训。这条圣训经过无数的事实证明似乎已经不容置疑。

但是据说巴菲特还说过另外一句更加重要的话：一生中，只要做对 12 次交易就足够了。

巴菲特的意思是说，只要找准投资机会，每一次都能使资本翻番，这样的交易一生中只需做 12 次交易就足够了。相比那些在市场中进进出出，忙忙碌碌频繁交易的投资者，巴菲特认为交易的准确性远比交易的次数重要得多。这大概就是巴菲特说这番话的原意吧。

然而，当我第一次听说这句话的时候，曾经一度怀疑这不是出自巴菲特之口，倒像是索罗斯的口吻。因为这更像是投机者的思维，事实上做投机交易似乎更容易实现这个目标。

让我们计算一下做 12 次交易，每次翻 1 番的结果是什么。

假如我们有 1 万元资本，每次交易的收益是 100%，那么 12 次后是多少？

4096 万！一个令人惊讶的数目。这就是复利的结果。这够不够你一生的消费？

现在大家不用再埋怨自己没有投资资本了吧。

1 万元的资本即使对最普通的投资者来说都应该不成问题。投资者真正的问题是：如何才能实现资本翻番？需要多长时间才能实现资本翻 1 番的目标？从 1 万到 4096 万需要用多长的时间来完成？

对于后面两个问题，我通常给出答案是：基本目标是让资本 1 年翻 1 番，预备用 12 年的时间来完成整个计划。

假如一个人大学毕业时 22 岁，工作两年后积累了可供投资的 1 万元资本。那么，根据这个计划，在他(她)36 岁本命年之前，就可以完成一生的财富积累。36 岁以后就可以退休周游世界去了……这真是一个无比美妙的梦想！

对于第一个问题，可以有很多种答案。不同的人自有不同的答案。我认为最好的答案是：投机交易。

当代伟大的投机交易大师层出不穷，有的投机股票证券，有的投机商品期货，有的投机企业并购，还有的投机货币汇市……其中最杰出的代表当属索罗斯。我们自然不必像索罗斯那样过分地杰出，我们只须弄懂索罗斯的投机思维方法，学会他的投机交易手段，赚到属于我们的那一部分财富就足够了。

构成投机交易最重要的三大要素是：思维、方法和时机。这三大要素通过学习和训练都是可以掌握的。事实上，成为一名成功的投机交易者并不会比开飞机更难，然而和所有学习开飞机的人一样，两者都需要格外的勇气。

这个计划需要承担的具体风险是：1 万元的本钱和 12 年大部分的业余时间。除此以外，投机交易者完全可以和社会中所有的普通人一样生活和工作。

回首往事，我经常感慨，在我们的一生中竟有如此多的时间是在徒劳无益的所谓对理想的追求中度过的，可结果却是碌碌无为，一事无成。直到十年前，我才忽然发现，原来可以有一种新的生活，让我们在思维游戏中赚钱，在赚钱的过程中修炼人生。我们可以最大程度地享受自由自在的生活，也最大程度地保证了经济收入的来源，生活和赚钱完全融为一体，这就是——以交易为生。

这里我要说明一点，并非人人都适合做投机交易，我也不主张所有的人都去以交易为生。生活可以有无数种选择，做一名投机交易者只是其中的一种。

最后我还要补充说明一点，当你在追求 100%盈利的时候，千万不要忘了一点，无论你赢了多少个 100%，资金翻了几番，只要输掉一次 100%，你的资金就全部归零！包括你的本金——血本无归！

第二节 信息化时代的财富机遇

信息化财富的本质是精神财富。

前面我们分析了穷人和富人认识及运用财富的一般规律，接下来我要为你揭示一个大秘密——信息化时代的财富奥秘。

众所周知，人类已经进入到一个信息化的时代。在信息化时代中，财富信息化是其最显著的特征之一。

在其他方面：信息化社会、信息化经济、信息化文化、信息化艺术，乃至信息化战争的概念也正在全面形成之中。这些概念正如同我们所定义的那样，以一种看不见、摸不着的电子信息状态，在不知不觉中融入并改变着人们的思想和生活。

毫不夸张地说，随着信息化时代的到来，人们的思维方法和生存状态正处在由物质化向信息化全面嬗变的过程之中，也就是说人类正在从物质化社会向信息化社会过渡。其中，推动社会信息化发展最重要的力量之一——信息化经济毫无疑问充当了急先锋的角色。

我们将看到：人们传统意识中的世界观和人生观将被彻底颠覆；一个以信息化为主要特征的新世界已经诞生，我们有幸正处在这个新世界的大门口。

这里我们只谈论与财富有关的信息化经济和信息化财富的问题。

信息化经济是指与证券、期货、期权，以及金融衍生产品等信息化资本交易有关的经济活动，是与传统的实体经济概念相对而言。

自从资本主义社会出现股票、债券等有价证券以后，社会财富也就越来越多地以证券形式出现，人们的财富观念，不再仅仅是看得见摸得着的物质财富，而是出现了以货币符号和各种有价证券为代表的信息化财富。

20 世纪 60 年代以来，西方资本主义自由经济信息化的趋势越来越明显，由于信息化资本的高流动性和高获利性，信息化经济投机性逐步增强，交易日趋活跃，信息化经济的规模得以快速增长，并大大超过了实体经济。

进入20世纪80年代，随着个人电脑的普及和互联网技术的日趋成熟，信息化经济如虎添翼，发展迅猛，国际化程度日益加深，单个国家的金融市场越来越与全球市场相融合。信息化经济已经成为世界经济生活中的主要内容，信息化资产已经成为人类财富的重要组成部分。人们开始意识到，随着社会信用制度的健全和财富证券化的发展，一切财富最终都将会符号化、信息化。

我国信息化经济的起步阶段开始于20世纪80年代，股票市场、期货市场、债券市场从无到有逐步建立。信息化经济的市场交易规则和市场监管不断完善，信息化经济的发展呈现出稳定正常的良好趋势。

进入21世纪以来，随着信息化经济市场活动主体机构数量的激增，我国信息化资产的市值不断膨胀，资产的交易量显著上升，信息化经济在我国经济发展中的功能和影响力也日益凸显。

2007年，随着我国加入WTO承诺的金融银行业完全开放，国有银行上市，外资银行和金融机构进入国内市场，我国经济和世界经济的相互依赖性已经变得越来越密切。中国金融期货交易所在这样背景下成立，并推出中国第一只金融期货产品——沪深300股指期货，昭示着中国经济已经开始正式和国际接轨，驶上了经济全球化的轨道。

可以预见，一波新的财富信息化的浪潮即将席卷中国。

信息化还是虚拟化

【信息】①音信；消息。②用符号传送的、接收者本来不知道其内容的报道。

【虚拟】①不符合或不一定符合事实的；假设的；②“虚构”。

——摘自《现代汉语词典》

前面所说的信息化经济和信息化财富就是目前在金融和经济领域中人们通常所说的虚拟经济和虚拟财富，我在以前的文章中也一直约定俗成地使用

“虚拟”这词。但是，越是深入研究，就越是发现“虚拟”的概念完全不能代表这一事物实际的情况，而且非常容易引起读者的误解，经常有读者问我：虚拟财富是不是就是网络游戏中的Q币？

“虚拟财富”如果按照《现代汉语词典》的意思理解就是“假设的财富”或“虚构的财富”。“虚拟经济”也就成了“虚构的经济”，这显然与我们谈论的“虚拟经济”和“虚拟财富”在概念上存在很大的差异。

所以一开始就搞清楚“虚拟经济”和“虚拟财富”的真实概念对所有投资者或投机者来说非常重要。

经过研究和思考，我认为有必要对所谓“虚拟经济”和“虚拟财富”的概念做一个认真的修订，比较好的做法是用“信息经济”和“信息财富”来代替它们，可以更准确地反映这一极其重要事物的本质。目前“虚拟经济”和“虚拟财富”的概念尚未普及，及时更正还来得及。为倡导这一建议，本书在涉及信息化财富和信息化经济概念的时候将全部以“信息”代替“虚拟”。

信息化财富

准确地讲，所谓信息化财富（也就是“信息财富”）其实是一种建立在知识经济和信息化社会基础之上的精神财富。这是一种早已存在，却不为人们所重视，需要我们重新去认识的财富形态。

这样的说法，大多数人可能一时难以理解，让我们换一个角度来解释这个问题。

大家知道，知识作为一种财富已经在国际社会中被广泛认同，由此产生“知识产权”的概念使我们更加清晰地意识到“知识财富”的价值。美国的比尔•盖茨就是凭借其拥有的“知识财富”而一度成为世界的首富。

现代科学认为：知识是人们在实践中获得的认识和经验。思想是客观存在反映在人的意识中经过思维活动而产生的结果。精神则通常被现代科学定义为：指人的意识、思维活动和一般心理状态。

所以，知识属于思想的范畴，思想属于精神的范畴，人的知识和思想都是人的精神活动的结果。

反过来说，人的精神不仅是指人的意识、思维活动和一般心理状态，而且还包含人的知识和思想。

由此可知，知识财富实际上是一种思想财富，也是一种精神财富，属于精神世界领域中的事物。

信息化财富(比如股指期货和金融衍生产品)同样是一种精神财富，因为它们都是人的知识和思想的结果，其产生和运行的过程完全依靠人的精神活动来完成，一旦人的这种专门的知识和思想消失，所谓信息财富也将随之消失得无影无踪。不仅如此，所谓的“信息经济”也必须运行在由“知识经济”和“信息化社会”共同搭建的现代化社会构架之上，“信息财富”必须存在于信息化的社会构架之中，一旦脱离了“知识经济”和“信息化社会”这两大基础构件，信息财富即刻化为泡影。

我举一个例子，假如你口袋里有一张存有100万元人民币的信用卡，说你拥有100万元的财富，人们不会有任何疑问。如果这张信用卡被遗失在原始森林里让猴子捡去了，对猴子来说这只是一张难以撕咬味同嚼蜡不具备任何财富价值的塑料卡片。

所以，真正决定财富价值的并不是有形的卡片，而是无形的建立在社会信用体系基础之上的人们的意识对信息化了的财富的认可程度。信息财富从本质上讲是人类社会从自然生存状态向智慧化生存状态发展达到一定程度后所必然产生的依托人们的知识和思想，在精神领域生成、运行并可兑换的真实不虚的财富。

信息财富的基本特征

我们以股指期货为例分析一下信息财富的一般特征。

中国金融期货交易所率先推出的沪深300股指期货是一种典型的信息财富。与任何一种商品期货和股票不同，股指期货与实物财富没有任何直接关系，投资者购买的是沪深300股票指数。商品期货和股票多少还带有一些实物财富的痕迹。比如农产品期货，如果你购买一份大豆和约，合约到期交割时，你真会拥有一堆货真价实的大豆。比如股票，当你买进一只股票，意味着你已经成为这家公司的股东，如果你愿意，你至少可以去看看你买的公司。而你买进的股指期货永远只是电脑屏幕上闪烁跳动一组数字。

无论是商品期货还是股票，人们还是可以通过一些可以衡量的事实，比如市场供求关系或财务报表来判断它们的内在价值，从而决定是买进还是抛出。而股指期货作为一种金融工具，起着稳定和平衡股票市场的作用，故而它的价值体现在对市场变化趋势的判断之中。也就是说，股指期货的价值随着股市的波动像大海一样波澜起伏，每一次波动都不一样，几乎毫无规律可言！对于大海你至少可以确定每天会有涨潮和落潮两次潮汐，相距大约4个小时左右。可对于股市大盘指数和股指期货的波动变化你却一筹莫展，根本无法确定任何东西。

就是这样一种不可捉摸、完全信息化的金融工具却偏偏蕴含着巨大财富机遇，吸引着无数狂热的投资者和绝顶聪明的精英人士投身其中。然而，人有情而市场无情，有人凭借投资或投机股指期货暴富，也有人为此倾家荡产！这其中到底有着什么样的奥妙和玄机呢？

股指期货本身就是一个很好的例子。股指期货的价值由一组通过一定规则产生的股票的综合指数决定，而组成股票指数的那些个股的价格又是综合了所有该股票持有者的心理价位后产生的，其中每一只个股的价格都只是一种暂时的平衡结果，只要有一个持股人的心里价位发生变化，该股票价格就有可能随之发生变动。

也就是说，股指期货的投资(投机)者所面对的投资(投机)对象实际上是由许许多多个头脑里面不同思维的结果组合到一起所产生的综合结果——股票指数。

如果你觉得上面的描述太拗口不好理解，那么举个例子：股指期货就像大海，海水由无数水分子组成，每一个水分子都受到不同的外力作用以及受温度等各种外界因素的影响，所以由水分子组成的大海波澜起伏，而每一个波动都是独一无二的，完全不可预测和控制。

所以迄今为止，还没有发现任何一种所谓的科学方法可以把握股指期货的变化规律。凡是吹嘘自己发明了什么有效的技术分析体系，能够预测股指变化的趋势，那一定是骗人的鬼话。

股指期货之所以神秘莫测不可捉摸，其根本原因就在于股指期货属于人类知识和思想的产物，具有精神产品不可界定的特征，而现代科学对人类精神活动规律的了解基本上还是一片空白。曾经有人希望运用心理学的手段破解股市玄机，也正是基于看到了这一点。

理解信息财富的这一精神特性对所有希望从信息财富中赚钱的人来说至关重要。

股指期货的全称是股票价格指数期货，是指一组股票价格的加权综合指数的预期指数。这读起来相当拗口，要理解起来也相当费力。然而这正是信息财富的特征之一，只有经过专门学习和训练，掌握专业知识和专业技能的人士才有可能真正理解，并参与这种完全信息化的财富游戏，而缺乏专业知识的人只能站在市场大门外观望，尽管他们也很想参加，但是他们根本不是专业高手们的对手。当然，市场会打开一些窗口，专门设计并提供一些渠道吸纳普通百姓参加，但是你想过没有，这些由财富精英们为你量身定做的投资方案和投资渠道难道是他们善心大发送钱给你吗？显然不是，他们的目的是为了赚你的钱，或者让你帮他们赚钱。

信息财富是建立在专业知识基础之上的一种精神财富，有人将这种财富称作是知识经济时代的知识财富，更加直接地表明了这种财富的性质。

除了知识，牢固的信用体系也是信息财富存在必不可少的基础。在全球经济运行中，信息财富是以电子化的形式存在，并以电子的速度快速流动。信息财富的交易几乎全部都在网络中进行和完成，完全没有传统意义上的场内交易形式和交割手续。一笔交易完成，交易者手中甚至连一纸凭证都没有，交易者的盈亏记录以及财富全部都以电子的形式储存在网络电脑之中。你必须相信电子网络和你的交易商，就好比你委托一位完全可以信任的人去买东西，而不用他给你任何现金收据字条一样。

这样的做法当然体现了比较高的社会道德水准，但是却存在着巨大的意外风险，比如类似美国“9•11”事件造成的网络破坏，所有储存在电脑网络中的信息毁于一旦，尽管你人不在纽约世贸中心大厦，但是你的财富很有可能随着世贸大厦的坍塌而灰飞烟灭。

此外，一旦社会信用体系崩溃，信息财富赖以存在的环境就会消失，信息财富也将随之消失。

信息财富大爆炸

公元1905年，爱因斯坦发表了五篇论文，奠定了狭义相对论的基础。在其中一篇文章中，爱因斯坦发表了那个著名的公式：$E=mC^2$。原子弹就是根据这个公式原理被制造出来。

这个公式揭示了这样一个宇宙基本原理：物质等于能量。

当某一物质全部转化成能量的时候，它所产生的能量等于该物质本身的质量乘以光速的平方。

从此，人们对物质和能量关系的理解进入了一个全新的历史阶段。

那么，物质所释放的能量究竟是一些什么东西呢？

100多年过去了，我在学习、观察和思考中得出这样一个结论：信息化财富是物质财富转化成信息能量的产物。其原理和爱因斯坦的公式完全一致，只要将公式中的E代表信息能量，m代表该信息相对应的物质财富，这个公式在信息化的经济系统同样成立。

知识产权正是遵循着这样一种原理，才致使财富爆炸式增长。股指、金融期货以及衍生产品亦是如此。

由此我断言：我们正面临一个空前的财富机遇——财富大爆炸时代已经到来。

信息财富游戏

广义的信息财富可以泛指一切精神财富，包括知识产权；狭义的信息财富专指信息化财富，是指那些以电子化形式存在、流动和交易的金融、证券财富。常见的信息财富品种有：股票债券、商品期货、期权、电子货币、金融期货以及其他各种金融衍生产品等。

这里我们先关注后一种狭义的信息财富。

信息财富构筑在全球化和信息化的人类社会基础之上，由知识和信用两大支柱组成，缺一不可。

信息财富通俗地讲就是一种由人们想出来的财富，是一些具有高度专业知识的人研究并设计出来的由一些定义、规则和方法组成，并得到社会认可的在一定法律范围内运行的财富游戏。

设计这个游戏的动机和目的是为了赚钱，赚钱既是为了享受富裕生活，也是为了推动社会不断发展。

尽管我们不能明说真正推动人类社会发展的原动力究竟是什么，但是我们肯定都能感受到在冥冥之中有一股力量在引导人类不断去探索和研究，不断发现自身和世界的秘密，使人类越来越近地接近所有事物的真相。信息化时代就是这个发展过程中非常重要的一步，信息财富就是引导人类继续探索和发展前进的诱饵。

随着中国金融期货交易所正式成立，金融期货的开盘锣声响起，中国社会信息经济的列车终于启动——这趟史无前例的信息财富列车将以人们难以想象的速度，将中国社会带向财富爆炸的未来，并迅速融入世界经济的海洋……

全球化生活的时代已经来临，我们有幸生活在这个有史以来最伟大的时代，有无数的机会在等待着我们。

第三节　股指期货和外汇保证金交易

股指期货和外汇保证金交易是最佳的投机交易对象。

股指期货和外汇保证金交易与身俱来的优秀投机价值使得股指期货和外汇交易成为全球投机者最为青睐的投机交易产品。因此，我将外汇交易和股指期货列为专业投机者必须了解、掌握和操作的投机交易对象。

关于股指期货和外汇交易，我们侧重研究它们的投机功能，将主要精力集中在短线交易上，只研究如何通过短线交易，也就所谓的即日交易，准确、有效、快速、稳定地投机获利。

本书所有关于投机交易的论述、介绍及交易诀窍也都将围绕着股指期货和外汇交易这两种金融衍生产品的投机交易来展开。在交易层次和次序上，我建议交易者首先进入外汇交易市场，从外汇保证金模拟账户和迷你账户做起，尽可能熟悉投机交易的游戏规则，等积累到一定的经验，赚到一定的资金，再进入股指期货市场交易。

全球化生活的时代已经来临，我们有幸生活在这个有史以来最伟大的时代，有无数的机会在等待我们，其中外汇交易和股指期货就是最先到来的那个最大的财富机遇。

股指期货交易

如果你理解了股指期货的游戏规则，你也就理解了信息财富的交易原理。

股指期货是金融期货的一种。股指期货是指以股票指数为标的物的期货合约。股指期货不涉及股票本身的交割，其价格根据股票指数计算，合约以现金清算形式进行交割。

金融期货指以金融工具为标的物的期货合约。金融期货作为期货交易中的一种，具有期货交易的一般特点，但与商品期货相比较，其合约标的物不是实物商品，而是传统的金融商品，如证券；货币、汇率，利率等。

金融期货交易产生于20世纪70年代的美国市场，1972年，美国芝加卅商业交易所的国际货币市场开始国际货币的期货交易。1975年芝加哥商业交易所开展房地产抵押券的期货交易，标志着金融期货交易的开始。现在，芝加哥商业交易所、纽约期货交易所和纽约商品交易所等都在进行各种金融工具的期货交易，货币、利率、股票指数等都被作为期货交易的对象。

目前，金融期货交易在许多方面已经走在商品期货交易的前面，占整个期货市场交易量的80%以上。金融期货成为西方金融创新成功的例证。

金融期货合约品种繁多，其中股票指数期货是金融期货市场最热门和发展最快的金融期货品种。

股指期货的作用

与其说股指期货是一种财富，不如说它是一种获取财富的媒介；其他一切金融衍生产品亦是如此。

一、替代股票买卖

买进股指期货合约，相当于买进该指数所代表的一组股票。

中国金融期货交易所推出的第一个股指期货产品是沪深300股票指数期货。沪深300指数是从上海和深圳两地证券交易所上市公司中取最有代表性的300家公司，通过对它们的股票价格进行加权处理后得出的一个用来衡量股市总体价值的指数。购买沪深300指数期货性质上等于同时购买了股市中最具代表性的300只股票。在经济发展状况良好的情况下，纵然个股会有涨有跌，难以判断，但大盘股指总是会不断攀升，而沪深300指数基本上反映了大盘的走势。

一般情况下，散户是没有可能同时购买300只股票组合的，股指期货为交易者提供了这种可能。由于股指期货采用保证金交易，保证金一般是股指期货合约的10%左右，这意味着买进股指期货只需使用该组股票市值1/10的资金。假如在现货市场买进一组股票需要100万元，那么在股指期货市场买进同样的一组股票只需10万元。假如该组股票在证券交易市场上涨了10%，对购买了对应的股指期货合约的交易者来说，其利润率就是100%，保证金交易放大了交易利润，对自有资金不多，又偏好高风险高收益的交易者来说，保证金交易是一个较好的选择。这里我们忽略了交易手续费，如果要考虑交易手续费，那么股指期货的交易手续费也要远远低于证券交易市场的股票买卖交易手续费，两者相差达几十倍。

相对股票交易而言，股指期货还具有成交迅速的特点。在股票交易市场，即便是基金、机构大户要想成功买卖一组股票组合也不是容易的事情，由于股票的交易量有大有小，要想完成建仓或调整计划并非一时一刻可以做到，往往需要一段时间，因此很容易造成成本失控。而股指期货由于交易集中，流动性好，所有成交几乎都是在瞬间完成。并且，交易者建仓后，可以随时平仓。对于所有投机者和将股指期货用做现货对冲避险工具的交易者而言，迅速成交对获利和止损都尤为重要。

二、提供卖空机制

股指期货作为一种金融工具具有双向交易的功能。与股票交易不同的是，股指期货不仅可以先买后卖，也可以先卖后买，这就是所谓的卖空机制。卖空机制对所有交易者都带来了方便。对投机者来说，卖空机制提供了大量的投机机会，无论市场处于牛市还是熊市，投机者都可以从短线交易中获利。对于打算长期持股的交易者而言，股指期货的卖空机制为他们提供了一种有效的避险工具，对诸如各类公众基金、社会保险，以及投资机构来说，拥有并运用这种金融避险工具至关重要。股指期货的卖空机制还为套利者创造了无风险套利交易的机会，套利者可以利用现货和期货两个市场之间短暂出现的不合理价差进行无风险套利交易。

三、用作风险管理工具

我们知道，股票投资者通常采用买进股票组合来避免股票的非系统性风险，以期获得一个相对稳定的投资收益率。但是股票组合对于股市的系统性风险是毫无抵挡能力的。当股票指数急剧下跌时，散户或许还有逃掉的可能，而那些机构大户、证券基金要想立刻平仓止损恐怕就没有那么容易了。且不说有制度上的种 种限制，即使纯粹从交易技术上讲，大机构也不可能不顾一切地杀跌抛股，这样做只会将自己牢牢地套死，大机构只能选择分批出货，然而即使能够成功平仓，巨大的损失也是在所难免。有了股指期货以后，他们就可以通过卖空股指期货合约来对冲股市下跌带来风险。利用期指和现指同步的原理，以期指上的益损来抵消持有股票组合的损益，这就是所谓的套期保值。对于机构大户来讲，股指期货是一个不可缺少的证券投资风险管理工具。对于一个完整的金融证券交易市场来说，股票交易市场和股指期货交易市场就像是一辆大车的两个轮子，缺一不可。

值得庆幸的是，中国股市这辆摇摇晃晃的独轮车终于变成了一辆结构更加合理，运行更加平稳的财富列车。

四、充当资产配置工具

资产配置是指投资者在股票、债券及货币三个基本资产类型中合理分配投资。资产配置是一个动态过程，当市场发生变化时，资产管理者会对资产配置的结构或比例随时进行调整。由于市场永远处在变化之中，所以这种调整需要经常进行。在通常情况下，在现货市场进行调整难度较大，所需时间周期较长，成本费用较高，前面我们所举的当市场急剧动荡的情况下，难以立刻抛售股票就是一个典型的例子。但是，如果资产管理者在期货市场，利用金融期货工具进行调整则要容易许多，不仅调整起来简单快捷，而且成本更低，效率更高。

所以股指期货是许多基金经理用于管理投资基金的必备工具。

五、创造套利交易机会

股指期货交易是在原先的股票现货市场上衍生出来的一个新的市场。股指期货不能脱离股市现货市场而独立存在，股指期货的价格走势是以股票现货市场为蓝本，因此股指期货和股市有着高度的关联性。尽管如此，股指期货作为一个独立的交易市场，还是会有一些自己的特色和规律。两个市场在实际运行过程中，它们之间总是会不时地产生一些偏差，这就给套利者提供了机会。

针对期货和现货之间出现的不合理价格关系进行交易的行为叫做套利交易，其交易者被称作套利交易者。虽然每次套利交易产生的利润都不大，但是由于套利交易获得的是无风险利润，是投资者最喜欢的东西，故而总是吸引了大量的资金，乐此不疲地寻找套利机会。套利交易不仅增加了期货市场的交易量，也增加了股票市场的交易量。套利交易提高了市场流动性，促进了交易的流畅化和价格的理性化，起到市场润滑剂和减震器的作用。套利交易也使得市场上各类价格关系趋于正常，有利于市场公平价格的形成。

股指期货交易者

投机交易是股指期货的最主要和最重要组成部分之一，也是最有效的快速赚钱的方式之一。

股指期货市场中通常有三类交易者：套期保值者、套利者和投机者。

套期保值者也称风险对冲者，他们买卖股指期货的目的主要是利用股指期货合约规避所持股票现货的风险。套期保值者以机构投资者为主，如证券公司、各类基金管理公司、保险公司等。

套利者主要针对期货和现货之间出现的不合理价格关系进行套利交易，或利用不同月份股指期货合约，甚至不同指数合约之间出现的价格差异套取利润。

在股指期货的所有交易者中，通常投机交易占有最大的比重。投机者主要通过其对股票市场的预测而买卖股指期货合约，以期获得可能的高收益。

投机交易是股指期货的最主要和最重要组成部分之一。投机交易增加了股指期货市场的流动性，提升了市场效率，使套期保值和套利交易得以顺畅地进行，从而使股指期货市场的功能得到有效发挥。因此，在期货市场，投机交易是保证市场正常运转不可或缺的重要因素。

由于股指期货的投机价值远远超过了股票市场的投机价值，因而吸引了众多的投机交易者。

超越传统观念的财富

股指期货是一种超越传统思维的事物，是可以用来投机致富的最佳金融工具。

股指期货是一种超越传统思维的产物，属于人类进入信息时代后才有可能诞生的信息化金融衍生产品。股指期货是一种金融工具，其最大的魅力就在于为投资者的资金快速成长提供了一种简易可行的方法，这个方法就是投机。

说到投机，我们首先要打破一种陈旧的观念，旧的传统观念认为投机是一种不道德的行为。这种观念在世界各国普遍存在，只是在中国社会中更加根深蒂固。至今为止，许多人依然不屑与投机者为伍，他们的思想还停留在打击“投机倒把”的年代。背负着这样沉重的历史道德观念的人是根本无法从事股指期货交易的，甚至就连股票证券也都不适合他们参与，他们是好人，也是命中注定的穷人。

西方经济发达的资本主义社会通常倾向于这样一种看法，即适当的投机行为是社会经济发展所必须的润滑剂，投机行为的存在可以不断地促进社会的进步和发展。国际社会所要反对的是过度投机，而不是投机。大家都知道，任何事情只要过度了都不好，而不仅仅是投机这一件事。

在中国，无论是股票证券市场还是期货市场，或者即将开业的金融期货市场，投机都是必不可少的交易形式。也就是说，投机是国家法律所允许的一种合法交易方式，已经不存在任何法律上的问题。所以我们完全可以放下历史遗留下来的思想包袱，以一种轻松积极的心态加入到股指期货这场以投机为特色的财富博弈中去。

股指期货交易的产品是股票价格指数，根据中国金融期货交易所公布的消息，首先推出的产品是沪深 300 股指期货。以今天为例(2007 年 5 月 14 日星期一)沪深 300 指数收盘大约在 3734 点，由于大家看好中国的经济发展，所以股市正处在一个前所未有的大牛市，股指期货理所当然地要走在股指现货的前面，所以中金所股指期货模拟交易平台中 6 月份和约(IF0706)指数收盘已经达到4160点。所谓参加股指期货交易就是由交易者来判断这个6月份到期的合约指数究竟是高了？还是低了？如果交易者判断到6月份的结算日(该月第三个星期五)，沪深300指数会高于4160点，那你就买涨(买多)，反之你就卖跌(卖空)。你可以根据指数行情的变化随时调整你的交易决定，随时平仓，以及随时做出新的交易决定。股指期货交易的基本原理就是这么简单。

由于股市的不确定性，股票价格指数永远在不停地波动和变化，这样从理论上讲就产生了无数个投机的机会。

如果我们有100万元资金，假如期货公司要求的保证金为15%(中金所只要求10%，不同的期货公司会有不同程度的上浮)，还是以IF0706合约为例，那么，今天我们最多可以购买五手IF0706合约(每手合约价值大约为4160×300×15%=18.72万元)。考虑到风险控制，我们最多只能动用大约38万去做二手合约(买多或卖空)。如果方向判断准确，只要指数变动幅度达到17点时就平仓，大约就可以赚取1万多元的利润(今天该指数实际的变化幅度高达50.9点，价值15.27万元)。

我个人认为，股指期货的风险其实要远远小于股票和其他证券产品，而盈利的能力却是股票和其他证券所不能相比的。

像今天这样的行情，对于那些敢冒风险的人来讲，如果运气好，也许只需一天就可以赚100万，轻松实现资金翻番的目标。但是，如果没有安排止损，不去控制风险，也有可能在一天之内就把老本全部输光。

任何专业的投机者都不会不做止损，只要控制了风险，实际上也就没有了风险。在后面我会专门讲解这个问题。

股指期货和股票有着本质的区别，虽然股票也是一种证券化的产品，但是股票多少带有一种物质财富的成分，而股指期货则是一种完全信息化的金融产品，因此两者在交易方法有着截然不同的思维方式。股票人人可以去买，可以作为长期投资持有几年，乃至几十年，不需要任何专业知识和交易技巧就有可能获得丰厚回报。而做股指期货交易，除了必须具备完整的专业知识外，交易者的心态、思维方法、心理承受力、自我控制能力，以及是否投入了全部的精力都是事关成败的至关重要的因素。

股指期货交易者真正所要战胜的其实并不是交易市场，而是交易者自己。

外汇保证金交易

如果你想投机致富，最好的选择就是去做外汇保证金交易；如果你想在一夜之间变成穷光蛋，最快的方法就是去做外汇保证金交易。

如果你认为股指期货和股票价格指数容易受到人为操控的影响，市场难以预料，作为个人交易者处于不利地位，并会影响到交易成绩，那么唯有外汇市场可以免除你的这种担忧。

我要向你介绍的另一个适合做短线投机交易的金融产品就是外汇保证金交易。

外汇交易是指在外汇市场兑换或买卖货币的一种交易活动。外汇市场是一种场外交易市场，它不像股票或期货交易市场有一个中央交易所和结算机构去撮合交易订单。外汇经纪商和做市商通过网络、电脑、电话和传真机相互联系，形成一个紧密结合的24小时连续运作的全球交易市场，交易者通过个人电脑网络终端可以在一天的任意时间随时进入外汇市场参加交易，极大地方便了全球各地的交易者进行交易。即便是那些拥有一份全职工作的业余交易者也可以很方便地安排出自己的交易时间。

外汇市场是世界上流动性最强的市场，全天24小时运作，交易费用低廉，可使用较高的财务杠杆，通常网上外汇经济商会提供100倍的财务杠杆给正常客户，迷你账户的杠杆可高达200倍，交易者可以轻松地利用经济商提供的资金去赚钱，因此外汇交易具有极强的投机性。当然由于财务杠杆的原理，交易者的交易风险也因此被放大。外汇交易采用双向、T+0交易，可随时买多、卖空，即时平仓，无论行情上升或是下跌均有获利机会。外汇交易采用即时交易平台，最大限度地减少了执行误差。

外汇市场也是世界上交易量最大的市场，根据最新的数据显示，国际外汇日交易量已经达到3.2万亿美元。如此巨大的交易量使得任何个人和机构都不可能操纵市场，因此，和其他交易市场相比，外汇交易是最公平、公正和公开的交易市场。

外汇保证金交易是交易者存入一定金额的保证金，通过资金放大效应将名义金额放大，然后，交易者在放大的名义金额范围内自由买卖外汇的一种交易形式。

外汇保证金交易起源于20世纪70年代的伦敦，后来被引入中国香港、美国，20世纪90年代末期经历了金融改革的日本也正式开放了这一领域。

虽然，外汇保证金是一个非常年轻的金融商品，但是保证金交易“以小博大”的交易特点，使之迅速成为目前国际主流的外汇交易手段。据统计，2006年外汇市场40%的交易都是保证金交易。

除了“以小博大”的特点之外，与期货、外汇实盘、股票等投资理财产品相比，外汇保证金交易也有其独特之处。

与期货相比，外汇保证金交易具有如下几个特点：

(1)外汇保证金交易没有到期日，交易者可以根据自己的意愿无限期持有头寸。

(2)外汇保证金交易的交易时间是24小时的。

(3)保证金交易比期货交易具有更高的杠杆倍数。

(4)外汇保证金市场的流动性更高，更不易被操纵。

(5)外汇保证金交易可以多空双向操作。

与股票相比，外汇保证金交易的优势更加明显：

首先是外汇保证金交易具有资金放大效应，投资者可以用较少的保证金开较大的头寸。

其次，外汇保证金交易可以多空双向操作，无论是在牛市还是在熊市，投资者都可以找到盈利的机会。

第三，外汇市场是全球规模最大、成交最快的金融市场，具有极高的流通性，不易被操纵。

第四，外汇市场24小时开市，投资者24小时均可以交易。

与外汇实盘相比，保证金交易具有三个优点：

(1)保证金交易具有资金放大效应，可以提升投资者的购买力。

(2)保证金交易可以多空双向交易。

(3)与外汇实盘相比，保证金交易的点差更低。

所以从总体来看，外汇市场相对于股市或期市更加规范和成熟，交易方式更加灵活和方便，获利空间较大而风险则可控制在一定的限度内。对于专业投资者，以及持有外汇的机构和个人来讲，外汇保证金交易是一种稳健而成熟的投资方式。

在美国、欧洲以及日本，外汇保证金交易被喻为金融商品中的“个人理财的巅峰之作”，已经逐渐取代股票和期货成为世界金融的主流商品。

货币分析与技术分析

你不必相信任何一个证券分析师的建议；却一定要关注货币基本面信息和技术分析。

外汇交易和股指期货一样都属于信息财富的范畴，因而具有信息财富的一般特性和规律。

从本质上讲，货币价格是由所有交易者的共同预期所决定的。也就是说，如果全球大部分外汇交易者都认为美元兑欧元应该贬值，那么反映到市场上，美元兑欧元就会下跌，如果你事先卖空美元，买多欧元，那么你就有可能大赚了一把。

分析货币和分析股票有相似之处，只不过你是将该货币的发行国家当成一家大公司来研究而已。一个国家的经济状况直接影响到该国货币的价值。由于在经济全球化的背景下，一国的经济和全球经济密切相关，各个国家的经济状况，基本上是处于公开状态，人们很容易获得各个国家的经济数据。因此对各个货币的基本面分析相对于股票和期货来说要准确和有效得多，所以对外汇交易者来说基本面分析至关重要。

由于一个国家的经济状况通常不会大起大落，大部分情况下都是处在经济上升或下降的过程中，因此货币很少会长时间地处在窄幅波动中，而是倾向于发展成较强的趋势。这就为交易者提供了低风险，高收益的良好交易环境。

在外汇交易中超过 80% 的交易量都属于投机性质，因此市场经常会反应过度，然后再自己修正。因此技术分析在外汇交易中的应用比在其他任何市场都要准确和有效。一个接受过良好技术分析训练的交易者，可以很容易地在外汇交易中分辨出新的行情趋势和突破，从而找到入场和平仓的机会，使盈利的机会大大增加。

第四节　知识财富和知识产权

仅仅拥有知识是不够的，你还必须拥有知识产权。

知识产权是一种无形财产权，是从事智力创造性活动取得成果后依法享有的权利。

根据 1967 年在斯德哥尔摩签订的《建立世界知识产权组织公约》的规定，知识产权通常分为两类：工业产权，它包括人类一切活动领域的发明(专利)、科学发现、商标、服务标记、商业名称以及标志、工业品外观设计以及原产地地理标志；另一类是版权，它包括文学和艺术作品：诸如小说、诗歌和戏剧、电影、音乐作品；艺术作品诸如绘图、绘画、摄影和雕塑以及建筑设计。与版权相关的权利包括表演艺术家对其表演的权利、录音制品制作者对其录音制品的权利以及广播电视组织对其广播和电视节目的权利。

从法律上讲，知识产权具有三种特征：

(1)地域性，即除签有国际公约或双边、多边协定外，依照一国法律取得的权利只能在该国境内有效，受该国法律保护。

(2)独占性或专有性，即只有权利人才能享有，他人不经权利人许可不得行使其权利。

(3)时间性，各国法律对知识产权分别规定了一定期限，期满后则权利自动终止。

知识产权涉及人类一切智力创造的成果，也就是说将人类的智力活动的结果用法律形式保护起来。这种方法为以后的财富信息化奠定了基础。

知识产权理论

知识产权的本质是精神所有权。

一、精神所有权说

近代知识产权法理论依据自然法思想提出“精神所有权说”。认为知识创造者为社会做出了贡献，社会就应赋予其特定权利，以体现社会的“公平”和“对价”。精神所有权将知识视为物的一种，认为知识产权是对精神所创造的成果的权利，精神创造的成果和物质成果一样是其创造者的财产，其“所有人”有权按照自己的意志处分自己的财产，未经权利人授权或许可，他人无权使用该成果或者妨碍权利人行使权利。国家政权只是起到证明权利的真实性和保证其权利不受来自第三者的故意侵犯。

二、非物质财产权说

该理论由约瑟夫•科勒提出，认为传统的物权只能涉及物质财产，而创作者的权利具有另外的性质，涉及的是对被视为具有经济价值的非物质财产的作品享有的专有权利。由于作品这一非物质财产得到经济上的利用，作者享有的是一种具有经济性质的权利。法律的主要准则是保护作者的著作权，并以此来保证作者获得经济利益。当然，作者还享有其他非经济性质的权利，即个人权利。个人权利不属于著作权的内容，而是作者总的人身权利的一部分组成，个人权利有助于对作品的保护。因此，科勒提出有必要创造一个新的法律类别：非物质财产权，第一个把创作者权利的客体作为单独研究的一个问题加以论及。

三、产权的制度安排

知识产权制度经济学派侧重知识产权法律制度对经济增长作用，提出知识产权是制度产品，是产权的一种类型。

该学派认为生产力发展使知识成为核心生产要素。知识不是独立的物质财富主体而只是创造价值的生产要素，必须应用在生产实践活动中才能转化为生产力，实现其使用价值。现代资本主义已基本解决了科技转化为直接生产力的一系列问题，开拓了科技转化为直接生产力的途径，使科技与其在工业方面的应用结成一体。由于知识在生产中改变和优化创造价值的生产形式、规模、效率和质量等内容及关系而创造出比原有生产力更大的生产力，知识成为核心生产要素，在经济活动中必须像投入机器那样投入知识。虽然土地（自然资源）、劳动力资本没有消失，但它们已成为次要了，而正规专业化的知识则被视作关键的个人资源和经济资源。

知识作为生产要素就要进入市场并接受市场选择。但由于知识自身的属性使知识不能作为商品在市场流转。首先，知识具有抽象性。知识是“自然界的思想物”（马克思语）。知识包含双重抽象：一是事物（自然物，社会现象或他人）的抽象。知识是客观物质结构形式在人的意识中的观念存在；二是形而上学化的抽象，即通过人脑的创造性思维以一定顺序形成之思想体系。其次，知识具有可复制性。一个母本知识可以复制无数次、无数份，可能随着技术的发展和使用方式的改变而改变其使用范围和领域。第三，知识具有可共消费性。它建立在可复制性基础上，知识可为无数消费者同时共同消费。知识不同于其他物质，知识没有形体损耗，在时间上具有永存性，在空间上可以无限再现，可为人们共享，可能在不同的地方为不同的人同时利用。知识可以在同一时间内，分别由若干人使用，例如，一项专利技术，专利权人既可以自己使用，也可以同时许可给他人使用。现代知识借助于各种先进的电子设备传递的速度非常快，更易为大家分享。知识的上述属性决定知识的非排他性。对于物质资源而言，排他性是其自身的属性，所有者可以通过自身的占有、使用而排除他人占有、使用的可能。知识很难通过自然的使用实现排他，无法通过占有来控制对它的利用，先掌握的人并不能完全占有，也不能阻止他人进行同样的创造性活动，加上知识的迅速传播、易于掌握的特点，使得他人可轻易地获得别人创造的知识而进行利用和收益。因而知识一旦被创造出来并予以公开就提供了人们共享该知识的可能，他人可以不受限制无偿利用该知识。在市场经济条件下，知识必须具有与物质同样的商品属性，才能成为自由交换的标的。有用的资源成为商品取决于两个因素：一是使用性。二是专属性(稀缺性)。当资源处于共享状态时谁也不会花钱去买。如果资源无须付费，则每个人都可能成为资源利用主体。知识的非排他性等特征使其不能进入市场，知识不能作为商品流转。知识要形成使用上的排他性成为解决知识的市场流通问题的关键。

知识的产权制度安排使知识在市场流通从而使知识的产业利用更有效率，解决了生产力发展对经济基础的矛盾。产权对于资源成为商品在市场流通具有特殊的意义。产权描述的是对资源的行为权力，通过产权的界定来实现资源的有效配置。一般来说，产权的形成是市场博弈的结果。产权赖以成立的条件是取决于他人的认可。只要他人和社会认同你的行为，不对你的行为发生异议，就表示产权的成立。知识使用上的排他性决定市场不能形成产权机制，知识使用上的排他性要通过私人产权制度安排解决，知识的私人产权制度安排使知识的属性发生变化，知识从共享品转入私有制下从而形成排他性。

只有在特定的法律意识面前，知识产权才不是一句诳语。

知识产权的启示

通过以上叙述，我们大致可以对知识产权有这样一个了解。首先，知识产权是一种精神产物；其次，知识产权是一种非物质财产；第三，知识产权只有在法律制度的安排下才有可能成为一种私有财产。我发现，不仅是知识产权，一切信息财富都同时具有这三条特征。

知识产权和信息财富是建立在专业知识基础之上的一种精神财富。制定并控制知识产权和信息化财富规则成为少数人垄断精神财富的手段。

第五节 东方智慧与信息财富

用西方科学获得物质财富，用东方智慧掌握精神财富。

知识产权和信息财富只可能是西方资本主义思维的产物，因为资本主义习惯将一切事物都商品化、货币化。正如西方的科学必须对一切事物进行命名、定义和分类一样，资本主义也必须对一切事物都打上价值的标记，不管它是物质的还是精神的。

知识产权和信息财富的产生和演变过程始终围绕着推动科学和经济的不断发展，而推动科学发展的目的就是为了更好地推动经济的发展。资本主义发展经济的目的就是为了追求财富的不断扩大。这个过程清晰而明白，本身并没有什么问题。然而随着信息化技术的突破，人们突然发现知识和精神所蕴含的财富能量要远远超过任何物质的财富价值。而且这种可以用信息化来衡量和传播的财富能量通过信息化技术的迅猛发展能够得以实现。这是一个惊人的变化和发现，当人类真正意识到这一点的时候，信息化财富已经悄然成为我们生活中不可分割的一部分。

我敢说其实人类并没有完全做好迎接信息化财富到来的准备，一切才刚刚开始。关于信息财富的研究，西方资本主义尽管走在前头，但也处在摸索的阶段。倒是具有 5000 年发展历史的东方思想和文化最有可能真正理解并完成这种人类社会的大转变。

在处理知识产权这类信息化财富的问题上，东方智慧比西方科学思想具有更大的优势。因为科学思想来自对物质世界的认识，而东方思维源于对精神世界的感悟。

精神是一切财富之源

知识产权、股指期货和外汇交易同属于信息化财富的一部分，我把信息化财富归于精神财富的范畴。那么信息化财富和人类精神之间到底具有哪些微妙精深的联系呢？

这里我要和大家一起探讨精神和财富之间的奥妙和玄机。

我们经常听人讲“××精神的伟大作用”，以及我们从小就知道培根的名言：“知识就是力量。”那么这种精神的作用或知识的力量究竟是什么东西呢？

我经过长期的研究发现，精神之所以有力量是因为精神是一种能量，这种能量由宇宙信息组成。我称这种能量为宇宙精神，宇宙精神具有宇宙统一能量。

宇宙统一能量是宇宙中一切能量的基本单位，包含一切物质和非物质的能量在内。中国古人将这种构成万物的宇宙能量称之为“气”。(这里的“气”指古代汉字“炁”和“氣”所表达涵义)。宇宙精神体现在人类身上就是人的知识和智慧，也就是人的思想。精神的力量就是思想的力量，思想的基本元素就是信息。所以知识财富或信息财富其本质是思想财富，也就是精神财富。知识财富只是人类所意识到的精神财富的浅显部分，就是这种浅显的部分，已经给人类生活造成颠覆性的变化，震撼了人类的思想。一旦人类的精神财富被广泛挖掘，人类就将进入一个创时代的以精神能量为主要特征的精神世界。那时，物质将沦为低级的和次要的财富，精神财富将淹没所有的物质财富，成为人类社会财富的主要形态。换句话说，到那一天，物质或许将不再成为其财富，一切财富都将以信息化的精神状态存在。

如果你不能接受这种观点，没有任何关系，你完全可以继续生活在你的物质世界里，我只是将自己所感知到的未来世界的情景描述出来了而已。我已经看到并已经开始进入到这种以信息化为特征的精神世界里去了，所以我现在关注的重点已经不再是那些传统的物质化的财富，而是现代的信息化的精神财富。

我相信对财富的认识以及对世界的观念上的差异会导致人类社会巨大的财富分化，富者越富，穷者越穷。富人将掌控精神财富，比如知识产权、信息化财富以及意识形态；穷人拥有物质财富，比如房产、汽车和消费、娱乐。是否如此，让我们拭目以待。

人间之道——精神改变世界

老子说：道可道，非常道。名可名，非常名。

在老子看来，人类所认识的世界其实是由人类的意识和概念构成的现实世界，而不是那个超越人类知识体系和意识范畴的绝对真实的世界——道的世界。

在道的世界里一切事物皆产生于道，事物的产生、变化和发展皆“唯道是从”。而在所谓的现实世界里事物通常被人类分成两大类：自然的事物和人类创造的事物。

自然的事物指自然存在的事物，其中也包括我们人类自身。关于自然事物的来源，生活在现实世界里的人们至今还没有找到科学上的确切答案。

人类创造的事物例如：城市、建筑、轮船、飞机、汽车、服装、食品、书籍、电脑、软件、网络、电影、文化、艺术、航天飞机、运载火箭、原子弹、转基因植物、克隆动物……

人们一般认为这些事物都是由人类创造的。人类是如何创造出这些新生事物的呢？

老子说：致虚极，守静笃。万物并作，吾以观复。夫物芸芸，各复归其根。

当我们以道的立场观察这些事物后发现，人类创造新生事物具有三大特征：第一，人类意识、欲望和思维的结果——精神活动；第二，人类行为、工作和劳动的结果——物质运动；第三，人类转换自然事物能量的结果——能量变动。

并且这三者之间具有以下关系：精神活动→(控制)→物质运动→(促使)→能量变动→(产生)→新生事物。

由此可见：

(1)精神活动是新生事情产生的先决条件。

(2)能量变动是新生事物产生的根本原因。

(3)精神活动控制能量变动的性质和大小。

精神通常被现代科学定义为：指人的意识、思维活动和一般心理状态。

我们发现：人的意识、思维活动和一般心理状态具有影响和控制外界事物产生、变化和发展的能力。这种能力毫无疑问是一种能量的释放。

无数事实表明，精神具有神秘的能量。通过释放这种能量，人们往往可以将自己的欲望、意识和思维活动转变成现实事物。

在现实世界中，精神所具备的能量无法得到科学的论证，一般归于宗教解释。西方人通常认为精神代表上帝的意志(在《圣经》中，“上帝”即“神”)。在东方，我们把精神放在道的世界里观察，发现精神具有道的全部特征。由此推测：道是具有统一意义的宇宙精神。宇宙精神具备生养万物的能量我们称之为统一能量。统一能量是宇宙中最基本的能量，一切自然界的事物都是统一能量在现实世界中的反映。人类精神是道——宇宙精神在现实世界中最直接的反映，因此保留了道原有的状态和特征。

现代科学已经证明：物质等于能量。

任何物质的变化，实质上就是能量的变化。物质和能量在外界能量的作用下可以转化。

我们注意到这样一个的事实：正是由于爱因斯坦发表了 $E=mC^2$ 这个著名公式，原子弹才得以问世。我们震惊地发现：诞生于爱因斯坦大脑的一个数学公式竟然会衍生出如此巨大的破坏力！

我们还注意到，以相对论和量子力学为基础的现代科学精神已经拥有超乎寻常的巨大力量。这种力量的来源正是人类在开发(转变)地球自然资源过程中不断吸收并积累起来的科学知识。人类已经认识到“知识就是力量”和“科学技术是第一生产力”。知识力量其实就是指精神力量，科学技术拥有的生产力本质上就是科学精神拥有的生产能力。我们同时发现科学精神力量的增加以自然物质能量消耗为代价，其实质就是统一能量转换，也就是所谓的熵定律。这同样也符合已被科学证明了的宇宙能量守恒定律。

由此推断：精神和物质都由能量组成，它们是宇宙统一能量处在不同时空的存在形式。精神是统一能量的虚态，处于“无名”的状态；物质是统一能量的实态，处于“有名”的状态。精神和物质在统一能量场的作用下可以相互转化。

故老子曰：无名，天地之始；有名，万物之母。

综上所述，人类精神是宇宙精神在现实世界的体现，所谓人类创造的事物其实都是由于人类的精神活动改变自然事物能量的结果，确切地说，人类精神改变了世界。宇宙精神存在于道的世界，道——宇宙精神是宇宙万物的本源，宇宙精神创造了世界。

宇宙统一定律——众妙之门

老子曰：道，可道，非常道；名，可名，非常名。无名，天地之始；有名，万物之母。

故常无，欲以观其妙；常有，欲以观其徼。此两者，同出而异名，同谓之玄。玄之又玄，众妙之门。

老子用道的思维方法以道的世界为对象阐述了宇宙本源的核心问题。老子告诉我们不仅要对现实世界进行认知、命名和研究，而且还要对道的世界进行观察和体会，提出“故常无，欲以观其妙；常有，欲以观其徼”的认识宇宙世界的正确方法。老子认为精神和物质“此两者，同出而异名，同谓之玄。”这个“玄”就是宇宙统一能量。宇宙万事万物皆是宇宙统一能量无穷无尽变化的结果，所以“玄之又玄”乃“众妙之门”。

《老子》第一讲是道家思想的基础，是老子观察和认识宇宙世界的出发点和方法论。以此为前提，老子指出了道——宇宙精神生养万物的原理和大道运行的方式——宇宙统一定律。

老子曰：道生一，一生二，二生三，三生万物。万物负阴而抱阳，冲气以为和。

这段看似简单的话，浓缩并蕴含了中国传统思想中关于宇宙统一定律的所有内涵。

结合中国道教文化和《易经》哲学思想，我们尝试着用现代科学的语言把这段文字的意思表达出来：

【道生一】：道是宇宙精神，具有宇宙统一能量（宇宙太极）；

（宇宙统一能量万有定律）　『无极生太极』

【一生二】：统一能量（太极）产生虚实精神（阴阳二仪）；

（统一能量精神定律）　『太极生二仪』

【二生三】：虚实精神（阴阳二仪）产生统一能量场（气）；

（精气神能量转化定律）　『二仪生四象』

【三生万物】：统一能量场（气）产生万事万物（卦象）；

（物质生成定律）　『四象生八卦』

【万物负阴而抱阳】：万事万物（卦象）虚实守衡（阴阳合一）；

（能量守恒定律）　『阴阳合一』

【冲气以为和】：统一能量场（气）嬗替不息（五行生克）。

（能量场嬗替定律）　『五行生克』

附《宇宙精神要诀》：

宇是精神存在空间，宙是精神变化时间。

精是能量结晶实态，神是能量自由虚态。

精神聚集万物生发，精神耗散万事消亡。

宇宙统一能量守恒，精神嬗替生生不息。

第五章
自然法则

无论是零和游戏还是负和游戏，它们的游戏规则决定了游戏参与者如果要想从游戏中获利，就必须比其他参与者更加聪明，只有更聪明的人才能在游戏中胜出，才能从别人的口袋里掏钱。做交易就像是一个找傻瓜的游戏，交易者在市场中去找一个傻瓜做交易，用更低的价格从一个傻瓜手里买入，再用更高的价格卖给另一个傻瓜。

第一节　相对论

自然法则在所有的系中都是相同的。

爱因斯坦的相对论对于世界上大部分人来说就如同一部天书，可是我在读大学的时候就已经基本读懂了它的原理，并接受了相对论思想。我后来发现相对论在一开始并不是一个科学的思想，而只是爱因斯坦的一种推测，这种大胆的推测后来被一些科学实验所验证。于是我不由地就想起了中国古代也有一部天书叫做《周易》，《周易》的思想几千年来一直被实践所验证，引导中华文明长盛不衰，只是到了近代，这种思想受到来自西方的科学思想的压制，没有得到应有的重视和发挥应有的作用。

爱因斯坦的广义相对论说：自然法则在所有的系中都是相同的。

如果这个说法在科学的领域是成立的，那么《周易》所表达的思想不仅在科学领域，而且是在一切思想领域都应该是成立的。中国古人把人类自身当作是自然界中不可分离的一部分，认为人和大自然所包含的一切事物，包括大自然本身，都遵循“易”和“道”的原则，即人与宇宙所包含的全部信息和能量是联合在一起的，所以有“天人相应”的说法。中国的古人认为“人身小宇宙，天地大人身”，所以我们看到中国人所遵循的最基本的自然法则就是“天人合一”，事实上“天人合一”的自然法则几乎涵盖了人类活动的一切领域。我看爱因斯坦的广义相对论其实是用科学的语言重新解释一遍中国古人的“天人合一”思想。

《周易》思想是中华文明的源头，尽管现在绝大多数中国人说不清楚《周易》思想的真实内涵，但是在实际生活中，每一个中国人都还离不开这种思想的影响。百姓每天都在应用这种思想，却不知道这种思想的存在，这也体现了《周易》思想的真正伟大之处。

同样道理，爱因斯坦的相对论原理虽然只有很少的人能够理解，但这并不妨碍相对论思想对现代人类生活起着举足轻重的作用，我们生活中的许多事情其实都和相对论有关，只是人们没有察觉而已。

相对论和量子力学是近代科学思想的两大支柱，相对论从宏观宇宙，量子力学从微观自然分别解释了我们所生活的物质世界，而《周易》不仅包含了两者的基本法则，并且把这种基本法则扩大到了精神的领域。

既然自然法则在所有的系中都是相同的，或许在交易系统中，自然法则也一定是相同的。这可能成为一个新的交易原理，请不要忘记，这是我首先提出来的。

还是让我简单介绍一下爱因斯坦的相对论，我尽量将这些深奥的原理描述得浅显一些。如果你能够理解，将受益终身。如果不能理解，也没有多大的关系，知道一点相对论的知识，对交易者来说有益无害。

狭义相对论

狭义相对论主要基于爱因斯坦对宇宙本性的两个假设：

第一假设：所有惯性参照系中的物理规律是相同的

根据牛顿第一运动定律：惯性是每个物体所固有的当没有外力作用时保持静止或匀速直线运动的属性。

惯性参照系是一系列此规律成立的参照系。下面举个例子说明：

假设周先生和周太太正在乘飞机旅行，飞机水平地以每小时 800 公里的恒定速度飞行，没有任何颠簸。飞机上乘客很少，你们这一排座位全部空着，周先生和周太太一人一边都坐在靠舷窗的位子。这时，周太太对周先生说：“麻烦你把那条毛毯扔过来好吗？”周先生抓起毛毯正想扔过去，但突然停了下来，心想：“我现在是坐在一架以每小时 800 公里速度飞行的飞机上，我这样横着扔过去，毛毯会不会落到后排乘客的头上呢？”

事实上绝对不会发生这样无礼的事情，除非周先生仍东西的水平实在太差。周先生根本不用考虑这个问题，只需要用与在地面时相同的动作(和力气)投掷过去就行。毛毯的运动就如同飞机停在地面时一样。

所以，如果飞机以恒定的速度沿直线飞行，机舱内控制物体运动的自然法则与飞机静止时是一样的。我们称飞机内部为一个惯性参照系。

同样道理，由于地球每24小时自转一周，地球赤道上的任何一点实际上正以每小时1600公里的速度向东移动。大地在做近似的匀速直线运动，地球表面几乎就是一个惯性参照系。因此地球上的所有物体的运动都表现得如同地球处于静止状态一样。

以上两个例子与其说是在向你解释爱因斯坦的天才假设，还不如说是描述了一下平日里人们想都不用想就知道的生活常识。

实际上，除非我们意识到地球在转，否则有些现象还是会十分费解的。

例如：远程导弹并非完全像它们在惯性系中那样沿直线方向运动，而是略向右(在北半球)或向左(在南半球)偏。

然而对于大多数地球上的研究项目而言，我们依然可以将地球视为惯性参照系。

这里有一个最低限度：惯性系是一个静止或作匀速直线运动的系。爱因斯坦的第一假设使此类系中所有的物理规律都保持不变。

第二假设：光在所有惯性系中速度相同

读过物理的人都知道麦克斯韦定律。麦克斯韦发现电磁场可以以振动波的形式在空间传播，并且这些波的速度都等于光速，于是人们推断光也是一种电磁波。

爱因斯坦的第一个假设是所有惯性参照系中的物理规律相同。他的第二个假设是简单地将此原则推广到电和磁的规律中：光在所有惯性系中速度相同。

爱因斯坦的第一假设看上去非常合理，他的第二假设延续了第一假设的合理性。但是实际上它似乎并不那么合理。

有一个著名狭义相对论的例子可以帮助我们了解爱因斯坦第二假设的合理性，这就是“火车上的试验”。

火车上的试验

假设有一列火车以100，000，000米/秒的速度经过一个站台，老王站在车上，小李站在铁路旁的站台上。

当列车经过站台的一刹那，老王按下手中的电筒按钮，向正前方“发射”光子。光子相对于老王以300,000,000米/秒的速度运行，同时老王又以100,000,000米/秒的速度相对于小李运动。因此有人得出老王发出的光子相对于小李的速度为400,000,000米/秒。

这个答案对吗？

这显然与爱因斯坦的第二假设不符！

虽然小李和老王分别是以地球和火车作为他们的惯性参照系，但是如果按照爱因斯坦的假设，光相对于小李参照系的速度必须和老王参照系中的光速完全相同，即都是300，000，000米/秒。

那么速度相加的“常识相对论”和爱因斯坦的假设究竟那一个错了呢？

许多科学家通过试验证实了爱因斯坦的假设，说明我们的“常识感觉”是错误的。因此接下来我们也假定爱因斯坦是对的，并在此基础上继续我们对相对论的探索。

在火车上的试验中，1秒钟后，光子已移动到老王前面前300，000，000米处，而老王已经移动到小李前面100，000，000米处。如果爱因斯坦的假设成立，那么光子距小李其间的距离将不是400，000，000米，而是300，000，000米，如此情况只有两种可能：

(1)相对于老王的300，000，000米距离对于小李来说并非也是300，000，000米。

(2)对老王而言的1秒钟和对小李而言的一秒钟时间长度不同。

尽管听起来很奇怪，也很费解，但实际上两者都是正确的。

由此我们推论出以下两组非常重要的概念：“时间和空间”以及“质量和能量”。

时间和空间

上面我们得出一个了自相矛盾的结论。我们用来将速度从一个参照系转换到另一个参照系的“常识相对论”和爱因斯坦的“光在所有惯性系中速度相同”的假设相抵触。只有在两种情况下爱因斯坦的假设才是正确的：要么距离相对于两个惯性系不同，要么时间相对于两个惯性系不同。

实际上，两者都对。第一种效果被称作“长度收缩”，第二种效果被称作“时间膨胀”。

长度收缩

参照系中运动物体的长度比其静止时的长度要短。

这种收缩并非幻觉，而是经过精确的科学试验证明了的。物体的长度并非看上去短了，它的确短了！然而，它只在其运动方向上收缩，在其他方向保持不变。

时间膨胀

某一参照系中的两个事件，它们发生在不同地点时的时间间隔总比同样两个事件发生在相同地点的时间间隔长。

用一句比较通俗的话来表达就是：运动的钟比静止的钟走得更慢。

时间膨胀并非是个疯狂的想法，它也已经为科学实验所证实。

现在我们知道了，如果老王乘坐的火车能够以光的速度行驶，那么，相对小李来说，老王的时间是静止的，50 年后，当小李已经变成老李的时候，老王依然还是 50 年前的模样；如果老王能以超光速的速度前进，对老王来说时光就会倒流……

真是无比奇妙的狭义相对论。

质量和能量

除了时空概念中的长度收缩和时间膨胀理论之外，相对论还有许多推论，其中最重要的是关于质量和能量的推论。

我们知道在物理学中能量有许多状态。

首先，任何运动的物体都因其自身的运动而具有所谓的动能，动能的大小和物体的运动速度及质量有关。

其次，任何放在高位上的物体都因为存在地球引力而具有势能。一旦支撑该物体的条件消失，它就会由于地球引力而下落，从而获得向下的动能。

第三，我们知道热量也是一种能量，热能本身也可以归结为是一种组成物质的原子和分子的动能。

此外，生活中还有许多其他形式的能量，比如光能和电能。

科学家们在研究中发现，我们之所以能够把上述现象都和能量联系起来的原因是因为在自然界中存在着一个能量守恒的基本定律。这个定律的涵义是：如果我们把宇宙自然中全部的能量都加起来，其总量永远不变。换句话说，能量不会自生或自灭，能量只能通过转换得到或失去，能量能够从一种形态转化为另一种形态。

例如，汽车可以将汽油在引擎的汽缸中燃烧产生的热能转化为能够使汽车运动的动能；电灯泡可以将电能转化为光能。

我们已经知道一个运动着的物体由于其运动而具有能量，这种能量通常被称作动能。而爱因斯坦告诉我们，同样一个物体在其静止不动的时候也具有能量，（这种能量我们姑且称其为静能量），物体静能量的大小依赖于其质量，并可以根据公式 $E=mC^2$ 给出。

公式中的 m 是该物体的质量，C 是光的速度，为每秒约 30 万公里。

由于光速是如此之大的一个数，因此任何一个物体所具有的通常形态的能量等级根本不能与其自身的静能量相提并论。

爱因斯坦的这一发现揭示了宇宙的一个重大秘密：物质等于能量。

既然物质等于能量，而且是蕴藏着如此巨大的能量，这对我们人类意味着什么呢？

首先我们不必为此担心，因为日常生活中物体的静能量就是保持“安静”的状态，并不会自动转化成我们可以注意到的其他形式的能量。其次，毕竟人类已经发现并掌握了足够的释放质量能量的知识和技术。爱因斯坦的这一发现不仅为人类和平利用核能，比如建设核电站提供了可能性，同时也打开了核武器这一危害到人类生存命运的潘多拉盒子。那些只有理性而没有理智的西方科学家正是依据爱因斯坦的这一伟大发现制造了可以毁灭整个人类数十次的核武器。

前面所说的物体的静止状态只是相对而言，事实上没有任何一样物体是完全静止不动的，地球上的所有物质都随着地球自转，并围绕着太阳运转，而太阳自身也在宇宙中运动。故而在相对论中，一个物体的动能和静能量的总和也可以用数学公式非常容易地表述如下 ：$E=mC^2\gamma$

在地球上，以物体通常所具有的速度，γ 系数大约等于 1。因此静、动能量之和近似等于单一的静能量。也就是说，地球上的物体，其静能比动能大得多。只有当物体的运动速度非常接近光速时，γ 才比 1 大很多。所以只有在运算宇宙天体的运动，以及光、电能量的时候，γ 才会派上用处，平时几乎可以忽略不计。

一个物体的静能量只与该物体的自身质量有关，而与其运动与否无关。

光速极限

光速，对人类和科学而言，似乎是一道不可逾越的障碍。

伟大的科学思想在恒定的光速面前显得一筹莫展，无计可施。科学对于光速的无奈主要缘于以下原因。

首先，科学通过观察和计算设定光速为每秒 30 万公里，这是人类所知的速度的极限，在科学的范畴里，再没有比光的速度更快的事物了。

天文学家告诉我们，几乎可以肯定，在太阳系中，除了地球之外，不存在任何有智慧的生命。而且，在宇宙中，恒星之间距离遥远，动辄几千几万光年，即使太阳系中离我们地球最近的恒星大约也有4光年左右的距离。也就是说，即使我们人类以光速飞行，要到达最近的恒星起码也要花上4年时间。

假设我们登上一艘宇宙飞船，以接近光速飞往10光年以外的一颗恒星。从地球的参照系看来，这次旅行将持续10年。然而对于这次旅行中的乘客而言，根据爱因斯坦的相对论，当我们以接近光速旅行的时候，我们旅程的长度缩短了。因此这个旅行只用了不到10年的时间就可以完成。并且飞船飞行的速度越接近光速，相对于地球和恒星之间的长度收缩也就越多。(我们也可以从时间膨胀的角度来考虑这个问题，从而得出类似的结论)。这当然是一种非常美妙的想法，当我们真的准备去实施的时候，却发现我们根本无法获得以接近光的速度飞行的能量。

我们前面介绍过物质的能量与 γ 参数成比例，这是相对论中的一个简单的计算公式。通过这个公式我们同时还知道，当物体的运动速度等于光速时，γ 参数将变成无穷大。因此，为了让我们的飞船能够加速到光速，我们将需要无穷大的能量。这显然是不可能的。

其次，我们已经知道超光速在物理学中是不可能的。非但如此，我们还发现任何有质量的物体都不可能以光的速度运动。事实上，凡是没有质量的物质必须以光速运动。人类所知的唯一没有质量的物质便是光(光子)，也就是说，如果我们想以光的速度运动，我们首先必须将自己转换成光能。

正是由于人类无法获得比光更快的交通手段，所以人类无法在银河系中自由地旅行和游荡，并与宇宙中其他文明相遇……我们人类似乎命中注定只能是宇宙中一个智慧生命的孤儿。

广义相对论

这个世界上注定只有极少数的人能够理解爱因斯坦的相对论。

如果你通过前面的阅读，对狭义相对论已经有所了解，并且能够接受这个理论的话，接下来我再给你简单介绍一下更加不可思议的广义相对论。

如果此刻你已经头大得像一个冬瓜，完全不知道我在讲些什么东西，你也可以跳过本节直接阅读后面那些能够读懂的章节。

在讲解广义相对论之前，我们首先必须假定一件事情：狭义相对论是正确的。也就是说，广义相对论是基于狭义相对论的。如果狭义相对论被证明是错误的，整个相对论理论的大厦都将垮塌。

不要以为凡是科学理论必定就是正确的，事实上，科学本身也是在不断地认识中完善和发展。爱因斯坦的相对论在某种程度上可以说只是一种推论，其中的某些论点得到了科学的证实，但依然不能证明相对论是唯一和绝对正确的科学理论。

为了理解广义相对论，我们首先必须明确质量在经典力学中的定义。

质量在日常生活中通常被认为是物体重量。这是因为物体之间存在万有引力的缘故。地球上的物体之所以有重量，正是由于地球引力的作用。所以，如果我们要知道一个物体的质量，只要去称它的重量就可以算出它的质量。用这种方法测量出来的物体的质量被称作引力质量。

现在，我们做一个实验。试着在一个平面上推一辆汽车，让它加速运动。你一定会感觉到汽车给你一个反作用力，它强烈地反抗着你要给它的加速度。这是因为汽车有一个非常大的质量。经验告诉我们，移动轻的物体要比移动重的物体来的轻松。由此，质量也可以用另一种方式来定义：反抗加速度。这种由反抗加速度计算得出的质量被称作惯性质量。

因此我们得出结论：我们可以用两种方法度量质量。要么我们直接称它的重量，要么我们使用牛顿定律测量它对加速度的抵抗。

人们做了许多实验来测量同一物体的惯性质量和引力质量。所有的实验结果都得出同一结论：惯性质量等于引力质量。

牛顿虽然意识到这种质量的等同性是由某种他的理论不能够解释的原因引起的，但他最终认为这一结果只是一种简单的巧合。与此相反，爱因斯坦发现这种等同性中存在着一条取代牛顿理论的通道，这就是广义相对论。

第三假设：引力和惯性力等效、等效原理、广义相对论

400 多年前，伽利略在比萨斜塔上做过一个著名的自由落体实验：从塔上同时扔下质量不同、材料不同的铅球炮弹、步枪子弹以及金、银和木头等物体。

当时人们的直觉是较重的物体必定掉落得更快。但结果却大大出乎人们的意料，那些物体并不是先后落地，而是几乎同时掉落到地面上。

由此，伽利略获得一个伟大发现：引力是以同一速率使所有物体产生加速运动的，这一性质与具体物体的质量或构成无关。

物理学把这一性质称为“自由下落的普遍性”，把这种由引力所产生的具有“自由下落的普遍性”的引力系称为伽利略系。

爱因斯坦一直在寻找引力质量与惯性质量相等的解释，根据伽利略的发现，爱因斯坦作出了被称作等效原理的相对论第三假设：即引力和惯性力是等效的。由此得出引力质量与惯性质量相等的推论。

等效原理说明：如果一个惯性系相对于一个伽利略系被均匀地加速，那么我们就可以通过引入相对于它的一个均匀引力场而认为它(该惯性系)是静止的。

等效原理为爱因斯坦的第四假设——广义相对论提供了理论基础。

第四假设：自然法则在所有的系中都是相同的

爱因斯坦的第四假设是其第一假设的推广。它可以这样表述：自然法则在所有的系中都是相同的。这个原理被称作“广义相对论原理”。

广义相对论(General Relativity)是爱因斯坦根据等效原理，把狭义相对性原理推广为广义相对性原理，即物理定律(自然法则)的形式在一切参考系中都是不变的。广义相对论解释说，物质质量的存在会造成时空的弯曲，在弯曲的时空中，物体仍然顺着最短距离进行运动。例如地球在太阳引力效应产生的弯曲时空中绕着太阳运转；也正如在弯曲的地球表面上，物体如果看似以直线运动，实际上是绕着地球表面的大圆在走。

广义相对论是爱因斯坦以几何语言建立起来的引力理论，统合了狭义相对论和牛顿的万有引力定律，将引力描述成是因为时空中存在物质和能量而发生弯曲的时空，以取代传统的对于引力是一种力的看法。因此，狭义相对论和万有引力定律，都只是广义相对论在特殊情况之下的特例。狭义相对论没有考虑到重力的影响；而万有引力定律只在近距离、小引力和慢速度的情况下有效。广义相对论则综合了这两种情况。

宇宙几何

当我们接受了爱因斯坦的相对论之后，发现世界上有些事情开始变得十分奇怪。比如我们得知时间居然会膨胀；长度居然会收缩。可爱因斯坦居然还告诉我们另一些更加奇怪的结果：在大多数情况下，我们所生活的世界不是欧几里德式的。也就是说我们看到的圆其实不是圆；我们认为的平行线最终会相交或者发散；一个三角形的内角之和加不到180度……

难道我们在学校里学到的数学和物理知识是错误的吗？

事实上欧几里德几何学作为一种数学抽象总是正确的，但当它被用来描述真实世界的时候，却无法确定任何事物。

在爱因斯坦发现欧几里德几何不足以描述世界之前，数学家高斯(Gauss)和其后的黎曼(Rieman)曾经发展了另一种几何——高斯几何。当他们发展出这一新的数学分枝的时候，他们甚至都不敢想象自己用如此方法描述的这个世界才是真正正确的世界。事实上，爱因斯坦在其朋友格罗斯曼(Grossman一个优秀的数学家)的帮助下，在高斯几何的基础上发展了他的广义相对论。

这里我特别要指出的是：数学是独立于真实世界而发展起来的，并不能代表这个真正的世界。数学是一种“抽象”的概念。

请问：1＋1＝2。这是真的吗？作为数学抽象，这总是对的。但是当你试图给这个等式一个物理上的含意的时候，它就是错的了。

记得我们前面所描述的火车上的经历吗？

你不能将光速加上火车的速度——V＋C＝C。你也不能通过将光速加上光速从而得到两倍的光速。但是，如果你将一升牛奶加上另一升牛奶，你将肯定得到两升牛奶。

同样道理，当你用一升牛奶去交换一升水的时候，你并不能由此下结论说：一升牛奶等于一升水。

明白我的意思吗？数学只有在不涉及现实的时候才是正确的，而在现实世界中一切都是不确定的。

科学知识和科学技术同样如此，科学只有针对自然界的物质世界才真实有效，而对人类生活中绝大部分事物是虚假无效的。

如果你不能完全理解相对论的全部思想，那么至少试着理解这一点含义吧，因为理解这一点真的非常非常重要。

相对论与交易

读了前面的文章也许你会问：爱因斯坦的相对论与我做投机交易有何相干？

从表面上看的确没有任何直接的关系，许多一点也不懂相对论的人都在做投机交易，其中有些人还做得相当不错。

但是从本质上说，爱因斯坦的相对论理论和做投机交易的原理是息息相通的。相对论是人类现代文明中最具有普世意义的伟大基础理论之一，对万事万物具有通用的、普遍的指导意义。

我以为，爱因斯坦的相对论与其说是一门科学，还不如将其归为玄学，或归为一种思想更为准确。所谓相对论只是爱因斯坦提出的四个推论，这些推论中的一部分得到了科学实验的证实。事实上，在西方科学界，对爱因斯坦相对论的质疑始终没有停止过，原因就在于现代科学并不能完全证实爱因斯坦的所有推论，相对论思想的范畴超越了科学的界限。

我认为爱因斯坦的相对论中最重要的部分或许就是时间和空间，以及质量和能量这两对基本概念。

我发现其实世界上的一切事物，简单点讲都是由这两对、四种概念构成的。如果深入研究下去，你还会惊奇地发现，原来爱因斯坦的相对论在中国古代传统的理论中早有类似的定论。凡是了解中国古代传统文化，掌握东方思维和思想的人更容易理解爱因斯坦的相对论思想。早在爱因斯坦诞生之前数千年，中国就已经有类似的思想和发现，只不过那时中国人使用的并不是科学思想体系，而是中国传统文化的知识体系和思维概念，有自己独立的文化系统，比如我一开始就提到《周易》思想。虽然现代科学体系并不认可除它以外的其他知识体系，但这并不妨碍我们按照自己传统文化的思维习惯对世界进行观察和思考。当中国古人开始思考宇宙世界问题的时候，科学还只是宇宙中的一团尘埃。中国古人管这种思想尘埃叫做气，用我的理论来解释，气就是宇宙精神，当气(宇宙精神)凝聚起来就能形成新思想和产生新的物质。

爱因斯坦的广义相对论说：自然法则在所有的系中都是相同的。

而中国的古人早就提出了：天人合一的思想。就是说，在天、地、人这三个系统中，自然法则是相同的。所以老子说：人法地，地法天，天法道，道法自然。

难怪爱因斯坦要感叹，中国的古人虽然不懂逻辑学和科学，却一样得出了正确的结论，时间却要比西方人早上千年。

爱因斯坦的相对论是架在西方科学和东方玄学之间的一座桥梁，无论是从西方走向东方，或者从东方走向西方，只要你能够走过这座桥，你就会成为知前预后的大师和哲人。

懂一点相对论的知识对希望成为一名优秀的投机交易者来讲有益无害。

我可以把自己通过学习相对论所悟得的关于投机和财富的一点体会透露给你：投机就是对时间和空间的把握；财富就是对物质和能量的组合。

对其他想领悟人生真谛、拥有智慧人生的人来讲，掌握相对论原理也是一条很好的入门途径。当然，如果你能掌握中国传统的易道思想那就更好了。

第二节 量子力学

测不准原理：人们永远不能同时准确知道粒子的位置和速度；对其中一个知道得越准确，则对另一个就知道得越不准确。

如果说爱因斯坦的相对论主要针对宏观宇宙世界而言，那么量子力学则是一门研究微观自然的科学。

我之所以把量子力学拿到这里来介绍，其原因和前面介绍爱因斯坦的相对论是一样的。量子力学在我眼里并不完全是一门科学，量子力学和中国传统的阴阳五行学说多少存在着一些内在的关联，我们从现代量子力学的奠基人波尔爵士那绘有太极图案的族徽上或许就可以看出一些端倪。

量子力学和相对论都可以为中国传统的哲学思想以及阴阳五行理论提供一些科学上的佐证。事实上，以相对论和量子力学为支柱的西方现代科学思想正越来越接近东方的传统思想。我相信，西方的科学终究会向东方的玄学靠拢，两者最终会合二为一，成为一种主导人类面向未来的新思想，这种新思想将为人类的发展提供一种全新的精神能量。

对于交易者而言，如果能够掌握现代科学思想中最基本也是最重要的科学原理，并将其所揭示的自然法则运用到实际交易之中，我相信对于提高交易者思维水平，发挥交易技巧，提高交易成绩一定会起到意想不到的神奇效果。

量子力学

量子力学是现代科学中研究微观粒子运动规律的物理学分支学科，它主要研究原子、分子、凝聚态物质，以及原子核和基本粒子的结构及性质的基础理论，它与相对论一起构成了近代物理学的理论基础。量子力学不仅是近代物理学的基础理论之一，而且在化学等有关学科和许多近代技术中也得到了广泛的应用。

量子力学是在旧量子论的基础上发展起来的。旧量子论包括普朗克的量子假说、爱因斯坦的光量子理论和玻尔的原子理论。

1900年，普朗克提出辐射量子假说，假定电磁场和物质交换能量是以间断的形式(能量子)实现的，能量子的大小同辐射频率成正比，比例常数称为普朗克常数，从而得出黑体辐射能量分布公式，成功地解释了黑体辐射现象。

1905年，爱因斯坦引进光量子(光子)的概念，并给出了光子的能量、动量与辐射的频率和波长的关系，成功地解释了光电效应。其后，他又提出固体的振动能量也是量子化的，从而解释了低温下固体比热问题。

1913年，玻尔在卢瑟福有核原子模型的基础上建立起原子的量子理论。按照这个理论，原子中的电子只能在分立的轨道上运动，原子具有确定的能量，它所处的这种状态叫“定态”，而且原子只有从一个定态到另一个定态，才能吸收或辐射能量。这个理论虽然有许多成功之处，但对于进一步解释实验现象还有许多困难。

在人们认识到光具有波动和微粒的二象性之后，为了解释一些经典理论无法解释的现象，法国物理学家德布罗意于1923年提出微观粒子具有波粒二象性的假说。德布罗意认为：正如光具有波粒二象性一样，实体的微粒(如电子、原子等)也具有这种性质，即既具有粒子性也具有波动性。这一假说不久就为实验所证实。

由于微观粒子具有波粒二象性，微观粒子所遵循的运动规律就不同于宏观物体的运动规律，描述微观粒子运动规律的量子力学也就不同于描述宏观物体运动规律的经典力学。当粒子的大小由微观过渡到宏观时，它所遵循的规律也由量子力学过渡到经典力学。

量子力学与经典力学的差别首先表现在对粒子的状态和力学量的描述及其变化规律上。在量子力学中，粒子的状态用波函数描述，它是坐标和时间的复函数。为了描写微观粒子状态随时间变化的规律，就需要找出波函数所满足的运动方程。这个方程是薛定谔在1926年首先找到的，被称为薛定谔方程。

当微观粒子处于某一状态时，它的力学量(如坐标、动量、角动量、能量等)一般不具有确定的数值，而具有一系列可能值，每个可能值以一定的几率出现。当粒子所处的状态确定时，力学量具有某一可能值的几率也就完全确定。这就是1927年，海森堡得出的测不准关系，同时玻尔提出了并协原理，对量子力学给出了进一步的阐释。

量子力学和狭义相对论的结合产生了相对论量子力学。经狄拉克、海森伯和泡利等人的工作发展了量子电动力学。20世纪30年代以后形成了描述各种粒子场的量子化理论——量子场论，它构成了描述基本粒子现象的理论基础。

以上内容对普通读者来说也许过于深奥，我将其简化，大家只要知道以下内容就可以了。

根据量子力学理论，科学家们认识到不仅光具有波粒二象性，而且微观粒子也具有波粒二象性，并由此推断出粒子具有测不准关系，这种测不准关系又被称为测不准原理；其次，光和微观粒子都具有特性相似的能量，而微观粒子是组成一切物质的基本单位。

宗源推论

根据量子力学的科学定义，光和微观粒子都具有特性相似的能量，而微观粒子是组成一切物质的基本单位。由此进一步推断：当微粒子在一定条件下聚集，就形成物体；当物体在一定条件下分解，就形成微粒子；其交易变化的本质是一个能量交易的过程。地球生物是地球物体中的一类特殊物体，而人类则是这类特殊物体中更为特殊的一类。如果从理论上推断，人类这个具有生命的物体完全有可能(只能)被分解成一种具有生命特征的微粒子。由于科学定义的任何微粒子都应该具有波粒两象性，也就是具有光的特性，所以生命微粒子一定能够以光的速度在宇宙中游荡。也许中国古人所谓的气(炁)，指的就是形成一切事物的微粒子，精神和灵魂就是那些具有生命特征的微粒子，只不过和科学的称呼不同而已。

测不准原理和交易

测不准原理：人们永远不能同时准确知道粒子的位置和速度；对其中一个知道得越准确，则对另一个就知道得越不准确。

我发现：在金融、期货以及股票、证券等一切经过信息化处理的商品交易市场，测不准原理同样有效。

原因何在？其玄机就在于所谓的信息化就是将物质(财富)粒子化(电子化)，于是信息化财富自然就带上微粒子的一切特征，信息化财富不仅可以以光的速度在世界各地流动，信息化财富市场行情的不确定性也由此而产生。

虚粒子

虚粒子：在量子力学中， 一种永远不能直接检测到的，但其存在确实具有可测量效应的粒子。

老子说：世上万物生于有，有生于无。

由此看来，世界上任何事物都是无中生有的。老子所谓的无或许正是科学思想中的虚粒子？——一种永远不能直接检测到的，但其存在却是具有可测量效应的事物。

由此我联想到，其实人类所拥有的任何财富也都是无中生有的。首先，任何事物都有一个生命的过程，也就是说有一个诞生、发展、消亡的过程，财富自然也不例外；其次，财富本无所谓有，无所谓有，只是人类的意识将某些事物当作了财富，于是这些事物有了价值，才成为了财富。

如此一想，财富的确可以无中生有地产生并获取，信息化财富尤其可以如此。

想一想 100 年之前我们的躯体和思想的模样，也许还是散落在宇宙中的尘埃，科学家管这些尘埃叫做微粒子，其中也包括了虚粒子。而中国古人将这种尘埃称作气(炁)，认为万事万物都是由气(炁)所组成，气(炁)聚成物，物散化气(炁)。宇宙间的一切事物都是如此诞生、发展、消亡，循环往复，直到永远。

第三节　熵与能量守恒

宇宙的能量总和是一个常数，总的熵是不断增加的。

热力学概念乍听起来有些深不可测，其实它们是我们所知道的最简单而又给人印象最深的科学概念。热力学的两个基本定律可以用一个简短的句子来表达：

宇宙的能量总和是一个常数，总的熵是不断增加的。

能量守恒：热力学第一定律

热力学第一定律就是能量守恒定律。就是说我们既不能创造，也不能消灭能量。宇宙中的能量总和一开始便是固定的，而且永远不会改变。它告诉我们能量虽然既不能被创造又不能被消灭，但它可以从一种形式转化为另一种形式。

这也许是人类对宇宙世界最重要的认识之一，是科学知识体系中最重要的知识和概念。人类应该牢牢记住这一点，就是我们人类并不能创造能量，从来就没人创造过能量，也永远不会有人能创造。我们力所能及的只是把能量从一种状态转化成另一种状态。

因此，人类应该慎用创造和发明这两个词汇。这个世界上的一切事物其实都不是人类所创造和发明的，那些整天梦想着通过发明创造改变世界的人应该清醒一些了。

前面，我在《宇宙精神》一文中详细阐述了一个观点，就是世界上的万事万物都是由宇宙能量所生成的。世界万事万物的形态、结构和运动都不过是能量的不同聚集与转化形式的具体表现而已。无论是一个人、一棵草，一辆汽车、一架飞机、一幢摩天大楼，或者是一个计划、一件事情……所有的一切事物都体现了宇宙能量从一种形式转化成为另一种形式的过程。任何一个所谓新事物的生成，比如建成一栋高楼，一定是耗费了其他地方的能量而在这里重新聚集；而当事物消亡，比如一栋高楼被夷为平地，最后被彻底风化，它们原来所包含的能量也并没有消失，而只是被转移到同一环境中的其他所在去了。

据说科学家曾经做过一个计算：你只需做一次呼吸，你就已经吸进了曾经让柏拉图吸进过的5000万个分子。而我甚至还可以告诉你，只要你读了《交易之门》这本书，在你身上肯定就拥有了曾经属于爱因斯坦的一部分能量。

现在你回过头去再读一遍《宇宙精神》，相信一定会有更深刻的领悟。

熵：热力学第二定律

既然宇宙的总能量守恒，能量并不会消失，我们人类是不是就可以随心所欲地去“发明”和“创造”精神和物质财富了呢？可以毫无节制地去建设，去制造，去消费了呢？我们就可以滥用石油、煤炭、矿藏、空气和水这些最直接、最基本的能源资源了呢？反正地球上存在着万世不竭可循环转化的能源，不用不是白不用吗？

遗憾的是，真实的世界并非如此美好。当我们烧掉一块煤，它的能量虽然没有消失，但却经过转化变成二氧化碳以及其他气体和物质一起散发到空间中去了。虽然在燃烧过程中能量并没有消失，但是我们却再也不能把同一块煤重新烧一次来做同样的功。这是非常显而易见的事情，大概从来没有人会去问：这是为什么呢？在人类社会中，越是重要、越是普世的真理越是让人熟视无睹，只有圣贤哲人，那些伟大的思想家和科学家才会去思考这些问题。热力学第二定律解释了这个现象，它告诉我们，每当能量从一种状态转化到另一种状态时，一定会产生消耗，这个消耗就是我们损失了能在将来用于做某种功的一定能量。这种在能量转化过程中产生的今后不能用来再做同样功的能量的总和就是科学家所定义的熵。

熵是不能再被转化做功的能量的总和的测定单位。

科学家研究发现，当能量从一个较高的集中程度转化到一个较低的集中程度(或由较高温度变为较低温度)时，它就做了功。而每一次能量从一个水平转化到另一个水平，都意味着下一次能再做功的能量就减少了。

比如河水越过水坝流入湖泊。当河水下落时，它可以被用来驱动水车或发电。然而河水一旦落到坝底，就处于不能再做功的状态了。我们知道处在水平面上没有任何势能的水就连最小的轮子也带动不了，虽然它也具有能量，却还是成了一潭死水。我们将这两种不同的能量状态分别称为“有效的”或“自由的”能量，和“无效的”或“封闭的”能量。

熵是某一系统中存在的一定单位的无效能量的总和。熵的增加就意味着无效能量的增加，有效能量的减少。每当自然界发生任何事情，一定的能量就被转化成了不能再做功的无效能量。这些被转化成了无效状态的能量就构成了我们通常所说的污染。所以人类的任何活动一定会在大自然构成污染，越是大型的项目，造成的污染就越是严重。

热力学第一定律指出，能量既不能被产生，又不能被消灭；热力学第二定律指出，能量只能沿着一个方向——即耗散的方向——转化。也就是说，在自然界中，任何的过程都不可能自动地复原，要使系统从终态回到初态必需借助外界的作用。

熵定律不仅在科学领域和自然界中有效，在人类的社会实践活动中同样有效，这其中自然也包括我们所从事的信息财富交易活动。目前世界各国有许多科学家和学者都在研究熵定律，试图了解熵定律在各个领域中所起的作用。人们在研究中发现，熵定律反映出的另一个重要现象：在任何一个封闭的系统中，熵总是趋向无限大。这对我们人类进一步认识这个世界起到了一个重要的提示作用。

我认为，熵定律和能量守恒定律，以及相对论和量子力学，这些都是现代科学体系中的最核心的概念和最重要的知识。不仅如此，它们还超越了传统科学的领域，影响到了人类的社会实践活动的各个方面。这些近代科学理论和知识如果能和中国传统文化思想产生交易，必将转化成难以想象的巨大能量……根据能量守恒定律和熵定律，我可以断言，这种交易已经发生，世界正在发生巨大的变化，一种新的超越科学的思想正在诞生，人类正在进入一个以精神能量为主导的信息化世界，让我们拭目以待。

自然与社会的能量守恒

前面我在讲解狭义相对论时已经简单介绍过能量守恒的原理。由于能量守恒原理对于我们用科学的方法理解这个世界具有特别重要的意义，故而专门用一节详细讲解。

能量守恒，也可以称为能量和质量守恒定律。是由英国物理学家焦耳，法国物理学家迈尔，德国物理学家、生物学家亥姆霍兹，以及丹麦科学家柯尔丁共同发现的。

能量守恒定律揭示了这样一个科学真理：自然界的能量和质量是守恒的，它们不能产生，也不能消灭，只会从一种形式转换成另一种形式。能量守恒定律在化学、电磁学、天文学和生物学等领域同样成立。例如试验证明：化学反应前后的物质质量是相等的，并由此推论出化学中的质量守恒定律。

科学研究发现，自然界中不同的能量形式与不同的运动形式相对应：物体运动具有机械能、分子运动具有内能、电荷的运动具有电能、原子核内部的运动具有原子能等等。

科学研究还发现，不同形式的能量之间可以相互转化：比如摩擦生热是通过克服摩擦做功将机械能转化为内能；水壶中的水沸腾时水蒸气对壶盖做

注：【熵】根据热力学的定义：在热力体系中，不能用来做功的热能可以用热能的变化量除以温度所得的商来表示，这个商叫做熵。引用到其他领域，泛指某些物质系统状态的一种量度或可能出现的程度。

功将壶盖顶起，说明内能能够转化为机械能；电流通过电热丝做功可将电能转化为内能……这些实例都证明了不同形式的能量之间可以通过做功来相互转化。

根据能量守恒定律，如果某种形式的能减少，一定有其他形式的能增加，且减少量和增加量一定相等。所以，任何生命体都是通过吸收阳光、空气和水分等营养物质才得以成长，这些被吸收的物质其本质就是能量。

人类社会的经济活动主要围绕着财富的交易活动而展开，其中电子货币、股指期货、股票证券这类信息化财富的交易过程实质上也是一种能量转化的过程。信息化财富并不能被创造，只能是从一种形式向另一种形式转化，这种信息化财富的转化过程就是当代世界流行的金融财富创新，以及对这些金融创新产品——金融衍生品所进行的市场交易。财富信息化将引导人类社会进入到一个以信息化经济为主要特征的全新的社会环境之中，世界将由此而改变。

交易的玄机就在于如何使财富能量的转化朝着有利于自己的方向进行，从而使自己的财富能量不断得到积累……只要能够真正领悟到这一点，交易者将稳操胜券。

第四节 博弈论

如果你不知道丛林法则和博弈论，请远离交易。

在西方的科学思想体系中有两个邪恶的著名理论，一个是社会进化论，另一个是零和游戏原理。社会进化论滥用了达尔文的自然进化论理论，将丛林法则引入人类社会，推崇弱肉强食，适者生存的野蛮逻辑，将人类还原成动物，为强者对弱者的压迫、剥削、掠夺和欺诈行为制造借口。而零和游戏原理正是社会进化论的社会实践，这种理论认为，世界是一个封闭的系统，财富、资源、机遇都是有限的，个别人、个别地区和个别国家财富的增加必然意味着对其他人、其他地区和国家的掠夺，所以这是一个的弱肉强食的世界。

改革开放以后，这两种理论随之涌入中国，对社会造成了巨大的冲击。尤其在经济领域，零和游戏原理几乎成为了MBA(工商管理硕士)们的商战宝典。虽然20世纪人类在经历了两次世界大战，经济高速增长、科技飞速进步、全球化以及日益严重的环境污染和能源危机之后，零和游戏原理的危害性逐渐被人们所认识，人们开始认识到利己并不一定要建立在损人的基础之上。人们通过有效合作，皆大欢喜的结局也是可能出现的。但是要从零和游戏思维走向双赢思维，需要游戏参与各方有真诚合作的精神和勇气，在合作中不要耍小聪明，不要总想占别人的小便宜，要遵守游戏规则，否则所谓双赢的局面就不可能出现，最终还是诚实者自己吃亏。

我以为只要西方文明中的弱肉强食、适者生存的社会进化论思想没有消失，零和游戏必将继续进行下去，所谓双赢口号只不过是用来迷惑敌人的障眼法。

正因为零和游戏原理如此重要，所以交易者不可不知。不仅如此，如果想要在交易中获胜，就必须精通零和游戏原理，掌握其精髓。

零和游戏

零和游戏原理相当简单：当你看到两位对弈者时，你就可以说他们正在玩零和游戏。因为在大多数情况下，总会有一个人赢，一个人输，如果我们把获胜计算为得1分，而输棋为-1分，那么，这两人得分之和就是：1＋(－1)＝0。

这正是零和游戏的基本内容：游戏者有输有赢，一方所赢正是另一方所输，游戏的总成绩永远是零。

人们发现在社会的方方面面几乎都能发现与零和游戏类似的局面：赢者的后面一定有一个输者；胜利者的荣耀后面往往隐藏着失败者的辛酸和苦涩。

无论是个人、团体还是国家，无论是政治、军事还是经济，似乎无不验证了这样一个原理，世界正如一个巨大的零和游戏赛场。

囚徒困境

如果说“零和游戏”是博弈论中的一个最重要的特例，那么“囚徒困境”无疑就是最具普遍性和代表性的博弈论模型。甚至可以说，不谈“囚徒困境”我们就无法谈论博弈论。

“囚徒困境”的故事大致是这样的：

甲、乙两个人一起携枪准备作案，被警察发现抓了起来。因为没有其他犯罪证据，警方只能以非法携带枪支的轻罪处罚他们。但是警方怀疑这两个人可能还犯有其他重罪，于是分别进行审讯。警方告诉他们：如果主动坦白，就有可能得到宽大处理。否则，一旦同伙主动交代，抗拒者则必将受到重罚，而坦白者可以立功减刑。

在这种情形下，这两个囚犯必须作出自己的选择：或者他们相互背叛，与警方合作；或者保持沉默，和自己的同伙合作。这样就会出现以下几种情况(为了更清楚地说明问题，我们给每种情况设定具体刑期)：

(1)如果两人都不坦白，警方会以非法携带枪支罪各判两人1年徒刑。

(2)如果其中一人招供，而另一人不招，坦白者作为证人将被免予起诉，另一人将会被重判10年。

(3)如果两人都招供，则两人都会因抢劫罪各判5年。

我们假设这是两个聪明的囚犯，现在这两个聪明的囚犯该怎么办呢？是选择相互合作还是相互背叛？从表面上看，他们应该相互合作，保持沉默，因为这样他们俩将得到对双方来说都是最好的结果——只获刑1年。但是，由于信息被封闭，两人无法交流，而他们又不得不考虑对方可能采取的选择。由于甲、乙两个人都十分精明，所以他们都会优先考虑如何才能减少自己的刑期，至于同伙被判多少年已经顾不得许多了。

甲会这样推理：

假如乙不招，我只要一招供，马上就可以获得自由，而不招却要坐牢1年，显然招比不招好；假如乙招了，我若不招，则要坐牢10年，他却获得了自由，而我招了也只坐5年，显然还是招认为好。可见无论乙招与不招，我的最佳选择都是招认。所以还是招了吧。

也就是说在这种情况下，如果甲认为乙会合作，则甲背叛能得到更多的利益；如果甲认为乙也将背叛，则甲的背叛也能得到更多的好处。所以无论乙采取什么样的行动，选择背叛对甲来说结果总是好的。

于是，甲似乎知道该怎样做了。但是，相同的逻辑对另一个人也是同样适用的。因此，乙也会选择背叛，而不管甲如何做。

这样一来，甲、乙两人都选择招供，这对他们个人来说都是最佳的决定，即最符合他们个体理性的选择。

按照博弈论的说法，这是他们双方的“优势策略”，也是他们所能选择的唯一平衡点。在这一点上，任何人单方面改变选择，他只会得到较差的结果。

现在问题出现了：按照他们的最佳选择，他们将是双方背叛，只能一起去坐5年牢，这比他们双方合作，只坐1年牢的结果显然要差很多。由此我们注意到个体理性往往导致双方得到的实际利益比可能得到的要少得多，这就是著名的“囚徒困境”。

非合作博弈均衡

为什么两个聪明的囚犯却无法得到最好的结果？想必旁观者都清楚，两个人都招供，对两个人而言并不是集体最优的选择。无论对哪个人来说，两个人都不招供，要比两个人都招供好得多。

“囚徒困境”是一些非常普遍而有趣的社会情形的简单抽象，可以说是理性的人类社会活动最形象的比喻。它准确地描述了人类社会中所存在的互相之间不信任和相互防范的真实一面。从个体的角度来说，背叛总是最好的选择，但双方背叛一定会导致对双方都不甚理想的结果。

“囚徒困境”为我们探讨合作是怎样形成的提供了极为形象的解说方式，

产生不良结局的原因是因为当事人都基于自私的角度考虑问题，这正是合作没有达成的原因。

在社会及经济活动中，人们通常只是选择对自己最有利的策略，而不去考虑社会福利或任何其他对手的利益。没有人会主动改变自己的策略以便使自己获得更大利益，即便他们知道存在这样的可能。我们在“零和游戏”中提到过的双赢设想，正是由于存在“囚徒困境”这一问题而无法实现。

“囚徒困境”对人类社会有着广泛而深刻的意义。个人理性与集体理性的冲突，各人追求利己行为而导致的最终结局必定是一个对所有人都不利的结局，这就是博弈论中著名的“纳什均衡”。只有当人们都首先替对方着想时，或者相互合作(合谋串供)时，才可以得到对双方来说都是最好的结果，也就是实现双赢。因此，我们从“纳什均衡”中也可以悟出一条真理：合作是一种比背叛更有利的“利己策略”。但它必须符合以下前提：人人都能做到“你希望别人如何对待你，你就如何对待别人”。这也就是孔子所言：“己所不欲勿施于人”。但前提必须是“人所不欲勿施于我”。否则，倒霉的必定是善良、诚信的人们。

“纳什均衡”是一种非合作博弈均衡，这种理论和思想已经深入到西方社会的方方面面，成为西方思维的一部分，无论是在国际政治、军事以及文化、经济领域，猜疑多于信任，非合作的情况要比合作情况更为普遍。

当代社会最流行的一个单词就是“博弈”，我们似乎时时刻刻都处在博弈之中。因此“囚徒困境”还将继续困惑着我们。

负和游戏

市场交易通常被看成是一种零和游戏，如果不考虑佣金和市场管理费用，仅仅是交易者之间的博弈或许可以这样认为。但实际上不管交易者是做长线投资，还是做短线投机，只要是通过市场进行交易，必定要被市场抽取一部分的佣金或管理费用，所以市场交易是一种典型的负和游戏。在这一点上市场和赌场非常相似，赌场通过抽头降低赌博者赢钱的概率，从而保证自己只赚不亏。市场交易通常是由交易者捉对厮杀，有人赚钱，就必定有人亏钱。当结算的钟声响起，赚的钱必定少于亏的钱。

无论是零和游戏还是负和游戏，它们的游戏规则决定了游戏参与者如果要想从游戏中获利，就必须比其他参与者更加聪明，只有更聪明的人才能在游戏中胜出，才能从别人的口袋里掏钱。而那些输钱的人除了责怪自己愚蠢外，就等着被别人耻笑为傻瓜吧。

在资本市场专业交易员当中一直流传着这样一个行业内的秘密，做交易的奥秘就是去寻找一个傻瓜。做交易就像是一个找傻瓜的游戏，交易者在市场中去找一个傻瓜做交易，用更低的价格从一个傻瓜手里买入，再用更高的价格卖给另一个傻瓜。这听上去很缺德，但市场交易从来就是如此。你有没有在股市中听说过“搏傻”这个词？就是比谁更傻。如果你不想成为那个最傻的傻瓜，那你一定要比市场中绝大多数的傻瓜更聪明一些，否则谁能保证你不会是那个最傻的傻瓜呢？

正和游戏

既然有零和游戏和负和游戏，自然也应该有正和游戏。通常人们把牛市中的股市看成是正和游戏。这是一个激动人心的市场，人人赚钱，不断赚钱，好像没有人亏钱……

但是不要高兴的太早了，当牛市结束，熊市来临的时候，市场中血流满地，尸横遍野的惨况也会让许多参与者终身难忘。

只有那些设计和组织正和游戏的人才是真正的大赢家，一场又一场变着花样的正和游戏让他们赚得盆满钵满。

第五节　黄金分割

黄金分割不仅仅是一种数学上的比例关系，黄金分割具有严格的比例性、节奏性、准确性、和谐性、艺术性以及神秘性。

把任意一条线段分割为两部分，使其中一部分与全长之比等于另一部分与这部分之比，其比值为无理数，具体数值为：0.618033988……

我们取其比值的前三位数字近似值就得到了一个被称为黄金分割的神奇数字——0.618。

黄金分割是一个非常奇妙的数字，我们通过简单的计算就可以得到以下等式：

$(1-0.618)\div0.618=0.618\div1$

$1.618\div1=1\div0.618$

$1\div1.618=0.618$

我们发现黄金分割其比例与其倒数居然也是一样的。

黄金分割的名称与黄金无关，而是因为这个比值具有非常神奇美妙的视觉效果，它的价值和黄金一样珍贵。

人们发现，在自然界中，凡是美丽与和谐的事物很有可能就隐含着黄金分割的比例。比如我们人类的体格：人们的肚脐就是人体总长的黄金分割点，人的膝盖是肚脐到脚跟的黄金分割点。在动物身上也可以发现许多黄金分割的例子，甚至在植物身上也是如此。人们还发现，在人类的社会活动中，诸如像绘画、雕塑、音乐、建筑等涉及到艺术的领域，只要是符合0.618这个黄金分割比例，我们就会感到愉悦和美丽，反之就会感到别扭和丑陋。在世界艺术史上，几乎所有的杰出作品都不约而同地验证了这一著名的黄金分割律。

黄金分割不仅蕴藏着丰富的美学价值，而且在科学、经济以及军事等领域也显示出其神奇价值。

在科学研究中，科学家运用黄金分割制定出试验的优选法。在医学上，黄金分割可以解释人为什么在环境22°C～24°C时感觉最舒适。这是因为人的正常体温37°C与0.618的乘积为22.8°C。现代医学证明这一温度中肌体的新陈代谢、生理节奏和生理功能均处于最佳状态。黄金分割运用于军事上，不仅可以提高兵器的可操作性和准确性，更可以提高战略和战术的有效性。在经济领域，黄金分割是交易者和市场分析师对股票证券交易市场以及期货、外汇交易市场进行技术分析不可或缺的重要工具。

黄金分割不仅仅是一种数学上的比例关系，黄金分割具有严格的比例性、节奏性、准确性、和谐性、艺术性以及神秘性。

第六节　二八法则

二八法则：在任何一组事物中，最重要的只占其中一小部分，约20%，其余80%的尽管是多数，却是次要的。

二八法则又称二八定律，是19世纪末20世纪初意大利经济学家巴莱多发现的。他认为，在任何一组东西中，最重要的只占其中一小部分，约20%，其余80%的尽管是多数，却是次要的，因此也叫巴莱多定律。

如果说“黄金分割”是隐身在自然界中的神奇定律，那么二八法则就是隐藏在人类社会中的神秘法则。

黄金分割可以用几何数学的方法精确地计算出来，二八法则却只是一个大概的比例，和二八法则作用类似的犹太人宇宙法则是22比78，比二八法则似乎还精确一些。二八法则不能被准确计算，只能不断地被实践所证明。所以我认为黄金分割可以被称为自然定律，而二八法则反映的是一种社会现象，只能被称为是一种社会法则。

二八法则揭示了“重要的少数与琐碎的多数”这样一个在人类社会中普遍存在的现象，得到了人们的普遍重视，在许多社会领域得到有效的应用。

心理学家说，20%的人身上集中了人类80%的智慧，他们生来就鹤立鸡群。

经济学家说，20%的人掌握着全世界80%的财富；而世界上80%的人只拥有其余20%的财富。

企业管理者说，一个企业或一个组织往往是20%的人完成80%的工作任务，创造80%的财富。其余80%的人只做了20%的工作。

市场营销者说，20%的强势品牌，占有80%的市场份额。一般来说，第一品牌的市场占有率比第二品牌高出一倍以上，在行业中是价值最大的品牌，这就是营销学的品牌法则。

传统的银行家说，80%的银行业务收入来自于20%的重要客户，而80%的普通客户只带来20%的业务收入。所以要重点抓住那20%的VIP客户，要为他们提供更优质的服务。

资本市场投资者说：80%的利润来自20%赚钱的交易，80%赚钱的交易只赚到20%的利润；80%的亏损是来自20%失败的交易，80%失败的交易，只产生20%的亏损。

二八法则在揭示了“重要的少数”这样一个现实的同时，也无情地打破了许多人追求公平和平等的梦想。二八法则的存在证明了这个世界本来就没有绝对的公平，也从来没有绝对的平等。你要么成为20%中的一员，要么就是属于80%的大众。

犹太宇宙定律

和中国古人天人合一的思想有些类似，自古以来犹太人就认为宇宙与生活是生生相依和息息相通的，他们把这视作是自己生活的法则，并把它应用到谋生、经商以及从政等各个方面。

犹太人所遵循的生活法则之一就是被犹太人称为宇宙定律的78：22法

则。

所谓 78∶22 法则，是指犹太人发现生活中许多现象都和这个比例有着密切的关系，这种关系和前面所介绍的二八法则基本上是一致的。

如果说二八法则在比例上还比较粗略的化，犹太人的宇宙定律则显得比较精准和富有哲理，宇宙定律这个比数是以一个正方形的内切圆关系计算出来的。

假设一个正方形面积是 100，那么，它的内切圆面积为 78.5，剩下的面积即 21.5。化成整数表达，便是 78∶22。

另外我们现在已经知道，空气中气体比例，氮气占了约 78%，而氧气占了约 22%。在人体的比重中，也是由大约 78%的水分及 22%的其他物质所构成的。这个 78∶22 的比例似乎是一种人类不可抗拒的大自然的宇宙法则。

正因为人类不能违背这种自然法则而生存和发展，因此犹太人认定 78∶22 是一个永恒的法则，没有互让或妥协的余地。犹太人正是本着这样的法则来指导自己的生活，才在科学技术和商业经济上获得了举世瞩目的成就。

长尾理论

长尾理论是网络时代兴起的一种新理论，由美国人克里斯•安德森提出。

长尾理论认为，由于成本和效率的因素，过去人们只能关注重要的人或重要的事，比如二八法则中重要的 20%的那一部分，其余次要的 80%则被忽视掉了。而这被忽视的 80%就是所谓的长尾。而在网络时代，由于关注的成本大大降低，人们有可能以很低的成本去关注这些次要的 80%的长尾，关注长尾部产生的总体效益甚至会超过主要的 20%。

因此从某种意义上说，长尾理论颠覆了传统的二八法则。

在长尾理论的启发下，有人发现在当代全新的商业模式下，公司的利润不再依赖传统的 20%的“优质客户”，而是许许多多原先被忽视的客户，他们数量庞大，足以让你财源滚滚。从产品的角度去分析，仅仅依靠拳头产品主打市场的老套路将趋于末路，许多市场将面临新的契机……

如果说二八法则要求企业要集中资源去挣那些20%的有钱人的钱，那么长尾理论则提醒经营者不要忽视了80%的普通客户的购买能力。

交易中的二八法则

二八法则作为一种普遍存在的社会现象，尽管我们没有办法用科学的方法去证实它，却也是无法证伪的。所以我们要时时留意生活中出现的符合二八法则的现象，要尽可能地去适应二八法则，并把它作为一种指导思想运用到生活的方方面面。

对于从事短线交易的人来说，二八法则提供了一条重要的交易思路。

首先我们知道了并不是每一单交易都值得期待，大部分(80%的)交易产生的效益相比之下是微小的，甚至可能是负面的，只有少数的20%的交易起着关键性的盈利作用。因此交易者的工作重点就是去发现并把握这20%的赚钱机会。根据二八法则我们也了解到80%的亏损产生于20%的失败的交易，如何将造成最大损失的20%的失败交易的损失降到最低，乃至于避免损失，这也是每一个交易者所要认真面对的课题。

其次在交易的时间安排、资金管理、风险控制、交易节奏等诸多问题上也可以运用二八法则来抓住最重要，最关键的问题，以确保整体的交易取得最好的成绩。

长尾理论有点积少成多的意思，很多交易者(包括我自己)以前都曾奉行过“积小胜为大胜，以时间换利润”的交易思想。这似乎有一点长尾理论的味道，但是我不敢肯定。

在实际交易中，这种方法似乎也取得了一定的成绩，积小胜要比获大胜容易，交易的胜率自然也高了很多。但是我也做过一些统计，我曾经用“积小胜为大胜”的方法花了一个多月的时间将账户资金成功翻番；也曾经用“集中优势兵力全力歼灭敌人”的方法在一天之内就将账户资金成功翻倍，但是为了这个机会，我等待了将近两个月的时间。

无论是“积小胜为大胜，以时间换利润”的交易思想，还是“集中优势兵力歼灭敌人”的操盘思路，只要运用二八法则去分析一下就会发现，只要是在一定的时间框架内，两种方法盈利的概率大致接近，造成亏损的概率也几乎相同。

所以要想获得整体盈利的最大化，最根本的还是要抓住那些最重要的盈利机会，将交易的利润释放到最大；同时要牢牢控制住可能造成最大亏损的那些交易，及时止损。

其实在每一笔交易中，都蕴含着二八法则这个神秘的玄机。

第六章
天堂之门

你们要进窄门，因为引到灭亡，那门是宽的，路是大的，进去的人也多；引到永生，那门是窄的，路是小的，找着的人也少。

《圣经》马太福音七章 13-14

第一节　众妙之门

时空本为一体，时间可以演变为空间，空间也可以转化为时间。精神可以产生物质，物质也可以转变为精神。

何谓“玄之又玄”的“众妙之门”？

“玄之又玄”就是无穷无尽的变化，“众妙之门”就是产生一切变化的时间之门。

人们通常对具有空间性的事物有比较具体和确定的认识，而对于具有时间性的事物感觉比较虚无缥缈，无法确定和把握。其实这正是宇宙世界万事万物具有确定和不确定性双重特性的奥妙所在。

如果我问你：“时间存在，还是不存在？”

你将如何回答？

如果你回答：“存在！”

我请你把“存在的时间”展示给我看看。并且接着问你：“昨天的时间消失到哪里去了？”

如果你回答：“不存在！”

我又要问你：如果不存在时间，那么我们所讨论的“时间”是什么？人们每天看的钟表所显示的时间又是什么东西？

很少有人能够认真回答宗源的这些关于时间的问题。大部分人甚至从来都没有好好思考过时间这个人类意识中最基本的概念。大家通常都能意识到时间存在，但是却解释不清楚时间究竟存在于哪里？

时间和空间是人类思维中的一对基本概念。我们知道万事万物的存在都离不开时空，所谓时乃是古往今来，从恒古到永远的无限概念，时本无间，时通过日月星辰，春夏秋冬，白天黑夜等大自然运行的节律被人类所感知，这才有了时间的概念。所以时是自然的存在，时间是人的意识所感知并人为规定的时的显现，因而一切时间都是人为设定的。比如钟表所显示的时间，可以表示不同地区的时间。即便是在同一个地区，不同的钟表所显示的时间也总有误差。时间是我们观察宇宙世界，领悟事物生命的基本尺度。

与时间相对应的另一个基本概念是空间。所谓空是指上下前后左右无限延伸的概念，空本无间，空必须通过特定具体的事物才能展现出它们的空间。如果没有事物的存在，空间的概念是没有任何意义的。

所以，时间是万事万物存在的本体，代表一切事物存在的过去、现在和将来……空间是具体个别的现象，反映出太空、星系、地球、环境、物质以及其他所有事物。

时空的意义对于我们人类来说代表了宇宙、天地、生命、变化、循环、节律、法则等一切存在。任何存在的事物一定是具有时空双重特性的。

对于时空的认识，东西方思想存在着很大的差异。在传统的东方思维中，宇宙就是时空的概念，宇是无限空间，也就是空，宙是无限时间，也就是时。宇宙是一切事物存在形式的总体，宇宙是一个不可分割的整体的时空概念，宇宙既包括物质，也包含精神。所以中国古人有“人身小宇宙，宇宙大人身”之说。在中国人看来，世界上万事万物都是宇宙，万事万物都有不断变化着的生命周期。中国古代的道家通常用另外一个词来描述每一个具体宇宙——太极。

太极就是对每一个具体宇宙的抽象描述。中国古人认为任何事物都是太极，任何一个太极都是由阴阳两个部分组成，太极的阳代表事物存在的空间，太极的阴代表事物存在的时间。万事万物都是由时间向空间转化而来，然后又从空间回到时间。

比如我们观察每一个人的生命，就会发现每一个人都是时间的产物，每一个人的生命都是以时间来衡量的，生命本质是由时间构成的。所以人生最基本的意义就是完整地度过自己的一生，做到寿终正寝，而不要半途夭折。我们每一个人都有属于自己的唯一的时间，这个时间就是我们自己的生命周期，也就是我们各自的命运。人的生辰八字所代表的就是每一个人在宇宙中的时间位置。天干是宇宙天体运行的时间体系，地支是地球运行的时间体系，人生是我们每个人自己的时间体系。我们在空间的肉体每时每刻都在随着时间的变化而变化，从生命诞生的那一天起我们就在一刻不停地成长、变老，伴随着时间走向死亡。时间产生了生命，而空间消亡了生命。

西方思想对时空的理解和东方完全不一样，至少在1905年爱因斯坦发表相对论之前，西方人是把时间和空间当成两个事物分开来看待的。西方人的宇宙观念通常也只是一个空间的概念，时间是另一个独立的概念，在西方科学思维中，空间是三维的，而时间是一维的。因此爱因斯坦的相对论里的时空一体概念是一个四维时空，这也是让宗源感到很奇怪的事情。

科学思想通常只研究存在于空间的事物的实体和表象，而对于存在于时间的事物的精神与本质，西方人通常交由上帝处理。这就是西方文化和思想不同于东方文化和思想的根本原因。

时间和空间，阴和阳就像一张纸的正反面，你只可能看见其中的一个面，另一个面你是看不见的，但是你一定知道反面的存在，没有反面就没有正面。并且正反面是可以互换的，当你把反面当成正面的时候，正面就变成了反面。同时我们还可以推测，如果正面是多维的，那么反面也一定是多维的，并且这种多维一定是对称的。

时间和空间是人类意识中最基本的概念之一，因为有了时空的概念，万事万物才得以存在。时空特性是人类所定义的一切事物的基本属性，凡是空间的事物必定产生于时间，也必定消失于时间。所以阴阳在不断转化，时空也在不断变化。

在中国传统思想儒释道文化中，时间经常是以“虚、无、空、妙、阴”等含义玄妙的字来表达，当我们看见这些字的时候，我们所联想到的事物大都和时间或精神有关。比如光阴指的就是时间，空虚通常指人的精神。与此相对应，我们用于表达空间和物质的汉字通常是“实、有、色、徼、阳”。比如实在是指空间存在的事物，有通常代表拥有物质。

我们发现，时空本为一体，时间可以演变为空间，空间也可以转化为时间。精神可以产生物质，物质也可以转变为精神。

老子说：世上万物生于有，有生于无。万事万物不就是一个从无到有，又从有到无的过程吗？

所以，所谓觉悟，其实就是对时间的领悟，对时间的领悟是明道的关键，只有意识到时间存在的人才是真正的觉悟明道之人。

众妙之门就是时间之门。当我们打开了时间之门，我们自然也就发现了宇宙人生的奥秘。在宗源看来——万事万物皆太极，天地自然藏宇宙。有无转化在阴阳，人生命运看时空。一个人的命运一定和他(她)所生活的时代和区域有关。这是毫无疑问的。

时空交易

在深刻领悟以上时空意义的哲学思维基础上，时空哲学得以建立。所谓时空哲学其实就是宇宙思想，阴阳思维和太极哲学的统一思想体系，用以解释时间和空间，精神和物质，不确定和确定之间的关系。

时空交易理论则是建立在时空哲学思想体系基础之上，专门用来研究金融资本市场投资交易行为的一种思维方法。

时空交易最基本的观点就是认为推动市场行情演变的真正因素是时间，时间是市场行情具有不确定性的内在原因，是市场行情发展变化的本质，而价格的变化空间只是市场行情的外部现象。

因此，只有时间因素才是考察投资机会，考量价格变化的基本尺度。

我们知道，几乎在任何一种技术分析图表上，不仅有价位坐标，同时还一定有时间坐标。交易对象的成交价格是随着交易时间的推进而不断变化的，交易时间一旦停止，价格变化也随即停止。所以，只研究价格变化规律，而忽视时间因素的任何交易理论或交易技术，在时空交易看来都是不完善的，用来指导投资交易都是注定要亏钱的。这也正好解释了为什么在股票证券，以及期货、外汇市场，绝大多数依靠传统交易理论，采用传统技术分析或价值分析工具做交易的投资者都是亏钱的这一奇怪的市场现象。

时空交易理论基于对资本市场有以下认识：

(1)市场行情现象是市场交易本体(内在功能)的外在反映。

(2)市场交易本体(内在功能)有释放风险和发现价值的功能。

(3)市场交易本体是一个时空统一体，交易时间推动价位空间，时间是产生市场风险和交易盈亏的基本因素。

时空交易理论认为：

(1)必须透过市场行情现象，把握市场交易本体。

(2)必须主动规避市场风险，被动接受保护盈利。

(3)必须时空一体综合考量，把握时机理性交易。

(4)必须主观把握交易时机，科学处理交易程序。

时空交易战法要点：

(1)交易思维：主动规避市场风险，被动接受保护盈利。

(2)交易策略：主观判断进场时机，客观求证盈利预期。

(3)交易方法：时间周期控制交易，空间价位防范风险。

(4)交易原则：见几而作取几之势；顺大势进取几势出。

时空交易理论解释了市场行情和投资交易行为的根本性问题；时空交易系统可以作为一切交易系统或交易软件的基本结构框架；时空交易战法为投资者提供了一套使用更加方便、功能更加强大的有效交易工具。

只要理解了时空交易的基本思想和基本原理，自然也就理解了资本市场投资交易的盈利奥秘和亏钱原因了。

第二节　不确定性真理

这个世界上唯一可以确定的事情就是我们都会死。

如果说这个世界上真的存在真理的话，我想不确定性应该是其中之一。

我们知道，在这个世界上唯一可以确定的事情就是我们都会死。除此以外，其他的任何事情都是不确定的，包括我们什么时候死。

这既是人类的宿命，也是人类的一切理想和作为之所以在时间老人面前显得那样滑稽和荒谬的根源。不确定性像一只无形的手，掌控着人类所认识的世界，在它面前，人类的一切思想、知识和努力都显得那么渺小和微不足道。

宗教正是利用了这一真理，将人们的思想引向神的祭坛。宗教将不确定性真理引申为神性，人为地树立起一尊尊供人类顶礼膜拜的神像。我们注意到，不同的宗教膜拜不同的神明，有的宗教只相信一位神，比如基督教只信上帝耶和华，而有的宗教却相信世界上有十万八千尊神，比如在印度教中，神的数量多如恒河之砂。我发现，其实所有神明都有一个共同的功能，就是可以帮助信徒们处理那些由于不确定性而无法把握的人间事务。信徒们希望通过礼拜神明来求得保佑，通过祷告来祈求神明帮助他们确定那些不可确定的事情。比如大多数信徒求神保佑自己生时平安健康，多福多寿，升官发财，万事如意；死后能脱离苦海，上得天堂。也有些人求神来帮他达到一些不可告人的目的，比如有些劫匪在抢银行之前也会祈求上帝保佑他抢劫成功，在中国有些贪官为了不使贪污罪行败露而到庙里求佛祖保佑。所以求神拜佛通常都是为了实现一些不可确定的愿望。对于生活中那些不确定的事物，如果有办法能够去确定它，人们又何必去求神拜佛呢？所以任何宗教信仰都是为了帮助人们消除生活中对事物不确定性的恐惧。

在古今中外所有的思想中，我发现只有道家思想才是真正认识到不确定性真理的伟大思想，故而道家提倡无为，提倡道法自然。道家思想就是试图通过无为的思想和道法自然的行动来遵循不确定性这一普世真理，以期达到天人合一的理想境界。

在现实生活中，我们通过哲学思考和逻辑思维也可以将不确定性真理用比较通俗的方法表述出来。比如我们常说：凡事都有例外。这是一句永远不错的箴言，如果有人真能指出一件没有例外的事情，这恰好也证明了凡事都有例外的正确性。另一句同样具有代表性的箴言是：世界上万事万物时刻都处在变化之中，唯一不变的就是变化本身，我们也想不出驳倒它的理由，因为变化的确是人类所知道的唯一不变的事物。中国古代哲学思想认为，人类其实无法跳出认知与思维过程中被自我限定的概念范畴。故老子曰：道可道，非常道。名可名，非常名。老子道的思想就包含了对宇宙世界不确定性真理的认识。人类永远无法既正确又完整地认识这个世界。对人类来说，我们所生存的世界虽然可以去观察、去认识、去命名、去定义、去分类、去研究，但其变化终究是不可确定的。

在近代科学思想体系中，对不确定性真理理解最深刻、阐述最完整的理论莫过于量子力学的测不准原理：人们永远不能同时准确知道粒子的位置和速度；对其中一个知道得越准确，则对另一个就知道得越不准确。

测不准原理其实就是不确定性真理在微观世界的体现，科学家将它表述出来却成为一项惊人的科学发现。而在宏观世界，每天有数不清的不确定性事例出现在我们身边，人们却都熟视无睹，丝毫没有察觉。这是因为在人们的潜意识中，万事万物的不确定性早已成为人类习惯性思维的一部分，根本没有必要每天都拿出来晒太阳。这也正说明了一个事实，所谓的科学发现或发明，其实都只不过是描述了这个世界业已存在的事物，而并没有任何新的事物被科学所创造出来。按照科学本身的揭示，一切事物的存在从本质上讲，都只不过是能量转化的结果。世界之所以变幻莫测，主要就是因为这种能量的转化存在着无穷无尽的可能。人类若要是想穷其究竟，只能是痴心妄想。

有意思的是，早在3000多年以前，据说中国古代帝王周文王就画八卦，演绎变易之法，用以说明世界上万事万物的变化演绎规律，引导人们从易（变化）的角度去观察和认识世界，从而能够选择一种既符合人类自身利益，又符合自然变化规律的方式来处理一切事物。这种思想就是天人合一，这种方法就是道法自然。这是中国古代圣人最早认识到不确定性真理，并采取相应的思维和行动方式的非常具体而生动的例子。今天在我们看来，古人从阴阳八卦的变化中去推断事物运行的未来轨迹，并尽量做到顺应事物发展的趋势，这难道不是一种非常“科学”、非常自然、非常合理的思维和行为方法吗？《周易》思想作为中国古代传统文化的总源头，中华文明历经5000多年的发展而没有消亡，难道和这种思维方式就没有一点关系吗？

不确定性真理对宇宙自然界一切事物的命运起着决定性的作用，与我们个人、集体以及全人类的命运息息相关。当我们真正领悟到不确定性真理的深刻涵义后，我们对任何事物将会有一个比较清醒、客观和真实的认识。比如对人类当代社会中自由和民主的认识，就是因为它们符合不确定性真理，所以才会被大多数有文化和有思想的人所推崇和遵守。而在一个愚昧无知的社会中去推行自由和民主就理所当然地成为了一种笑话。

总之，不确定性真理是人类世界最重要的真理之一，是任何希望成为领袖、统帅和社会精英的人所必须了解和掌握的真理。一个人只有掌握了真理，才能掌握自己的命运，然后才有可能去改变他人和世界的命运。

摸着石头过河

在中国改革开放初期邓小平有两句著名的讲话，一句是“摸着石头过河”，另一句是“不论白猫黑猫，能捉老鼠就是好猫”。在我看来，这两句话不仅彻底打破了当时“两个凡是”论调对全国人民的思想禁锢，而且也是改革开放初期中国政府推行道家“无为而治”治国方略最好的佐证。中国2000多年的历史早已证明，每逢乱世必用道家思想救国兴邦，道家“为无为，则无不治”的治国方略最适合让人民修养生息，激发生活热情，创造社会财富。然而一到盛世，当社会财富积累到一定程度，贫富差别加大，道德问题显现，社会矛盾激化，往往就会转向用儒家思想治国，统治者就会试图用仁义道德教化民众，通过法治来管理国家。我这里不去讨论儒道两家思想在治理国家方面的优劣，我想说的是“摸着石头过河”的思想从本质上说是一种道家思想，具有鲜明的不确定性思维的特征。“摸着石头过河”就是顺其自然，走一步看一步，没有确定的路线，没有确定的方法——只有一个目标。而这个目标从根本上讲也有些模糊，并不是那么确定。但是，改革开放30年的成果已经证明了改革开放的总设计师邓小平理论的正确性和有效性。同时也再一次证明了不确定性真理在现实世界中具有不可抗拒的力量——顺之者昌，逆之者亡。

道常无为，而无不为

老子说：道常无为，而无不为。

老子的意思是：道永远是无为的，但是没有一件事情不是它所为。老子的无为理论是对宇宙自然永恒的不确定性真理的最大尊重，所以老子的话流传了数千年，至今依然闪烁着智慧的光芒。

老子又说：圣人无常心，以百姓心为心。

老子的意思是说：道家的圣人没有固定不变的意志，以百姓的心意作为自己的意志。无论老百姓怎么想，怎么做，圣人都相信他们，支持他们。

短线交易者从老子的这两句话中或许就可以悟出一些做人和做交易的道理。

做人之道和投机之道也许就是无为之道，投机者只有懂得无为，才能无不为。投机大师无常心，以投机心为心，故能取得平常人无法取得的交易成绩。

作为一名悟道者，在悟道的过程中他经常要问自己的一个问题：道是什么？

这是一个无法回答的问题。只有当一个人从内心真正意识到道是不能确定，无法言说的时候，也就是他得道的那一刻。

老子说：道可道，非常道。凡是能够用语言来表达和解释的一定不是道。也就是说：道是不可确定的，能够确定的肯定不是道。

这是一个基本道理，但凡圣贤、哲人、大师无不明了这个道理，我在读他们的著作，体会他们的思想的时候，时常能够感受到这一点。我在想，或许正是不确定性思想成就了这些大师、哲人和圣贤。

不确定性真理是我们认识一切事物的基本出发点，只有从这点出发，我们才有可能沿着事物成长的轨迹行进，伴随着事物的变化而变化，跟随事物的发展而发展，最终一同抵达正确的目的地。

我想任何一位真正的短线交易大师，尽管他们都会有自己独特的人生感悟和交易秘诀，但是我相信，具有不确定性思维一定是他们的共性。大师们的一切成就都是建立在不确定性真理的思想基础之上的。舍此以外，别无可能。

第三节　时间是万物的尺度

时间是万物的尺度。

据我所知，时间是宇宙间万事万物之所以存在的一个基本因素，另一个基本因素是空间。所以只要是探究事物的本源，就必然要谈到时间。做交易自然也不例外，投机交易以及一切交易都和时间有着直接的关系，甚至可以这样说，如果不谈论时间，我们就不能谈论任何交易。

时间是万物的尺度

在西方科学思想背后，有一种野蛮的哲学理论，这个理论就是古希腊哲学家普鲁泰戈拉的名言：人是万物的尺度。

西方科学的一切活动都是围绕着人的利益来展开的，在相当长的一段时间里，某些人自以为是地球的主宰，可以恣意妄为。

凡是人类足迹到过的地方，野生动物都面临灭顶之灾；凡是人类活动频繁的地方，生态环境就遭到毁灭性破坏……

科学成为人类追逐自身利益的工具，人类在最大化地侵占了地球资源的同时也不知不觉地把自己逼上了一条危险的道路。

现在人类为什么要特别重视环境保护？为什么要保护野生动物？不是由于人类突发慈悲，而是因为人类终于意识到：当我们人类将野生动物赶尽杀绝的时候，人类的命运也就到了尽头。

出原形的。

如果我们一定要对真理做一个判断，唯一正确的思想只能是：时间是检验真理的唯一标准。

丈量财富的尺度

我前面介绍过相对论，爱因斯坦说：时间会膨胀，长度会收缩。

大概这个世界上只有极少数的人能够听懂爱因斯坦的这些古怪的话，所幸我就是这极少数人中的一员。

这里我就时间与交易的问题做一些解释：我注意到在信息化的全球经济体系中，信息化财富不仅会随着时间的变化而变化，而且还会随着时间的流逝而产生，或者消失……凡是做过股票、期货或者外汇的人或许能够听懂我这句话的意思。

比如一位交易者投资了一只股票，从他买入这只股票的那一刻起，他所拥有的证券资产就成了变形金刚，股票的价值会随着股市行情的波动起伏，忽上忽下，忽大忽小……有时会变成了一个美丽的大泡沫，有时会泡沫破碎成为几颗不值钱的小水珠。

我还注意到，在不同的时间段里，投资者所拥有的同一笔头寸的价值有可能完全不同，也许一位期货投资者昨天的账户里还浮盈着1000万元，可是到了今天收盘或许就被强制平仓，分文不剩（当然也有可能已经变成了2000万元）。

我发现在资本交易市场，衡量财富的尺度并不简单地只是账户里的数量，而是和时间有着密切的关系。

时间对于交易中的财富有两层意思，第一层意思是：财富的价值会随着时间的推移而变化，也就是说，用不同的时间尺度去衡量交易中的信息化财富，所得到的财富价值是不一样的。第二层意思是说：任何一笔交易，无论是盈利，还是亏损，都和时间有直接的关系，是时间决定了盈利的多少，也是时间决定了亏损的程度。如果时间停止，那么我可以肯定，既不会有利润产生，也不会有亏损出现。

我发现，原来信息化财富竟然可以用时间这把尺子给丈量出来！

看来如何在交易中正确使用时间的尺度是每一个短线交易者必须认真研究和深入思考的问题。

天干、地支和时间坐标

既然谈到时间问题，我就再透露一个天地玄机：时间并非西方人所想象的那样是一维延伸的，时间具有多维性。中国古人是最早认识到存在不同时间尺度的智慧人类。

我在学习和研究《周易》和道家思想的时候自然要涉及到太极八卦、阴阳五行，以及天干地支等中国传统文化中的思想概念。其中天干和地支其实就是古人度量时间的计时工具。这种古老的计时工具直到今天还在民间运用。有意思的是，古人不仅使用以宇宙天体运行为计时系统的天干计时法，而且还同时使用以地球自身运转为计时系统的地支计时法。更巧妙的是古人竟然还把这两种计时方法叠加在一起使用，创造出惊天地泣鬼神的天干地支计时法则，并在此基础上发展出一系列中华文明所独有的思想文化，天干地支和阴阳五行，太极八卦共同组成了中华传统文化庞大的思想体系。

天干和地支时间系统至少透露了这样一种信息，在不同的空间环境可以存在不同的时间体系，宇宙有宇宙的时间体系，地球有地球的时间体系，人类有人类的时间体系，甚至我们每个人都有自己的时间体系，也就说世界上万事万物都有自己的时间体系。所有的时间体系都相互关联，而又独立存在。

我们所看到的一切事物的生命就是时间体系最直接的表现。所以要了解一个事物的本质，最有效的方法就是直接去观察这个事物的时间体系，只要了解了这个事物所处时间体系的特征，也就自然揭示了这个事物的真相、本质和根源。

因此，时间并不是人们所想象的那样是一条连接过去、现在和将来的无穷无尽的直线，至少爱因斯坦的相对论已经证明时间是可以弯曲的，时间也是会膨胀的；古老的天干、地支计时系统也可以证明时间并不是一维的，时间可以多重叠加。

如果以宇宙生命的时间尺度来衡量人类，恐怕人类的一切作为都是极其微不足道的；如果用地球生命的时间尺度来衡量人类，人类是地球文明的奇迹；如果用人类自己的时间尺度来衡量人类自己，人类几乎可以和上帝相媲美；如果用一个细胞生命的时间来衡量人类，人类简直就不知道自己是谁了……

时间可真是一个无比奇妙的东西！

中国人喜欢用生辰八字来算命，这生辰八字就是一个人出生时的天干地支。我不是算命先生，但的确懂一点算命的方法。只要你告诉我你的生辰八字，以及你的出生地点和准确的姓名，我基本上可以说出你的命。

如果有人不信，我们可以一起来做这个游戏。请放心，绝不会收您一分钱，仅仅是游戏而已。

这是一种很神奇的现象，通常人们都难以理解，科学思想更是不能接受这样一个既无法证实，又无法证伪的实际存在了上千年的社会现象。

而我是这样来解释这种现象的：天干代表了宇宙空间不断变化的宇宙能量场的强弱程度，宇宙能量场的强度随天干时间的变化而变化，具有一定的周期性；地支代表了地球空间不断变化的地球能量场的强弱程度，地球能量场的强度随地支时间的变化而变化，也具有一定的周期性。天干和地支这两种时间体系的交点产生了一个特定的时间坐标，凡是在这个时间坐标上出生的人自然就获得了这个时间坐标所特有的天地能量场交汇信息。所谓算命就是把这种能量场的信息给解读出来，仅此而已。

特别声明：以上这段文字纯属个人见解，写出来只是为了说明时间的多维特性，并非宣扬封建迷信。信与不信完全由你。

第四节 交易者的境界

新手得意忘形，高手得意忘象，大师得象忘言。

想必大家都知道“得意忘形”这个成语，一般是用来形容一个人忘乎所以的样子。交易者中的新手在取得一些成绩后最容易得意忘形，以为交易不过如此，赚钱如此简单。

像中国的股市中得意忘形者大有人在，在一波大牛市中赚钱似乎太容易了。不过，得意忘形者一般都没有好结果，在市场中混久了，赚来的钱多半是要还回去的。

“得意忘形”一词最早有可能来源于易学中的“得意忘象”，虽然一字之差，但意思完全不同。

“得意忘象”是指在学习《周易》的过程中一旦掌握了卦爻辞的意义后就可以放弃卦爻象来理解卦爻辞；与之对应的是“得象忘言”，指掌握了卦爻象的意义后就可以放弃卦爻辞来理解卦爻象。

我在长期研究中国传统思想文化的过程中发现，对于精神领域的感悟，东方的道家思想要比西方科学思想更加全面和深刻。对于像信息财富和信息化经济这种带有精神特征的事物，科学往往无所适从，而从中国传统的易和道的思想去理解就非常容易和简单。

如果说市场上那些理论、公式、图表、基本面和技术分析皆为信息财富显现的表象，那么“得意忘象”则是理解信息财富的一个基本要求，而“得象忘言”则是领悟信息世界的高深境界。一般交易者能做到“得意忘象”就已经很不错了，要达到“得象忘言”的高度则需要更深的修行和极高的悟性。

在市场交易这一行中，绝大部分的人都很努力，读了许多书，掌握了许多专业知识，做了很多的市场研究，满脑子的交易理论、图标曲线以及所谓的基本面和技术分析。其中有些人在交易中取得了一些成绩，于是自以为是高手，便“得意忘形”起来……

“得意忘形”和“得意忘象”虽一字之差，“形”和“象”意思又如此相似，我们经常将“形”和“象”连在一起，称作“形象”，然而“形”和“象”毕竟不是一回事，形是事物的实态，是物质形态；象是事物的虚态，是精神状态。“得意忘形”者由于脱离了“得意忘象”的精神境界，所以成为了自大浅薄的象征。

我反复强调过，市场是一个不确定的事物，它不是有形的物质，而是无形的精神。有形的物质可以用科学的方法去界定和控制，而无形的精神只能靠感悟和理解。对于信息财富交易这个特殊的事物，短线交易者只能首先通过观象的方法得意，然后才能逐渐进入得意忘象的交易境界。

至于那些真正参透了信息财富真谛的交易大师们，除了具备“得意忘象”的能力，他们往往还能够做到“得象忘言”。也就是说，大师只要看到现象，不用那些理论和分析就能直接得出正确的结论。这几乎达到了道家圣人的境界，得象忘言就是和道融为了一体。

无中生有

老子说：天下万物生于有，有生于无。

20 多年前，当我读到老子这句话的时候，心头立刻跳出一个成语：无中生有。相信有很多人也会和我一样，将老子的这句话和“无中生有”这个成语联系到了一起。

“无中生有”这个成语的解释是：本无其事，凭空捏造。这显然是一个贬义词，一般都用在所谓的坏人身上，好人似乎是不应该无中生有的。

“无中生有”还是中国古代兵书《三十六计》中属于敌战计的第七计。这里的无是指假和虚的意思，有是真和实的意思。无中生有就是使用真真假假、虚虚实实的手段来迷惑敌人，以达到取胜的目的。在这里，无中生有成为了一种重要的兵法思想，是每一位军事家都必须掌握和了解的。

那么，老子的这句话又是什么意思呢？20年后的某一天，当我重读这句话的时候，忽然开悟：天下万物有哪一样不是无中生有产生的呢？

先让我们听听宇宙物理科学家的说法：宇宙起源于一个奇点的大爆炸，在这之前，时间和空间都是无。也就是说整个宇宙，包括银河系、太阳系，当然也包括我们地球上所有的一切事物都起源于那个无。然后我们再观察一下我们身边所有具有生命的事物，又有哪一样事物不是经历了从无到有的诞生过程？就拿世界上任何一个人来说，在他(她)的亲生父母认识之前，他(她)肯定是无，所以任何人也都是无中生有的产物……如此一想，老子的这句话简直就是宇宙间万事万物都必须遵守的自然法则了。

我发现原来“无中生有”这个观念在不同的人群，不同的思想境界中有着完全不同涵义。百姓把它当成诳语，精英把它当成计谋，而圣人把它当成法则。

十几年前的一个晚上，我和一个开工厂的朋友喝茶聊天，偶然谈到了房地产市场，并就这个话题聊了一会儿，这位毫无房地产行业经验的工厂老板忽然产生了要做房地产的念头。

随后他就像着了魔似的一头钻进了房地产领域，了解有关信息，学习相关知识，然后真的成立了房地产开发公司，招兵买马圈地……

我看着他从一个念头做起，真正从无到有，从概念到蓝图，从农田到成片的建筑……一个个颇具规模的房地产项目一步一步变成现实。

我后来对他的员工说，与其说这些房地产项目是由建筑工人建造出来的，或者说是由设计师们设计出来的，还不如说是由你们的老板脑子里想出来的。如果没有当初的那个想法，今天眼前的一切都不会存在。

顺着这个思路，我忽然意识到其实所有人类创造的事物都是由人想出来的。这也正应了老子的那句话：天下万物生于有，有生于无。

既然天下万物都是无中生有而产生的，那么财富自然也不例外。事实也正是如此。在世界富豪榜上我们可以找到许多白手起家的超级大富豪，像美国的比尔•盖茨，香港的李嘉诚等许许多多人，他们的财富不都是无中生有地变化出来的吗？也许有人不同意这种说法，但展现在我们面前的事实就是如此。比尔·盖茨的财富并不是从娘胎里带出来的，李嘉诚十几岁的时候是一个穿着拖鞋在塑料厂打工的打工仔。事实上，每一个人都是赤条条一无所有地来到这个世界上，人们所有的一切都是诞生后才获得的。

我要说的是财富可以无中生有地获得，这是一个公开的秘密，而这个秘密的背后还有一个更大的秘密，这个秘密就是投机是无中生有最好的方法。

圣人心态：无有恐怖，远离颠倒梦想

老子说过：知人者智，自知者明。胜人者有力，自胜者强。

在我看来这正是专业投机交易者所必须具备的基本素质。我把老子的话简缩成五个字，并调整一下前后次序，作为投机交易者修炼的口诀：

——明、智、强、有力。

明者自知：了解自己的长处和不足，做到扬长避短。

智者知人：了解你的对手和交易环境，做到知己知彼，方能百战不殆。

强者自胜：战胜自己的冲动和欲望，使自己无有恐怖，远离颠倒梦想。

有力者胜人：靠自己的力量去战胜一切对手，赢得人生中的每一场胜利，当然也包括投机交易的胜利。

有时我在想，我们从一个普通人成长为一名专业投机交易者的过程，就像是经历了一场类似宗教的心灵上的修炼。通过这种持久的修炼，我们终于克服了内心的恐惧和贪婪；我们学会了克制和容忍；能够理智地看待成功和失败；对交易过程中的盈亏变得越来越淡漠，而只在乎自己的交易行为是否正确；我们学会了尽量避免被伤害，同时能够平静地面对一切意外；当我们发现机会的时候，只要出手就必有收获……一旦投机交易者达到了这种精神境界，那么他不仅成为了一名交易大师，并且，即使他还没有成为一位圣人，至少也是一位贤人了。

所以在我看来，投机交易的本质是一门哲学，它不仅指导我们如何做交易，也指导我们如何做人。交易和生活是相通，而投机既是交易的艺术，也是生活的艺术。

第五节　止损——适可而止

老子曰：功成身退，天之道也。

资本交易是一场没有硝烟、不流血的全球化、信息化的世界经济战争。这场战争旷日持久，迄今为止，还没有发现任何要停止的征兆。

历史告诉我们，世界上没有长胜的将军，许多名将最后都是战死在疆场。当然将军战死疆场本身也是一种荣耀，军人为战争而生，也为战争而死。可是我们做交易的目的并不是为了光荣地死在交易市场上，我们做交易的目的是为了赚钱，为了能过上更加自由、富裕和美好的生活。因交易而牺牲，太不值得了。所以，如果你在这场战争中侥幸活了下来，那么见好就收吧。

用交易者的行话来讲，这也是一种止损——生活中的止损。止损可以保护你已经拥有的财富和利益，使你能够真正享受到交易的成果。

对一切交易者来说，交易本身都不应该成为目的，投机和交易永远只是一种手段，生活才是我们始终不变的唯一目的。

禅宗说：放下屠刀，立地成佛。

当一名身经百战的交易者主动从残酷的交易市场中抽身退出，一心一意去过一种自由自在的生活时，他就得道成佛了。

我曾经写过一偈，以表达自己对这样的财富人生的感悟。

有道是：荣华富贵相，得道成佛时。身在苦海中，何处不风流？

大师的不二法门

事事有度，适可而止！

作为一名投机交易者一生都必须遵守的最重要的法则就是——止损！

不仅是在投机交易中，在人生的一切交易中，“止损”都是保护自己、避免伤害、延续生命的唯一法门。

老子早在2500多年前就教导过我们：知足不辱，知止不殆，可以长久。

用今天更通俗一点的话讲，就是凡事要适可而止，才不会招惹祸害。

这是中华民族传统思想中最精要的部分，也是中华民族和中华文明历经五千年坎坷而不被灭亡的根本原因之一。

纵观当今世界，人类面临着许多严重的问题，其中最主要的是影响到整个人类生存的生态环境和自然资源危机。究其原因，就在于人类的贪婪和永不知足。近100年来，人类凭借科学之蛮力，毫无节制地向大自然索取，从而引起大自然的全面报复，产生这样的结果是理所当然的事情。听一听老子的教诲，对世人来讲是否有所启迪呢？

适可而止是人生大道，是古老的东方智慧，也是我奉行的人生信念。

适可而止是中国人的做事原则。在中国，过度的行为从来不被社会所赞赏，传统观念认为，人的行为要有一定的度，要符合社会环境，个人身份，以及照顾到身边其他人的利益和感受，决不可以一意孤行走到极端。中庸之道就是这种思想的典型代表。

适可而止是保证一个人行为有度的最好方法。只要做到适可而止就能保证做事有度，行为合理，品德完美。

适可而止可以使人拥有一个平安美好的人生，适可而止可以使交易者获得一个完美的交易人生。交易的秘诀其实就是如何做到适可而止的秘诀，交易的技巧其实就是如何做到适可而止的技巧。我以为，在所有的交易方法中，适可而止是最基本、最重要的方法。交易有度，适可而止的理念将使交易者在以智慧、毅力和知识为武器进行博弈的投机交易中永远不会受到致命的伤害，生命永存，乃至战无不胜。

适可而止对于交易者来说就是止损。如果一名交易者懂得了万事有度，适可而止的道理，他就不仅懂得了交易，也懂得了人生。

财富与人生

老子曰：天之道，利而不害。圣人之道，为而不争。

如果要在财富和生命两者之间选择，我想大多数人都会毫不犹豫地选择生命。

对于个人来说，唯有生命才是最为宝贵的，人的生命只有一次，失去了便永远不会再回来。而财富既然可以通过投机的方法无中生有，当然也有可能得而复失，或再失而复得。

从历史发展的宏观角度看，社会财富始终是处在流动的过程中，财富轮回是社会运行的基本现象和规律，任何人都无法改变。我们所能做的只能是顺势而为，及时止损。

老子说：圣人不积，既以为人，己愈有；既以与人，己愈多。天之道，利而不害。圣人之道，为而不争。

这应该是我们对待财富人生的最终态度，如果我们能够遵循老子的教导，不积累身外之物，并尽力帮助别人，我们反而会变得更加富有。天道运行的原则是利于万物而从不损害它们，圣人的处世原则只是为他人效劳而从不与人争夺。

如果你现在还无法接受老子的告诫，那么当你通过千锤百炼，将自己修炼成为一名成功的交易者，当你面对财富发愁的时候，你将会真正理解老子这段话的含义。

恭喜发财

中国人很有意思的一件事情就是每逢春节，从中央到地方，全国上下几乎只听到一个声音："恭喜发财！"

这已经成为中华民族的一种独特的民俗文化现象。一向讲究仁义道德，鄙视投机取巧，以劳动致富为荣，性格含蓄内向的中国人在发财问题上从来毫不含糊，甚至可以说是有些夸张，对财富的喜爱表达得近乎直白。

作为一名深受中国传统文化熏陶的华人，我当然理解“恭喜发财!”背后所体现的劳动大众和政府官员、商人老板们追求富裕生活的美好愿望，也相信全国人民和全球的中华儿女每年一次的“恭喜发财”大拜年活动非但不会造成中华民族的集体拜金主义，反而能够促进社会和谐和全民族的共同发展。

中国老百姓非常现实，心态也非常平和。你看中国人不仅自己渴望发财，而且还真心实意地恭喜别人发财。因此，中国社会才是一个真正尊重财富，鼓励大家都发财致富的和谐社会。比起某些西方人表面上鄙视财富，实质上不择手段地掠夺财富的虚伪行径实在要诚实和文明得多。

所以一旦国家政策完全放开，真正和全球经济接轨，中国人一定会涌进全球的交易市场，买进一切可以投资的东西。大家一见面，不问是哪国人，一律拱手：恭喜发财!

我相信这一天迟早会到来。

富人如何才能进天堂

东西方的道德思想观念在许多方面有着很大的差别，有些甚至是截然对立的，例如看待财富就是一个典型的例子。

有一年春节，我到位于印度洋上的巴厘岛度假，入住位于库塔海滩旁边的 BALI BUNGALO 酒店，酒店的门楼上拉了一条醒目的横幅，上书：“GONG XI FAT CHOI”

我虽然不懂印尼文，但是一看就明白横幅的意思，读出来就是广东话的“恭喜发财”。

在这异国他乡能够感受到祖国春节的节日气氛自然非常感动，也平添了我对这家酒店的好感。

在巴厘岛的日子里，有些当地人知道我来自中国就会主动问候：“GONG XI FAT CHOI”。随后他们又会好奇地问我这是什么意思？我一般都解释说这是中国人的“Happy New Year!”

只有一次我按字面意思直接翻成“恭喜发财”，对方听后张大了嘴，久久不能理解。

其实我在欧洲也遇到过类似情况，西方人对中国人普遍使用“恭喜发财”互相祝贺新年心里一定存有疑惑，只是出于礼貌没有说出来罢了。

没有哪一个西方国家的人会在节日去恭喜别人发财。

因为在《圣经》中有这样一段故事：

一次耶稣和门徒们走在路上，一个商人过来问耶稣：我死后可不可以进天堂？

耶稣回答说：除非你把所有的财产都捐出来。

商人说：那我怎么生活呢？

商人说完就离开了。

于是耶稣对门徒说：有钱人进天堂比骆驼穿针眼还要难。

西方人死后都想进天堂，而你却恭喜他发财，这不是存心咒他下地狱吗？

所以尽管西方人私下里对财富的热爱丝毫不亚于东方人，但是在基督教文化教导下在整个社会的道德层面上还是表现出鄙视财富，看不起有钱人的倾向。所以西方人不会像中国人那样在大庭广众之下赤裸裸地表露对财富的渴望。

不仅仅是基督教，几乎所有的宗教都轻视财富，重视人的精神和道德修养。

如此说来，难道西方的有钱人真的就进不了天堂了吗？答案自然是否定的。

只要你看到西方的富人普遍热衷于慈善事业就会明白，聪明的有钱人其实都知道，只要你肯把所有的财富全部交给上帝，你还是能做成这笔人生最后的交易——上帝还是会让你进天堂的。

交易、修道与慈善

比赚钱更困难的是如何花钱。

从一个新手到投机交易大师，在我看来这个过程就如同在修道，所以我总是把交易者看作是修道者。我经常对前来讨教的交易新手讲，要怀着宗教般的坚强信念去学习做投机交易。

投机者和修道者，这两个看上去似乎毫不相干的事情其实在本质上是完全一致的。修道者是企图通过内心和身体的修炼到达智慧觉悟的彼岸。修道者修炼的目的很明确，就是要大彻大悟，或得道成仙，或者悟道成佛。然而，由于专业修道者通常过于执迷于目的，最终反而达不到目的。佛家有言：出家越久，离佛越远。大概指的就是这个意思。当然，人人都有出家的权利，任何人都无权干涉，我尊重所有出家人的选择。

交易者或许从一开始就根本没有想过要得道成仙，或者悟道成佛，或成为什么交易大师。交易者通常关心的只是交易本身，他们最关心如何才能又好又快地通过短线交易从市场中赚钱。

交易者的悟道通常是从领悟“君子爱财，取之有道”的赚钱之道开始的，这种悟道的过程，既紧张刺激，又充满乐趣；既需要不断地吸取知识，又需要不断培养智慧；既有残酷无情的失败，也有战胜对手赚钱盈利的喜悦……

交易者在交易过程中不断磨炼自己，越来越深刻地领悟交易的真谛……当交易者不再执着于交易的时候，也就是他开始悟道的时刻，往往也是他交易成绩最好的时候，

由于市场中的钱并不好赚，所以交易者必须十分用功地去学习和提高自己的交易水平。交易者必须同时从内心和外在行为自我修炼才有可能达到成功的彼岸。

或许只有那些已经成功了的交易者才能真正体会到我这段话的含义。

当你通过投机交易赚了许多钱，成为一名富人后，你准备如何使用你的这笔财富呢？

人们赚钱时往往不择手段，那么花钱呢？

事实上，当一个人有了用不完的金钱后，金钱就成了他最沉重的负担。

一般人很难理解“花钱比挣钱要困难得多”这样的感慨，可我已经从好几位富翁嘴里听到过这样的话。

慈善事业或许是花钱的一个比较好的方法，国外的富翁大都热衷于慈善

事业。据说比尔·盖茨要把自己所有的财富都捐给社会，他和他的太太现在最主要的精力都用在了考虑如何花钱做慈善事业。

早知道花钱如此麻烦，真是何必当初拼命挣钱呢？

架在天堂与地狱之间的桥梁

传统的经济学认为，交易本身并不创造财富，只有劳动才能创造财富。因此在某些人眼里，交易者都是一些寄生虫，靠吸取别人的劳动成果生活。

然而事实并非如此，资本交易作为现代社会经济发展的驱动力量对人类社会的进步与发展起到了不可估量的作用，我们每个人都在分享全球资本交易所创造的物质财富，尽管毫无节制的资本交易也造成了诸如能源危机、生态破坏、环境污染、气候异常等诸多问题。

人类对财富的认识确实需要进行重新审视，但是我相信并不是所有的人都同意只有劳动才能创造财富的观点。当世界进入知识化和信息化时代以后，交易已经不仅仅是对劳动剩余价值的交换，也不仅仅是劳动创造财富的催化剂，交易已经成为创造财富的直接源动力。

当比尔·盖茨的微软视窗软件在全世界销售，盖茨因为拥有该软件知识产权而一度成为世界首富的时候，只有劳动才能创造财富的神话彻底破灭了。

现在，连小学生都知道，知识可以创造财富，科学技术是第一生产力，精神是一种能够转化成物质的能量……

交易创造财富，交易所创造的财富就像一座桥梁，一头通向天堂，另一头通向地狱。

选择以交易为生自然就是选择财富人生。当你有了财富以后，是选择前往天堂，还是选择走向地狱就全看你自己的了……除此以外，你并没有第三种选择。

交易和哲学

交易可以使你获得财富，哲学可以使你拥有财富。

专业的投机交易者一般都具有自己独立的人生哲学。这是因为一旦进入以交易为生的人生状态，你就会意识到投机交易和人生是多么的相似。做投机交易和做人有许多相似和相通的地方。

我在前面已经反复讲过，专业的投机交易是建立在正确的思维方法的基础上。正确的思维方法指导你正确地认识投机交易，从而引导你做出正确的决定，最后你才会得到正确的结果。一旦你具备了这样的思维能力，在生活中你会发现原先复杂的事情会变得简单，艰难的事情会变得容易。你会理解那些奇怪的社会现象，不再愤世嫉俗，感情会格外平静、内心会变得宽容和大度。

所有这一切都是因为专业投机交易改变了你的思维方式，你的思维方式改变了你的内心世界，从而也改变了你的生活。

这的确是一件很奇妙的事情，但它确实会发生。当你在学习如何做投机交易的时候，你会不断接触到那些投机交易的格言、法则、技巧和秘诀，你会发现，这些格言、法则、技巧和秘诀在现实生活中同样适用和有效。它们决不是人们所想象的那样，似乎钻营投机就是在教你做一个坏人，而是恰恰相反，它们教你如何做一个远离贪婪和恐惧，道德高尚，行为端正、聪明正直的人。

要想成为一名专业的投机交易者，没有哪一本书或哪一种课程可以完全帮你的忙，成功的关键还在于你的自身修炼。俗话说得好：师父领进门，修道在自身。以交易为生是一个漫长的过程，也是一个艰难的过程，别看我在这里说得似乎很轻松，其实我心里非常清楚对于一个新手来说，他所面临的艰难、压力和困惑是常人难以承受的。只有像苦行僧一样经历了种种磨难，最后才有可能成为一名令世人景仰的大师。而真正的大师其实并不需要别人的景仰。

第六节 易道人生

精神自由，万物自在，大道自然。

以交易为生无非就是希望求得个自由自在，衣食无忧的生活。现在，当这个最初的理想已经实现的时候，我才发现其实自由自在，衣食无忧的生活并非一定要通过做交易才能得来。有许许多多的道路可以通向这个并不能算作奢望的人生愿望，做交易只是其中一条道路。

通过做投机交易获得财富、自由和幸福的道路其实并不平坦，而是充满了坎坷、艰辛和危险。有许多人在半道上就被永远淘汰，成为市场交易的牺牲者，甚至连他们本来已经拥有的事业和财富，以及美好生活也一起给断送了。

在已经不需要通过每天做交易来维持生活的今天，回过头来思考这样的问题：我为什么要做交易？交易究竟给我带来了什么？这些很有意思的问题有助于我们对人生的进一步感悟。

每一个人都是独一无二的

我相信在不久的将来，随着人类精神意识的提高，以及科学技术的进一步发展，生命将可以完全复制。也许在我有生之年，就可以复制(克隆)出一个新的我。新的我基因和我的基因完全一致，从生物学角度来讲几乎就是同一个人。但是，我相信生活是不可复制的，新的我和现在的我不可能拥有相同的生活，他们的躯体(物质)特征可能是相同的，但是他们的灵魂(精神)却是完全不一样的。正如一个人的生辰八字所决定的那样，宇宙时空的坐标决定了我们每一个人的生命都是独一无二的。我的一生只有我自己才能拥有，任何人都不可替代，无法复制，不能体验，即便是我自己的克隆人也不能例外。

每一个人都是独一无二的，都是伟大的宇宙精神的产物。每个人的一生，从降临世界的那一刻起，直到生命消失，都有理由自由自在地生活，都有权力衣食无忧地生活，这也是现代人类最基本的生存权力。

可是我发现在实际生活中，这种最基本的生存权力似乎并不容易获得，自由自在和衣食无忧似乎成为了一种理想和希望，要实现这种理想和希望需要付出很大的代价，很多人做交易就是为了去实现这个理想和希望。

难道我们真的能够通过做交易来实现这种理想和希望吗？我的答案是否定的。

交易并没有改变我的基本生活，真正改变我生活的是我的思想，我的意念和我的精神。

没有固定职业的职业

我从事过很多职业，每一种职业我都尽量去做到最好，因为我只做我喜欢做的事情。我一直很自信，在我看来没有做不好的事情，只要有机会，并且我也愿意，我一定能胜任任何工作。

我发现我最擅长的本领其实并不是做交易，而是从无到有地去开创一项新的事业，从筹备到组织，从规划到配备人员，尽管我不是这一行的专家，但是我能够在最短的时间里组建起一支最强、最优秀的专业团体。

在踏进交易者行列之前我已经主动脱离了工商界和主流社会，隐居在远离城市中心的郊区。以读书、写作，研究虚拟经济和虚拟财富(也就是本书中的信息化经济和信息化财富)为主要生活内容。刚开始，做交易只是我研究虚拟财富的一种社会实践，并不是用来赚钱的。慢慢地，我悟到了做交易的妙处，感受到交易带来的无穷乐趣，于是才一头钻了进去，无意中把自己变成了一个所谓的以交易为生的职业交易者。尽管现在我并不否认我是一名投机交易者，是一名投机客，但是在我内心深处，我并不认为投机和交易或者管理对冲基金就是我的职业。与其说是职业，还不如说是一种爱好，一种比较专业的爱好。因为我随时可以中止交易，去做我更喜欢做的事情，比如到太平洋上去钓鱼，操纵帆船去航海……

那么我现在的职业到底是什么呢？说实话，我也不知道我的职业究竟是什么，我似乎没有一个固定的职业，我只是自由自在自然地活着而已。

在《交易之门》的最后一节，我还是给读者讲几个真实的小故事，也许大家可以通过这些故事了解我的思想脉络和生活状态。

一座豪宅的故事

上海的愚园路是一条很有名的道路，解放前是民族资本家和外国大资本家集中居住的地段。愚园路两边有许多花园洋房，这里既有清末重臣盛宣怀的公馆，也有民国才女张爱玲的故居，愚园路 749 弄 63 号、65 号、67 号这三座连在一起的房屋主人分别是汪精卫政府的大特务李世群、吴士宝，中间夹着周佛海。

愚园路上现在最有名的建筑恐怕要数愚园路 1136 弄 31 号——长宁区少年宫，也就是通常人们所说的汪公馆。这是因为 1940 年以后，汪精卫曾经在这里住过，汪精卫政府内阁和特务机关也曾在此办公。

实际上，所谓的汪公馆原本是王伯群的私宅。王伯群是何应钦的内弟，南京政府交通部长，曾经担任上海交通大学和上海大夏大学(华东师范大学前身)校长。1930 年，当年 45 岁的王伯群丧妻后迷上了芳龄 19 岁的大夏校花保志宁，一心要娶她做续弦。据说保志宁提出三个条件：①10 万美元的存折，送自己到美国留学；②8 万法郎的彩礼、嫁妆和豪华的婚礼排场；③要新建一幢美丽豪华的花园别墅。王伯群一口答应了，对王伯群来说，前面两个条件没有问题完全能办到，只是第三个条件有点为难。当时正值南京政府交通部在建办公大楼，承建商辛丰记老板心领神会，自告奋勇为王伯群解决了难题，他在愚园路上建造了这座漂亮的洋房作为回扣“赠送”给了王伯群。1934 年花园洋房完工，1935 年王伯群与保志宁在这座美丽典雅的花园别墅里举行了婚礼。一出金屋藏娇的故事传遍了上海滩。可惜好景不长，夫妻两人只在此楼住了两年半，抗战爆发，他们慌忙逃难，匆匆离开了此楼。然而祸不单行，王伯群到了重庆不久，他收受辛丰记老板贿赂之事被揭露了出来，一时舆论哗然，王伯群为此丢了官职，从此飞黄腾达的时代一去不复返。1944 年抗战胜利前夕王伯群生病去世，丢下了娇妻豪宅。

抗战胜利后，保志宁通过何应钦索回了别墅，租给了英国大使馆，自己却带着租金到纽约定居去了。

当年的金屋藏娇故事和汪伪政府的内阁风云已逐渐被人们遗忘，然而这幢英国维多利亚哥特式城堡建筑却作为长宁区福利会少年宫被完好地保留了下来。

此建筑由中国近代著名设计师——协隆洋行的柳士英设计，辛丰记营造厂施工建造。整座花园洋房占地 10.78 亩，主建筑面积 2158.8 平方米，耗资 30 万银元。四层钢筋混凝土结构，各种大小厅室共 32 间，楼内通道迂回，上下贯通。房厅、客堂均用东方传统艺术装饰，光润的大理石铺地，楠木扶梯和地板，室内配以彩绘壁画，连门窗拉手也全用紫铜开模制作，空铸梅花窗栏。主楼南面有花园草坪 1.3 公顷，园内绿树葱郁、绿草如茵，有水池、小桥、假山、花坛，园中百花四季吐艳。在当时可谓上海滩少有的豪宅。

正所谓命运造化，我居然和此建筑缘分不浅。

我对这座豪宅花园可以说是了如指掌，熟悉到就如同是自己家里一样。因为我的青少年时代——从小学一年级直到高中毕业，我的大部分课余时间都是在这里度过的，甚至有一年的暑假因为制作中国海军需要的军舰识别模型，还在里住过一个多月的时间。

长宁区少年宫就好像是少年我的另一个学校和另一个家。我和我的小伙伴们在少年宫花园的池塘里摸过鱼；在这座哥特式城堡建筑陡峭的屋顶上掏过鸟蛋、捉过麻雀；但更多的时间是在这里参加课外科技活动。我是少年宫航模和船模小组的成员，这和我父亲是一位造船厂的工程师有密切的关系。我对航海模型运动的热爱一直持续到大学毕业以后，直到工作后担任车间主任，还在参加上海市航海模型锦标赛。和许多同龄人相比，我的童年和青少年时代是非常幸运和幸福的。当其他同学在街头打架，捡香烟屁股头学抽烟的时候，我在这座豪华的花园别墅里制作各式各样的船模，接待前来参观的来自世界各国的外宾……正是因为有了这座少年宫，使得我成为上海市的青少年科技积极分子，参加了首届由海军参与组织的航海夏令营；我21岁就成为了上海科技协会的会员；后来又成为上海市科委直接聘任的科技管理工程师，可以说是从小就与科学结下了不解之缘。海洋与航海也成了我终身的爱好。

也许，我应该感谢王伯群和他的太太保志宁，正是由于他们的爱情，才诞生了这样一座后来给无数少年儿童带来幸福欢乐的福利会少年宫建筑。并且，这里也培养出了众多优秀的人才，包括世界冠军和演艺明星。

丰田和我的故居

我小时候的家离长宁区少年宫不远，就在马路斜对面的愚园路1203弄2号（解放前的门牌号码是峨嵋月路2号，一个多么富有诗情画意的路名）。这同样是一座很大的花园洋房。据我考证，它是日本丰田汽车公司的前身——丰田纺机大老板的大宅。这是一栋西洋化的二层日式建筑，南北室内走廊，带有很大一个花园，院子里有一座独立的二层车库楼，有一座高耸的水塔和一间锅炉房。其院子之大大概可以停放十几辆大巴士。

记得花园里有一大片香樟树林和一个很大的草坪，草坪中央有一丛直径约2米球形的贴梗海棠。每到春天，绯红的海棠花朵开满枝头，无数蜜蜂在花丛中飞舞……母亲每年都要剪几枝插在桌子上的玻璃花瓶里，成为家里的报春花。

我在这座花园洋房里生活了20多年，童年和青少年时代都是在这座大院里度过的。

花园里春天有蜜蜂、蝴蝶；夏天有知了、天牛；秋天有蟋蟀、金铃子；冬天可以堆雪人……

幸运的是在那个动荡的年代，我和弟弟们有自己的大花园可以玩耍，不必出院子和社会上的不良青少年混在一起，免了父母许多担心。

记得20世纪80年代初，我还在读大学的时候，当时刚退休的日本丰田汽车原董事长丰田英二先生还特地找到这座大宅，追寻他童年时代的旧梦。后来我读过他的回忆录，丰田英二先生在书中说：这里原来是他大伯的家，也就是在这里，他平生第一次看见小汽车，而后来他居然成为了世界上最大的汽车公司的董事长，这是他始料未及的。

解放后，愚园路上的许多房子都被收为国有，然后又根据一定级别和规定分配给国家干部和无房户居住。像我小时候居住的愚园路1203弄2号，就先后住过三位市局级领导。最后一位叫鲁纪华，生前是上海市基本建设委员会主任，党组书记，据说还是宝钢最早的建设总指挥，好像是副部级干部。作为同住一个院子的邻居，大家都感觉鲁纪华为人很和蔼，非常平易近人。他们一家在文化大革命中受到冲击，子女都插队落户到外地去了。文革后，鲁纪华恢复工作以后没有多久死于肝病。追悼会那天，几乎所有的邻居都拿着市政府发出的治丧委员会的公函到单位、学校请公假一天参加追悼会，那是我亲眼见过的规模最大追悼会，数不清的花圈叠成三层，像一面墙似的从龙华火葬场的悼念大厅一直排到漕溪北路上。

20世纪90年代，由于长宁区政府想造一个干部子弟小学，看中了我们的大花园做小学操场，于是有人脑袋一拍，就把这栋保存完好，极有保护价值的历史建筑给拆了，只留下一对大门的柱子和一小段围墙作为了历史的见证。

如果放到现在，根据现在的法律，这栋房子肯定会被作为优秀历史建筑给保留下来，可是在当时，区里几个小领导一拍脑袋，不管别人怎样解释和劝说都不行，坚决要拆。以至于鲁纪华的爱人，一位三八年以前参加革命的老干部愤怒地指着那位主管教育的女副区长的鼻子说道：谁敢拆我房子的围墙，我就用机关枪扫谁！虽然当时镇住了所有在场的领导，房子也拖了几年没有被拆掉。可是，当鲁纪华的爱人一死，这座见证过上海近代历史的优秀建筑还是被无情地从愚园路上永远抹掉了。

有一种说法，房子住久了就会成为一个人生命的一部分。我非常赞同这种说法，只要房子还在，你的那部分生命的信息也就存在。当房子被强行拆掉的时候，你曾经的一段生活也就被无情地抹去了，你生命中的某些东西从此就消失了。这是一件非常令人悲哀的事情，这样事情在这座城市里似乎每天都在发生，实在是太多太多了。

也许要过很多年以后，回过头来看上海城市建设和改造的轨迹，那时才会发现为了建设所谓的国际化大都市，上海人民付出的代价也许是太高了。

我经常做梦梦到愚园路的老房子，梦见大花园中的那丛贴哽海棠，梦见那棵高大的榆树和那片香樟树林……每次从梦中醒来都会有一种深深的失落感。

我不禁要问：上海，你还有什么能让我留恋的呢？当一座城市，或者一座乡村把自己的根给拔掉了，她的儿女将来怎么落叶归根呢？

上海洋房的命运

如今愚园路的大部分花园洋房里居住的是解放后陆陆续续分进来的房客，一幢花园洋房就此成为72家房客混居的场所，这也是大多数花园洋房在上海的遭遇。

据统计，上海现存的花园洋房有6000余座，处于公用状态的占4/5。愚园路上的只不过是其中的一小部分。尽管这些花园洋房记载了上海成长的历史，具有不可替代的历史文化价值，但是，由于这些建筑长期被瓜分使用，难以得到有效维护和修缮，使得房屋的面貌惨不忍睹，房屋的使用价值和历史文化价值都得不到应有的体现。

愚园路上的每一栋花园洋房几乎都有自己的一段历史故事，然而改革开放30年来，有多少房子被拆除。即使房子没有被拆掉，幸运地被保留了下来，现在居住在里面的人家又有几户是继承祖业的呢？不是自家的房子谁又会真正地珍惜和爱护它呢？

再放眼朝更远处看，像苏州那些著名的江南园林，当你游览其中的时候你是否想过，这里原来并不是公园，而是人家的私宅花园。

历史已经反反复复地告诫我们：只要是在中国，无论在哪个朝代，任何私人的财富最终都要归于全民所有。

所以，从愚园路花园洋房里走出来的我绝不会在中国买别墅。

不买别墅的13条理由

几年前我曾经开玩笑地在网上发表过不买别墅的13条理由：

(1)别墅房子太大，居住人口太少，从风水角度讲，“宅大人少是凶宅。”

(2)别墅大多远离市区，属于新开发地区，市政配套滞后，不仅交通不便，而且生活设施缺乏，居住极不便利。

(3)现在的别墅往往建在荒郊野地，以前不是农田就是坟地，环境恶劣，缺少生机，更没有人气。四周荒地破宅随处可见，一片败落迹象，一到晚上孤魂野鬼四处出没，风水实在不佳。

(4)别墅小区四周往往是外来人口聚集之地，拾荒打工者云集，贫富对比极为鲜明，仇富嫉富心态令人担忧。

(5)别墅小区内部环境大都不尽如人意。开发商为了售楼需要，环境设计一味追求视觉景观效果，而忽略生态环境建设。绿化植物设计配置不适合本地气候环境特点，加上许多物业后期养护管理又不到位，绿化萎缩，水体污染，整体环境是“王小二过年，一年不如一年”。

(6)别墅造型奇特，房型怪异，建筑设计既不实用又不吉利。许多别墅模仿或照搬国外设计，一点也不考虑当地气候环境特点和人文因素。殊不知西洋建筑适合建造在西方国家，却不一定适合中国的土地。所以我极少看到符合中国传统风水理论的吉宅。以中国传统风水理论判断，大部分别墅都是凶宅。

(7)别墅建筑质量实在不敢恭维，品质和价格完全背离。质量这么差的房子也敢卖到数万元一平米！这些房子如果拿欧洲或美国的标准来检验恐怕大部分是要推倒重建的。而人家同样大小的房子只要花一半不到价钱就可以买到，并且已经装修到位，自然环境非常优美。

(8)别墅物业管理令人生畏。物业公司不仅管理物业，而且兼管业主，保安殴打业主的事情时有发生。让人弄不明白到底谁是别墅的主人？

(9)别墅的所有权也许是你买下来了，但是别忘了房子底下的那块地却不是你的。也许在买别墅的时候就应该考虑好今后把这栋房子搬到哪里去(等《物权法》通过后，可能会有一个新的说法)？

(10)别墅其实都是替别人的子孙建造的。常言道："富不过三代。"在中国极少有将别墅、豪宅代代相传的例子。看看上海市区的那些花园洋房，还有几栋住着房主的后人？那些花园洋房不是成了别人的财产，就是成了政府办公机关或公共场所。

(11)别墅也许还会惹来杀身之祸。中国的历史一再证明：贫富差别过大是社会大动荡的根源之一，中国素有"劫富济贫"的传统，一旦发生动荡，富人往往是首当其冲。而别墅就是富人最扎眼的标志。

(12)别墅还容易使人弱智。综上所述，买别墅本身已非明智之举，买了别墅还要进行豪华装修更是自找麻烦。至于有些人把深山老林里的古树名木奇异怪石都弄到自家院子里简直就是愚蠢之极，不可理喻。做这些事情，破财事小，伤身事大。我在帮朋友堪舆调整环境的过程中经常遇见这样的牛人，劝都劝不住。

(13)住别墅太奢侈，我没有福分享受中国的别墅生活，所以就像伊索寓言里的那只狐狸，吃不到葡萄就说葡萄是酸的。

虽然现在上海新开发的别墅楼盘已经不是几年前的概念了，应该说无论小区环境和建筑质量都有了相当程度的提高，但是上文13条所表达的观念我认为依然没有过时。

如果有一天我改变主意想要在中国买别墅了，那我一定做好随时将别墅贡献出去的思想准备。包括现在我做投机交易赚点小钱，也只是为了做一些我喜欢的社会公益事业。我自己生活所需的金钱其实是很有限的，并且我居住在加拿大，享受着加拿大的养老和医疗福利，并无后顾之忧。所以财富对我来说只是身外之物，只要社会需要，我会毫不犹豫地捐出去。正所谓：身外之财，生不带来，死不带去。

信仰和智慧

我记得从幼儿园到小学，再到中学和大学，我们这一代人所接受的主要就是革命理想主义教育和科学文化知识教育。

现在有革命理想的人已经不多了，因为我们不想去革别人的命，也不愿意被别人来革自己的命。现在我终于领悟到，所谓的理想往往是一厢情愿、不切实际的幻想。理想一般都不是自发产生的，通常是由于别人的灌输和强制教育所导致，所谓的理想大都没有经过自己大脑认真的思考。理想会把人生引向歧途，走上一条并非属于自己的人生道路。

在人类历史中，我们看到有多少伟大的理想最终都沦为笑柄，又有多少美好的理想最后成为了泡影。但凡理想都经不起时间的考验，最后一定都会破灭。从理想的产生到理想破灭的过程，对一个思想单纯的人来说，实在是一个非常大的打击。我就曾经经受过这样的打击。彷佛就在一夜之间，所有的理想都化作了灰烬，世界彷佛颠倒过来，好与坏失去标准，生命好像失去了意义……之后，我用了几年的时间去思考一些关于理想的问题：是谁给了我这些理想？又是谁打破了这些理想？理想究竟是什么？我为什么要有这些理想？如果没有理想生活又会怎么样？

当我想明白这些问题的时候，我发现自己已经完全抛弃了一切所谓的理想，建立起自己的信仰，我用信仰取替了理想。现在我可以坦率地说，我是一个有信仰的人，我已经没有任何的理想。

我要告诫我的后人：做人要有信仰，不要有理想，要甘于做一个平凡的有信仰的人，而不要去做一个伟大的有理想的人。要尊重别人的信仰，永远不要把自己的信仰强加于别人。

彻底抛弃理性主义的理想对我们做交易有着同样的重要意义。凡是在交易中参杂了理性主义的理想，最终一定会发现那其实只是无知的妄想。

除了所谓的理想，另一个曾经深刻影响并误导我思想的东西就是所谓的西方科学知识。作为现代文明社会的主流文化，我们几乎从小就接受了科学文化知识的教育，现代人的思维深受科学思维的影响。我曾经一度以为科学是人类思想中唯一的真理，然而随着我对宇宙自然和科学技术的不断深入地了解，我发现科学思想既有积极和伟大的一面，同时也有消极和邪恶的另一面。科学思想中危害到人类安全的东西非常多，比如科学家发明了可以毁灭全人类的核武器，制造了无数危害人类身体健康的化学产品，科学技术以极大的能力破坏着地球生态环境，帮助少数贪婪的人疯狂开采地球资源……人们现在已经发觉科学越发达对地球环境及人类自身的安全危害就越大。越来越多的所谓科学知识正在不断地侵袭着人们的思想，改变着人们的思维和习惯。现代人类的许多烦恼和困惑其实都是由于越来越多的所谓的科学知识而引起的，遗憾的是许多人却没有意识到这一点。如果你告诉人们事情的真相，人们反而会愤怒地驳斥你无知和荒唐。在崇拜科学和信奉知识的人看来，人类如果没有科学知识是不可想象的，知识就是他们的上帝，尽管他们本身并不相信上帝。

老子说：绝学无忧。

2000 多年来，老子的这一观点遭到了很多人的批评。可是，当有一天我忽然从交易中领悟到其实许多交易者都是被他们所掌握的错误知识所害死的时候，才恍然大悟“绝学无忧”的奥妙所在。其实所有知识都是人类经验和思维的产物，所以任何知识都具有局限性，只在一定的时空范围内有效，一旦超越了这个时空范围的边界，知识便会失效，原来正确的知识就会变成错误的知识。当我们懂得了这个道理之后，就不会盲目地去信奉知识，而是对知识保留一点戒备心，首先承认自己的无知。能够认识到自己无知的人其实就是拥有了智慧，对于人生和交易来说，拥有智慧要比拥有知识和经验重要许多。

老子说：正言若反。

我的思想和观点在一些人听来也许也像是反话，但却是正言。我自己正是从一个有理想的青年人成长为一位有信仰的成年人，从一个以拥有知识为荣耀的知识分子转变成为一位能够感悟智慧的交易者。

这里我要给希望从市场交易中获得财务自由和人生自在的朋友们一个忠告：

无论是做人还是做交易，首先要有信仰，而不是有理想；做人和做交易，首先要运用智慧，其次才去应用知识。

信仰和智慧如同日月星辰一般明亮、真实而永恒。而一切理想和知识都像晨露暮霭一样黯淡、虚假和短暂。

后 记

公元 1997 年，阴历丁丑年初冬的一天，我在浙江嵊泗群岛泗礁大悲山大悲寺前的平台上望海，忽觉身后有几位僧人走过，及近身边，听有人曰：苦海无边，回头是岸！心即反诘：既然无边，如何有岸？待我转身，发现身后竟空无一人，最近的和尚也在 20 米开外。伫立良久，得下偈：

苦海一叶舟，

随波又逐流。

任凭八风吹，

有岸不回头。

此偈不仅隐含了我的姓和堂号，而且真实地表达了当时我对人生的感悟和态度。10 多年来，我随波逐流，历经八风，非但没有沉沦，反而越漂越远……当年师父老子驾青牛西出函谷关，莫知所终；如今我竟也东越太平洋，消失在未来世界里……

2008 年初稿于上海春申塘畔八风堂

2011 农历辛卯年端午完稿于上海君临天下花园